『変貌する世界と日本の年金』正誤表

訂正箇所	誤	正
7頁上から10行目	794,500円	792,100円
7頁上から11行目	794,500円	792,100円
同上	66,208.333…	66,008.333…
同上	66,208円	66,008円
10頁上から15行目	794,500円	792,100円
34頁上から12行目	794,500円	792,100円

【正誤の背景：2007年度の年金額（792,100円）について】

　年金額は、前年の物価上昇率に応じて翌年度に改定されるのが原則である。しかし、2000年から02年の間は、物価が累計で1.7％下落したにもかかわらず年金額は据え置かれたため、04年改正では、03年度までの物価下落分を控除した額（780,900円）が基礎年金額の基準額とされたが（本書52頁～53頁参照）、実際の年金額794,500円は引き下げられずに据え置かれた。

　翌05年度は、物価の伸びがゼロだったため年金額に変更はなく、06年度には前年物価が0.3％下落したので年金額も0.3％引き下げられて792,100円とされた。翌07年度には、前年物価が0.3％上昇したにもかかわらず、年金額（792,100円）が基礎年金額の基準額（780,900円）を上回っていたことから、年金額は据え置かれた。

　上記の正誤は、以上の考え方によって決定された07年度の年金額792,100円を04年度及び05年度の年金額794,500円と誤って表記したものであり、お詫びを申し上げる。

　なお、これによって年金額改定ルールの複雑さの一端をご理解いただければ幸いである。

〔著者〕

江口隆裕[著]
Eguchi Takahiro

変貌する——
世界と日本の年金

年金の基本原理から考える

法律文化社

は　し　が　き

　年金問題は、今や、国民にとって重大な関心事であり、ときの政権の命運を左右する最大の政治課題となっている。2007年夏の参議院選挙の結果に大きな影響を与えた年金記録問題だけでなく、制度への未加入、保険料の未納・免除を合わせると第1号被保険者の3割を超えるという国民年金の空洞化問題、その対策として議論される基礎年金の税方式化と消費税率の引上げ、そして社会保障目的税化……。思いつくままに列挙しても、年金問題は、社会保障の領域にとどまらず、税制、さらには国家財政の根幹に関わる広がりと深さをもっている。
　もっとも、年金問題が国民の重要な関心事となっているのは、わが国だけではない。すでに高齢社会に突入している欧米諸国においても、年金問題はときの政権にとって重要な政治課題となっており、少子高齢化の進行に対応するため、現役世代の保険料を引き上げるのか、高齢世代の年金を引き下げるのか、財源は社会保険方式か、税方式か、といった年金制度の根幹に関わる問題について、様々な取り組みがなされ、改革が実行されている。
　本書は、このような深さと広がりを持つ年金問題について、できる限り基本に立ち返って考えることを目的としている。例えば、なぜ年金制度が必要なのか、貯蓄によって老後の生活に備えるという方法では駄目なのか、公的年金と私的年金とは何が違うのか、私的年金では老齢の所得保障は担えないのか、高齢化や少子化といった問題に諸外国の年金制度はどう対処しているのか、わが国の年金制度は持続可能なのか……。
　これらは、永年、私が年金制度に関して抱いてきた疑問であり、本書は、これらの疑問に対する1つの回答である。いみじくも、前世紀末から今世紀初めにかけて、観念上の確定拠出年金（NDC）に代表される新たな形の年金改革が諸外国で相次いで行われ、これらの改革を研究するうちに、曖昧なまま放置されていた疑問が氷解するという幸運にも恵まれた。

はしがき

　言うまでもなく、年金制度は、世代を超えた国民の信頼と合意の上に成り立つものであり、昨今の年金不振の高まりには、年金制度の根幹を揺るがしかねないものがある。しかし、それ故にこそ、年金制度とは何かをその基本に立ち返って考えることが必要となる。この意味で、本書が、1人でも多くの読者にとって、年金制度を考えるための一助となり、わが国の年金制度のあり方を論じるための素材となれば何よりの喜びである。併せて、読者諸賢の忌憚のない御批判、御意見をお願いしたい。

　なお、第Ⅱ部「変貌する世界の年金」に収められた論稿の多くは、文部科学省科学研究費補助金特定領域研究として2002年度から2004年度にかけて行われた「世代間利害調整」プロジェクト（領域代表者：高山憲之一橋大学経済研究所教授）、（財）厚生年金事業振興団の助成事業として2003年度と2004年度に（財）年金総合研究センター（現（財）年金シニアプラン総合研究機構）において行われた「諸外国における老齢所得保障の枠組みに関する研究」、さらに厚生労働科学研究費補助金（政策科学推進研究事業）として2002年度に行われた「社会保障負担のあり方に関する研究」（主任研究者：国立社会保障・人口問題研究所部長松本勝明）に参加した研究成果の一部である（巻末初出一覧参照）。ここに記して謝意を表したい。

　最後に、本書を出版するきっかけを与えてくれ、出版に至るまでご尽力をいただいた法律文化社の小西英央氏に、この場をお借りして厚く御礼を申し上げる。

　　2008年2月

　　　　　　　　　　　　　　　　　　　　　　　　　　　江口　隆裕

目　　次

変貌する世界と日本の年金
――年金の基本原理から考える――

目　　次

　　はしがき
　　図表一覧

第Ⅰ部　年金制度とは何か

第1章　年金制度の意義 ―――――――――――――――― 3

1　年金制度の意義　3
　1　年金制度による所得保障（3）　2　3つの所得喪失リスクと3種の年金（4）　3　老齢と障害・死亡というリスク特性の違い（6）

2　年金と一時金　7
　1　年金の意味（7）　2　一時金（7）

3　終身年金と有期年金　8

4　定額年金と所得比例年金　9
　1　定額年金（9）　2　所得比例年金（10）

5　受給権による種類　11
　1　本人給付と遺族給付（11）　2　基本権と支分権（12）　3　未支給年金（13）

第2章　年金の財政方式 ―――――――――――――――― 15

1　年金制度と3つの財政リスク　15
　1　トンチン年金と3つの財政リスク（15）　2　年金が抱える3つの財政リスク（16）　3　わが国における3つのリスクとその対応（19）

2　税方式と社会保険方式　24
　1　税方式と社会保険方式の意義（24）　2　税方式と社会保険方式の相違（25）　3　経過措置の問題（28）

3　賦課方式と積立方式　30
　1　賦課方式のメリット・デメリット（30）　2　積立方式のメリッ

ト・デメリット（31） **3** 混合方式（31） **4** 年金制度と所得再分配（32）

4 給付建て年金と拠出建て年金 33
1 給付建て年金（33） **2** 拠出建て年金（34） **3** 給付建て・拠出建てと積立方式・賦課方式の組合せ（35）

5 観念上の拠出建て年金 36
1 観念上の拠出建て年金の基本的仕組み（36） **2** 運用方法による区分（38） **3** 観念上の拠出建て年金の意義（38）

第3章 公的年金の必要性 ― 42

1 私的所得保障とその限界 42
1 私的扶養とその限界（42） **2** 貯蓄とその限界（45）

2 生活保護とその限界 46
1 生活保護制度の意義（46） **2** 生活保護と基礎年金（49）

3 新たな高齢者所得保障制度の構築 56
1 セーフティネット検討会の提案（56） **2** 政府が講じた施策（57）
3 新たな高齢者所得保障制度の創設（58）

第Ⅱ部　変貌する世界の年金

第1章 フランスの年金改革 ―65
――社会保険方式の下での多様性と連帯――

1 フランス年金制度の概要 65
1 複雑に分立した制度構成（65） **2** フランスの年金制度の特徴（69）

2 基礎制度の推移 70
1 戦後〜60年代（70） **2** 70年代の繁栄と制度の発展（70） **3** 1982年の支給開始年齢の引下げ（71） **4** 90年代における改革（71）

目次

3 基礎制度の財源 72

1 保険料率（73） 2 財政調整の実施（73） 3 一般社会拠出金（74） 4 社会保障債務返済拠出金（CRDS）の導入（79） 5 社会保険料（cotisation）、拠出金（contribution）及び租税（taxe）の相違（80）

4 基礎制度の年金額算定式 81

5 2003年の年金改革——年金改革に関する2003年8月21日の法律—— 84

1 これまでの経緯（84） 2 年金積立基金の設置（85） 3 改革の趣旨（87） 4 一般条項（87） 5 一般制度の改革（92） 6 公務員制度の改革（94） 7 小 括（96）

6 補足制度 97

1 補足制度の概要（97） 2 補足制度の沿革と特色（97）

7 ARRCO（補足年金制度連合）の概要 99

1 補足年金制度の連合体（99） 2 労使双方によって管理される賦課方式の制度（100） 3 年金額の算定方式（100） 4 保険料（102） 5 保険料からポイントへの換算（104） 6 今後の課題（104）

8 フランスの年金制度の特徴——日本との比較において—— 105

第2章 ニュージーランド・オーストラリアの税方式年金 111
——税方式年金の2つの姿——

1 はじめに 111

2 ニュージーランドの税方式年金 111

1 年金制度の沿革（111） 2 国民年金制度の概要（112） 3 年金基金の設立（113）

3 オーストラリアの年金制度 114

1 年金制度の概要（114） 2 老齢年金制度の概要（114）

4 税方式年金のあり方とその課題 115

1 3か国の人口構造比較（115） 2 世代間の不公平を拡大する税方式年金（116） 3 受けやすい景気・財政の影響（117） 4 必要な居住要件と難しい経過措置（118） 5 最後は国家観の問題（118）

第3章　チリの年金改革 — 121
——NDC の先駆けとしての賦課方式から積立方式への転換——

1 はじめに　121

2 1920年代〜70年代の旧制度　121
　1 不公平な制度の分立（121）　2 保険料の高騰と制度破綻の危機（122）

3 1981年以降の新制度　123
　1 新制度の2つの目的（123）　2 具体的な仕組み（123）

4 制度改革時の移行措置　124
　1 斬新な移行措置（124）　2 賦課方式から積立方式への移行措置（125）

5 改革の評価と課題　126
　1 改革の施行状況（126）　2 様々な課題（127）　3 改革の評価（128）

第4章　諸外国における年金改革 — 130
——人口・経済変動との調和を目指して——

1 はじめに　130

2 税方式と社会保険方式　130

3 積立方式と賦課方式の歴史的変遷　131
　1 積立方式から賦課方式への転換（131）　2 賦課方式から積立方式への転換（131）　3 賦課方式と積立方式の併用方式の登場（132）

4 給付建て年金から拠出建て年金へ　133
　1 給付建て年金下の制度改革（133）　2 拠出建て公的年金の登場（133）

5 観念上の拠出建て年金　134
　1 観念上の拠出建て年金の登場（134）　2 観念上の拠出建て年金の意義（136）

6 まとめ　138
　1 年金改革の発展過程（138）　2 わが国の2004年改革の意義（139）　3 最後に（140）

目　次

第Ⅲ部　変貌する日本の年金

第1章　年金制度の今日的課題 ———————— 145

1　皆年金法理の再検討——新たな所得保障体系確立のために—— 145

　　1　はじめに（145）　**2**　皆年金の理論的根拠（146）　**3**　社会手当立法への波及（147）　**4**　学生無年金障害者違憲判決（148）　**5**　特別障害給付金支給法案（149）　**6**　新たな所得保障体系の確立を（150）

2　公的年金の一元化　151

　　1　一元化法案とは（151）　**2**　一元化法案の問題点（153）　**3**　民主党案と一元化の意味（154）

3　パート労働者問題　155

　　1　政府案の決定（155）　**2**　パート労働とは何か（156）　**3**　厚年の被保険者とは何か（156）　**4**　求められる均等処遇の確保（158）

4　「保険者解体」の意義　159

　　1　はじめに（159）　**2**　後期高齢者医療制度における「運営主体の解体」（159）　**3**　社会保険庁改革法（160）　**4**　被用者年金の一元化（162）　**5**　「保険者解体」の問題点（162）　**6**　「保険者解体」と新たな保険者の姿（164）

5　年金問題とマスコミ・デモクラシー　165

　　1　年金記録問題の経緯（165）　**2**　マスコミ・デモクラシーの功罪（166）　**3**　コムスン問題（167）　**4**　中立的審議会の創設を（168）

第2章　社会保険料と租税に関する考察 ———————— 170
　　　　　　——社会保険料の対価性を中心として——

1　はじめに　170

2　社会保障負担を取り巻く状況　171

　　1　国家予算と社会保障（171）　**2**　社会保障各制度の状況（171）

3　租税と社会保険料に関する考察　177

　　1　租税と社会保険料の相違（177）　**2**　社会保険と社会福祉の比較

（179）　**3** 社会保険制度と貢献原則・応益負担（179）

4 まとめと今後の課題　194

　1 社会保障改革における傾向的特色（194）　**2** 社会保険料の意義（197）　**3** 今後の課題（205）

第3章　公的年金と私的年金の融合化と国家・個人の新たなリスク分担 ──── 212

1 はじめに　212

2 諸外国の年金改革──公的年金と私的年金の融合化──　212

　1 私的年金の公的年金への組入れ（212）　**2** 公的年金の私的年金化（213）　**3** 各国の改革に共通する傾向的特色（216）　**4** リスク転嫁の観点からの改革の評価（217）

3 公的年金制度とリスク負担　219

　1 長生きリスク（219）　**2** 少子化リスク（220）　**3** 運用リスク（220）

4 日本の動向とその評価　221

　1 2004年年金改革の評価（221）　**2** 可能な選択肢（221）

5 公的年金と私的年金の区分　222

　1 公的年金と私的年金に関する政府見解（222）　**2** 私的年金の種類（223）　**3** 私的年金の発展過程（223）　**4** 公的年金と私的年金の区分（226）

6 わが国の年金制度における今後の課題　229

　1 企業年金の公的年金への組入れ（229）　**2** 老齢年金と障害・遺族年金の制度的分化（230）　**3** 高齢者の最低所得保障制度の創設（230）

7 年金制度と国家の役割　231

　1 バー教授の見解（231）　**2** 国家の役割の変化（231）　**3** 最後に（233）

初出一覧

索　　引

図表一覧

第Ⅰ部

- 表Ⅰ-1　将来推計人口推移の変遷 …………………………………… 19
- 表Ⅰ-2　厚生年金・国民年金の予定運用利回り（名目）………… 20
- 表Ⅰ-3　公的年金制度の実績運用利回り ………………………… 20
- 図Ⅰ-1　厚生年金基金の修正総合利回りの推移 ………………… 21
- 図Ⅰ-2　基礎年金を税方式化する場合の経過措置の例 ………… 29
- 図Ⅰ-3　考えられる税方式年金案 ………………………………… 30
- 表Ⅰ-4　給付建て・拠出建てと積立方式・賦課方式の組合わせ … 35
- 表Ⅰ-5　運用方法による年金制度の区分 ………………………… 38
- 表Ⅰ-6　一般勤労者世帯と被保護勤労者世帯の1人当たり消費支出額の推移 …………………………………………………… 48
- 表Ⅰ-7　級地別生活扶助基準額 …………………………………… 49
- 表Ⅰ-8　生活扶助基準、基礎年金、消費者物価及び賃金水準の推移 …… 51

第Ⅱ部

- 表Ⅱ-1　フランスの年金制度の概要 ……………………………… 67
- 表Ⅱ-2　年金保険料率 ……………………………………………… 73
- 表Ⅱ-3　社会保障給付、国内総生産及び賃金の平均伸び率の推移 … 75
- 表Ⅱ-4　EU諸国における付加価値税の状況 …………………… 76
- 表Ⅱ-5　一般社会拠出金の使途額の推移 ………………………… 78
- 表Ⅱ-6　年金制度の財政予測 ……………………………………… 85
- 図Ⅱ-1　年金積立基金による保険料負担平準化のイメージ …… 86
- 表Ⅱ-7　年金積立基金のアセット・アロケーション …………… 87
- 表Ⅱ-8　補足制度の沿革 …………………………………………… 98
- 表Ⅱ-9　早期退職の場合の減算率 ………………………………… 102
- 表Ⅱ-10　ARRCOの保険料率 …………………………………… 103
- 表Ⅱ-11　AGIRCにおける拠出比率（拠出料率/給付料率）の推移 … 103
- 表Ⅱ-12　3か国の人口構造比較 ………………………………… 115
- 図Ⅱ-2　ニュージーランドにおける年金水準の変遷 …………… 117
- 表Ⅱ-13　社会保険料率の推移 …………………………………… 122
- 表Ⅱ-14　改革時の保険料率と手取り賃金の変化（平均的な労働者の場合） ………………………………………………… 125
- 表Ⅱ-15　年金基金資産残高の推移 ……………………………… 127

第Ⅲ部

図Ⅲ-1　社会保険庁の廃止・解体……………………………………… 161
表Ⅲ-1　国民健康保険料（税）の賦課内訳…………………………… 186
表Ⅲ-2　各社会保険制度における保険原理の制度化の状況………… 193
表Ⅲ-3　社会保障の給付と負担の見通し……………………………… 195
表Ⅲ-4　公的年金と私的年金を区分するメルクマール……………… 228

＊各図表の下段に出典の明記がないもの及び注記で明記してないものは、原則として筆者が作成した図表である。

第 I 部

年金制度とは何か

第1章

年金制度の意義

1　年金制度の意義

1　年金制度による所得保障

　人は、何らかの手段によってその生活に必要な財を獲得し、その生存を維持しなければならない。近代社会にあっては、その財の獲得は労働によるのが基本とされ、わが国憲法も、すべての国民が「勤労の権利を有し、義務を負う」ことを宣言している（憲法27条1項）。しかし、病気やけがのため障害になって労働を継続することが困難になったり、不慮の事故で一家の働き手を失ったような場合、人は労働以外の手段によってその生存を確保しなければならなくなる。このような場合、19世紀までは、多くの先進国で親族扶養や地域社会による扶助がその中心となった。

　やがて、そういった個人の所得喪失リスクが社会の構成員に共通する問題として認識されるようになると、職域などの一部の社会集団や、さらには国家が何らかの形で所得保障を行うようになる。わが国でも、憲法が「健康で文化的な最低限度の生活を営む権利」をすべての国民に保障している（憲法25条1項）。

　こうして生まれた所得保障制度の形態は大きく2つに分けることができる。1つは、公的扶助（生活保護）と呼ばれる無・低所得者のための所得保障制度であり、もう1つは、年金制度に代表される、より一般的な所得保障制度である。そして、この中間に社会手当と呼ばれる所得保障制度があり、児童手当や児童扶養手当などがこれに含まれる。ただし、これらの制度の境目は国によって異なり、また、制度上は截然と区分されているようにみえても、実際にはその境界が曖昧なことも多い。わが国の基礎年金と生活保護の関係は、後者の典

型例である。

　さらに、医学の進歩や経済の発展によって、人々がかつてないほど長生きするようになると、高齢期における所得保障が大きな社会問題となる。「老齢」は、「障害」や「死亡」のようにたまたま誰かに起きる事故ではなく、時の経過とともに誰にでも生じる自然の変化である。しかも、稼得能力の喪失ではなく、労働能力の低下を理由とする労働の義務の免除であり、労働からの開放である。このため、人生80年時代を迎えた現代社会では、20年近く続く老後の所得を、誰が、どのように、どこまで保障するのかは、老若を問わず人々の大きな関心事となり、その中心を担う年金制度をどう改革するかは、いずれの国においても政権の命運を左右するほどに重要な政治課題となっている。

2　3つの所得喪失リスクと3種の年金

　多くの国では、年金制度は、老齢――「高齢」と同義だが、年金法では「老齢」という表現を用いている[1]――、障害、死亡という3つの所得喪失リスク[2]に備えることを目的としている。これらのリスクが保険事故として現実化すると、それぞれ老齢年金、障害年金、遺族年金が支給される。老齢年金と障害年金は被保険者本人に支給されるのに対し、遺族年金は、被保険者の遺族に対して支給される。

　(i)　老　齢　老齢とは、年金受給可能な一定の年齢に到達することであり、アメリカで支給開始年齢をFull Retirement Age[3]というように、労働の義務が免除される年齢と考えることもできる。わが国では、憲法で国民の勤労の権利と義務を定めていることを考えると、年金の支給開始年齢を引き上げる際には、政府には、定年年齢の引上げなどにより年金支給開始年齢まで働けるような措置を講じる責務があることになる。

　年金の支給開始年齢は、わが国をはじめ多くの国では65歳だが、いくつかの国ではこれを引き上げている。アメリカは1983年の改正で2027年までに67歳へと引き上げることを決めており[4]、ドイツでは2007年3月に2029年に67歳に引き上げることを決めた[5]。また、イギリスでも、基礎年金の支給開始年齢を2050年までに68歳に引き上げることが検討されている[6]。わが国では、他の国よりも急

速に少子高齢化が進むことを考えれば、これは、早晩検討されなければならない課題である。

なお、老齢年金のうち、退職を要件とするものを退職年金と呼ぶ。すなわち、老齢年金にあっては、一定年齢（例えば、65歳）に到達すれば受給資格が発生するのに対し、退職年金にあっては、一定年齢に到達し、かつ、退職していることが必要となる。現在でも、共済年金では、原則として、退職が受給要件とされており、したがって名称も「退職共済年金」になっている（国共済法76条1項等）。

(ii) 障害　障害とは、労働能力が失われ、または制限される程度の障害の状態にあることであり、国民年金の場合には、1級（例：両上肢のすべての指を欠くもの）と2級（例：両上肢のおや指とひとさし指又は中指を欠くもの）がある。厚生年金では、1級、2級に加えて3級（例：一上肢のおや指とひとさし指を失ったもの）があり、さらに、3級の程度に達しない場合に一時金として支給される障害手当金の基準（例：一上肢の二指以上を失ったもの）がある。具体的な基準は、それぞれ政令で定められている（国年法施行令4条の6、厚年法施行令3条の8）。

障害になった原因は問わず、病気による場合でも、交通事故のような人為的事故による場合でも、障害年金は支給される。

(iii) 死亡　これに対し、死亡とは、被保険者の死亡を意味し、これによって被保険者に扶養されていた遺族が働き手を失うことになるので、その所得を保障するために、遺族年金が支給される。ここでいう遺族とは、遺族基礎年金にあっては、妻または子を意味し（国年法37条）、遺族厚生年金にあっては、妻と子だけでなく夫も含むが、夫の場合は55歳以上であることが要件とされている（厚年法59条）。

しかし、これは、男性が外で働き女性が主婦として家事労働に従事する、いわゆる近代家族像を前提にしている。男女共同参画社会の理念の下、女性も男性と同じように働く社会になれば、少なくとも妻に対する遺族年金の必要性は失われていくであろう。

3　老齢と障害・死亡というリスク特性の違い

　観念上の拠出建て年金（NDC）で有名なスウェーデンの年金改革（1998年[8]）では、老齢、障害、死亡の3つのリスクを対象としていたそれまでの年金制度を根本から改め、新たな年金制度は老齢のリスクのみを対象とするとともに、障害年金は疾病保険制度に統合し、遺族年金については独立の制度を創設した。その理由として、障害年金と遺族年金は生涯に納めた保険料総額に応じて年金額を決定するという考え方になじみにくいことがあげられている[9]。また、ポーランドでも、老齢年金と、それ以外の社会保険（障害・遺族年金、疾病給付、労災）とを区分した上で、年金改革（1999年）が行われた[10]。

　なぜ、このような改革が行われるのだろうか。そもそも、老齢というリスクは、誰でもその発生を予見し、それに備えることができるという特性がある。例えば、現在40歳の人は、自分が何年後に65歳になるかがわかるし、実際、ほとんどの人は65歳まで生きる[11]。これに対し、障害や死亡という事故は、いつ自分の身に降りかかるのかは誰にもわからず、したがって、予めそれに備えておくことは不可能である。

　このようなリスク特性の違いは、リスクが現実化した場合の保障のあり方にも影響を与える。老齢のリスクは、その発生を予見でき、予め自分でこれに備えることが可能なので、自ら納めた保険料に応じた年金額という拠出比例原則が妥当することになる。これに対し、障害や死亡の場合には、発生の予見可能性がないので、年金額は、保険料の納付実績とは無関係に、保障の必要性に応じた額とされる（必要原則）。わが国の年金制度においても、老齢年金は保険料の納付実績に応じた額とされるのに対し、障害年金や遺族年金の額は、保険料納付実績とは無関係に一定額に決められている。

　さらに、老齢のリスクに関しては、予め個人の備えが可能なので、私的な所得保障で対応でき、公的な年金制度はいらないのではないかという疑問も生まれる（第Ⅰ部第3章第1節参照）。

2　年金と一時金

1　年金の意味

　何気なく用いられている「年金」とは、厳密には、年を単位として支給される金銭をいう。したがって、例えば老齢基礎年金の額は、「78万900円に改定率を乗じて得た額とする」と、法律上も年額で表示されている（国年法27条1項）。しかし、月額表示の方がわかりやすいので、年額を12で割った額で表示されることが多いが、年額を12で割ると割り切れない場合があり、この場合には、次の例のように四捨五入後の額が月額として表示されているので注意が必要である。

　【例】　2007年度の老齢基礎年金額＝794,500円／年
　　　　上記の月額＝794,500円÷12＝66,208.333…≒66,208円／月

　年金の支払いも月単位ではなく、年金の種類ごとに年間の支払期月が定められており、基礎年金、厚生年金、各種共済年金ともに、2月、4月、6月、8月、10月、12月の年6回支払うと定められている（国年法18条、厚年法36条、国共済法73条等）。

2　一時金

　年金制度から支給される金銭には、一時金として支給されるものもある。年金制度である以上、本来は年金として支給すべきなのだが、何らかの政策的理由により一時金という形で支給されるのである。

　(i)　**死亡一時金**　国民年金制度には死亡一時金という制度があり、3年以上保険料を納付した第1号被保険者が何ら年金を受給することなく死亡した場合に、その遺族に対し、保険料納付済期間に応じて12万円から32万円の一時金が支給される（国年法52条の2〜52条の6）。

　これは、保険料のかけ捨てを嫌う国民感情に配慮して設けられた制度であるが、年金制度では、平均よりも早く死亡する者がいるからこそ長生きした者が

年金を受給できるのであり、死亡一時金は、その根本にある連帯の思想と相反するものである。早急な廃止が望まれる[12]。

(ⅱ) **障害手当金** 厚生年金には、一時金として障害手当金がある（厚年法55条）。これは、障害の程度が3級障害厚生年金よりも軽く、かつ、一定の状態以上である場合に支給されるもので、支給額は3級障害厚生年金の2年分の額とされている（最低保障額1,188,400円（2007年度））。

(ⅲ) **企業年金** さらに、有期年金の形態が多い企業年金の場合には、年金に代えて一時金が支払われることも少なくない。確定給付企業年金法も、老齢給付金、障害給付金及び遺族給付金について、それぞれ一時金で支給することを認めている（確定給付法38条、44条、49条）。これらの場合は、死亡一時金と違って、有期年金の支払方法の問題となる。

また、資格を失った確定給付企業年金の加入者が老齢給付金の受給要件を満たさない場合には、脱退一時金を受けることができる（確定給付法41条）。これは、加入者間の連帯という性格がなく、賃金の後払い的な性格が強い企業年金の特性を反映したものである[13]。

3　終身年金と有期年金

年金には、受給権者が死亡するまで支給される終身年金と、一定の期間を定めて支給される有期年金がある。

老後の所得保障という観点からは、終身年金の方が望ましいのはいうまでもないが、後述するように、これは長生きリスクを内包することから、年金財政上は予見不可能な支出増加要因を伴うことになる。このため、公的年金では終身年金が原則なのに対し、企業年金では有期年金をとることが多い（確定給付法33条、確定拠出法31条）。

公的年金における有期年金としては、60歳以上65歳未満の妻に支給される国民年金の寡婦年金がある（国年法49条）。他方、企業年金の一種である厚生年金基金にあっては、公的年金の一部を代行していることから、終身年金でなければならないとされている（厚年法131条3項）。

4　定額年金と所得比例年金

年金は、その給付内容によって、定額年金と所得比例年金に分けることができる。

1　定額年金

定額年金とは、年金額が一定額に設定されている年金をいう。これはさらに、受給者全員に同じ額が支給される完全定額年金と、保険料拠出期間の長短によって年金額が増減する拠出比例定額年金に分けられる。

(ⅰ) **完全定額年金**　完全定額年金は、ニュージーランドの国民年金やオーストラリアの老齢年金のように、税方式に基づく年金の場合にみられる。ただし、完全定額といっても、単身者と夫婦の場合で年金額が異なったり、所得や資産に応じて年金額が減額されたりすることがある。[14]

(ⅱ) **拠出比例定額年金**　年金額は一定額を基準に設定されているものの、拠出期間に比例して額が増減するものを拠出比例定額年金と呼ぶ。これはさらに、フル・ペンション（満額年金）と上限なしの定額年金とに区分できる。

拠出比例定額年金は、社会保険方式を採用する場合に用いられ、保険料も定額なのが通常である。しかし、オランダでは、所得比例保険料による定額年金となっており、この場合には所得再分配効果がかなり強くなる。[15]

拠出比例定額年金は、被用者や自営業者、農業者など多様な職業の者を同一の制度の対象とする場合に用いられることが多い。というのも、自営業者や農業者は、被用者と違って、月々定期的な収入があるとは限らない反面、定年がない、さらに所得の補足率に差があるなど、年金保険料負担者としての条件が均質ではないため、定額拠出・定額給付の方が公平で、関係者の理解も得られやすいからである。[16]

(a) フル・ペンション（満額年金）

拠出比例定額年金のうち、一定の年金額が上限とされ、これを超える額を受給できない場合をフル・ペンション（満額年金）という。各国における戦後の

社会保障政策に大きな影響を与えたイギリスのベヴァリッジ報告に基づく基礎年金（Basic Pension）や、わが国の老齢基礎年金などがこれに該当する。

(b) 上限なし定額年金

これに対し、わが国における基礎年金導入前の旧国民年金法に基づく老齢年金は、保険料拠出期間が長くなればなるほど年金額も高くなる方式をとっており、上限なしの定額年金なっていた。

【参考】 定額年金の種類と具体例
- 完全定額年金
  例：ニュージーランドの老齢年金（2003年価格、1NZドル＝66円）
  　　年金額＝独身者273.08NZドル（約18,000円）/週
  　　　　　夫婦449.52NZドル（約29,700円）/週
- 拠出比例定額年金
  - フル・ペンション（満額年金）
    例：日本の老齢基礎年金（2007年）
    　　年金額＝794,500円×保険料納付済期間/480月
  - 上限なし定額年金
    例：日本の旧国民年金の老齢年金
    　　年金額＝保険料納付済期間×定額単価[17]

2　所得比例年金

所得比例年金とは、所得に比例して年金額が算定される年金をいい、保険料の算定も所得を基礎として行われる。わが国の厚生年金のほか、ドイツやフランスの年金などがこれに当たる。この所得比例年金は、社会保険方式の場合に限られ、しかも被用者を対象とする年金制度で多く用いられている。

なお、フランスの基礎年金の場合には、加入期間が長くなるほど給付率は高くなるものの、その上限が設定されており、現在は、160四半期（40年）加入して給付率は最高の50/100となる。

【参考】 所得比例年金の具体例
- 日本の老齢厚生年金
  年金額＝平均標準報酬月額×支給乗率（5.481/1000）[18]×被保険者月数
- フランスの老齢年金（一般制度）
  年金額＝平均賃金×給付率（最高50/100）×拠出期間（四半期単位）/160

そもそも、社会保険方式による老齢年金制度は、1889年にドイツで制定された障害・老齢保険法に始まるが[19]、その際、賃金労働者に対して従前の所得を保障するという考え方に立って所得比例年金が採用された[20]。ドイツの社会保険は、やがて隣国フランスなどに伝播して行き、多くの国において、ドイツと同様、所得比例年金は、被用者を対象とした従前額保障を目的とするものと位置づけられた。しかし、アメリカのように、農業、自営業等の非被用者を含めた所得比例年金を実施している国もあり、わが国でも、被用者以外の者に所得比例年金を設けるかどうかが課題となっている。

5　受給権による種類

1　本人給付と遺族給付

年金は、その受給権者によって、本人給付と遺族給付に分けることができる[21]。本人給付とは、被保険者という地位にある本人が保険金受取人たる地位に立つものであり、老齢年金や障害年金がこれに当たる。これに対し、遺族給付とは、本人の遺族たる第三者が保険金受取人たる地位に立つものであり、遺族年金がこれに該当する。

このような区分は、第1節2で述べたような、それぞれのリスク内容に対応したものだが、この区分が絶対という訳ではない。実際、1985年の改正前の旧国民年金法に基づく母子・準母子年金は、夫が死亡した場合でも、妻自身が15年以上の保険料納付済期間を有することを受給要件としており（旧国年法37条）、夫の死亡によって遺族になるかもしれないというリスクを負っている妻が被保険者となり、かつ、保険金受取人となる本人給付型だった。その理由については、夫婦がそれぞれに加入する国民年金では、「夫の死亡を保険事故とする妻自身の生活保障という構成がより自然であると考えられた」からと説明されている[22]。給与から保険料が天引きされる被用者年金と異なり、保険料が申告納付の国民年金では、夫が保険料を滞納するかもしれないというリスクを妻が負うのは不合理だ、という実態的判断があったのではないかと思われる。そうだとすると、遺族基礎年金について遺族給付構成をとっている（国年法37条）現在

の国民年金法は、このような観点からは、問題があることになる。

ところで、判例は[23]、年金受給権者が死亡した場合の損害賠償請求において、年金額相当額を請求できるか（逸失利益性があるか）という問題に関し、退職年金及び障害年金についてはこれを肯定し、遺族年金については、受給権者自身が保険料を拠出していないことなどを理由に否定している。しかし、年金制度がこれら3つのリスクを包括的に対象とし、加入者もこれら3つのリスクに備えるために保険料を支払っていることを考えると、判例のように遺族年金だけを区別してその逸失利益性を論じる合理性はないものと思われる。

なお、国民年金法における遺族給付としては、遺族基礎年金のほかに、60歳以上65歳未満の妻に支給される寡婦年金（国年法49条）と死亡一時金（国年法52条の2）がある。

2 基本権と支分権

年金には、基本権と支分権の区別がある。基本権とは、「保険給付を受ける権利」（国年法16条、厚年法33条）であり、給付を受けるもとになる権利である。例えば、40年間保険料を納めた者が65歳に達した場合、老齢基礎年金を受ける権利が発生する。これが基本権であり、これに基づいて2か月ごとの支払期日に2月分の年金額の支払いを受ける権利が自動的に発生する。後者の権利を支分権という[24]。

この基本権たる受給権は、法律で定めた受給要件を充たすことによって観念的に発生するが、受給権者の請求に基づき、社会保険庁長官が裁定することによって確認される（国年法16条、厚年法33条）。このような仕組みとなっているのは、法制定当時は、すべての受給権者について、個々人ごとに、受給権が発生したかどうかを把握することが実務上ほとんど不可能に近かったからであった[25]。しかし、その後、いわゆる年金記録問題が起き、すべての年金受給者及び現役加入者にその加入履歴を通知するとともに、年金時効特例法が制定されるなどの措置が講じられることになった（第Ⅲ部第1章第5節参照）。

3　未支給年金

　未支給年金とは、年金の受給権者が死亡した場合に、その者に支給すべき年金給付でまだ支給しなかったものがあるとき、その者と生計を同一にしていた遺族に支給される年金をいう（国年法19条、厚年法37条）。

　そもそも、年金は、受給権者の生活を保障するために支給されるものであるから、一身専属性があり、譲渡が禁止され（国年法24条、厚年法41条）、相続の対象にもならない。しかし、支分権を有する受給権者がその支払いを受ける前に死亡した場合には、その家族に与える影響も少なくないことから、年金法上の権利として、生計を同一にする家族に未支給年金を支払うことにしたものである。したがって、この未支給年金の受給権者は、死亡した受給権者の配偶者、子、父母、孫、祖父母または兄弟姉妹であって、死亡の当時受給権者と生計が同一であった者とされ、民法上の相続人とはその範囲が異なっている（国年法19条、厚年法37条、民法886条～890条）。

1）　国民年金法では「国民の老齢、障害又は死亡に関して必要な給付を行う」と規定し（同法2条）、厚生年金保険法では「労働者の老齢、障害又は死亡について保険給付を行」うと規定している（同法1条）。
2）　ここでは、老齢、障害、死亡という保険事故を、その発生可能性に着目して「リスク」と呼ぶ。
3）　菊池馨実「アメリカの年金改革」年金と経済 Vol. 24, No. 3（2005年）40頁。
4）　菊池・前掲論文（注3）40頁。
5）　2007年4月3日付け日本経済新聞「年金開始、欧米引き上げ」、有森美木「独仏における年金制度を巡る議論」NFIリサーチ・レビュー2007年9月号（2007年）28-29頁。
6）　厚生労働省「2005～2006年海外情勢報告」224頁。
7）　近代家族については、例えば落合恵美子『21世紀家族へ』（有斐閣、1994年）参照。
8）　スウェーデンの年金改革については、森浩太郎「スウェーデンの年金改革における『連帯』と『公正』」社会保障法第20号（2005年）6-18頁、井上誠一『高福祉・高負担国家スウェーデンの分析――21世紀型社会保障のヒント』（中央法規出版、2003年）271頁以下参照。
9）　井上・前掲書（注8）280頁。
10）　藤森克彦「退職時に「貯蓄」から「保険」に変わる新しい年金制度（NDC）の導入――ポーランドの年金制度改革①」週刊社会保障 No.2346（2005年）60頁。
11）　「平成18年簡易生命表」によると、2006年時点における0歳児の65歳までの生存率は、男86.1％、女93.3％となっており、20歳以上の者の65歳までの生存率は、それよりもか

第Ⅰ部　年金制度とは何か

なり高いことがわかる。
12)　山崎圭『国民年金法のしくみ〔改訂版〕』（国民年金協会、1982年）211-212頁。
13)　かつては、厚生年金にも脱退手当金の制度があり、5年以上厚生年金に加入したが、老齢年金の受給権を取得しなかった場合には、脱退手当金として一時金が受給できた（旧厚年法69条）。しかし、基礎年金の導入によって公的年金の加入期間が25年以上あれば、厚生年金の加入期間が短期間でも厚生年金が支給されることになったので、制度を存続させておく意味がないとして、1985年の改正で廃止された。
14)　諸外国の年金制度については、「特集：先進各国の年金改革の視点」海外社会保障研究 No. 158（2007年）、「特集　諸外国の年金制度とその改革の動向」年金と経済 Vol. 24, No. 3（2005年）、塩野谷祐一他編『先進諸国の社会保障（全7巻）』（東京大学出版会、1999-2000年）、厚生年金基金連合会『海外の年金制度』（東洋経済新報社、1999年）、広井良典・駒村康平編『アジアの社会保障』（東京大学出版会、2003年）掲載の各論文参照。また、西村淳『社会保障の明日——日本と世界の潮流と課題』（ぎょうせい、2006年）186-218頁では、世界各国の年金制度が要領よく分類されている。
15)　西村・前掲書（注14）204頁。
16)　諸外国でも、被用者の場合には所得の補足率が高く、自営業等の場合には低いといういわゆるクロヨン問題はある。しかし、例えばフランスの場合には、間接税のウェイトが高く所得税のウェイトが低いこと、サラリーマンも確定申告が原則であることなどの理由によって、クロヨン問題は日本ほど大きな問題とは認識されないようである。
17)　基礎年金が導入された1986年当時の旧国民年金の定額単価は2,041円とされていた。
18)　この支給乗率は5.481 / 1000が原則とされているが、1946年4月1日までの間に生まれた者については、生年月日別に経過的な率が定められている（厚年法43条、昭和60年改正法附則59条1項、同附則別表第7）。
19)　ドイツの障害・老齢保険法成立の経緯等については、松本勝明『ドイツ社会保障論Ⅱ——年金保険』（信山社、2004年）23頁以下、木下秀雄『ビスマルク労働者保険法成立史』（有斐閣、1997年）171頁以下、古くは後藤清・近藤文二『労働者年金保険法論』（東洋書館、1942年）48頁以下参照。
20)　ドイツは、当初、均一拠出・均一給付の老齢年金が構想されていたことについては、木下・前掲書（注19）185-187頁参照。
21)　山崎・前掲書（注12）112頁。
22)　山崎・前掲書（注12）182頁。
23)　退職年金については最高裁平成3月24日大法廷判決（民集47巻4号3039頁、判時1499号51頁）、障害年金については最高裁平成11年10月22日第2小法廷判決（民集54巻9号2683頁、判時1732号78頁）、遺族年金については最高裁平成12年11月14日第3小法廷判決（民集54巻9号2683頁、判時1732号78頁）。
24)　山崎・前掲書（注12）115頁。
25)　山崎・前掲書（注12）115頁。

第2章

年金の財政方式

1 年金制度と3つの財政リスク

1 トンチン年金と3つの財政リスク

　年金の財政方式について述べる前に、年金制度が抱える3つの財政リスクについて論じておきたい。年金制度は、その性格上、財政的に持続可能であることが不可欠の条件であり、どんなに立派に見える制度でも、持続可能でなければ絵に描いた餅となる。

　ここで、有名なトンチン年金を例に考えてみよう[26]。これは、フランスのトンチンという人が17世紀に考案した年金公債であり、フランスだけでなくイギリスでも実際に行われたという。その仕組みは、まず、政府が購入者を年齢別グループに分けて年金公債を募集する。公債の購入者は、公債の利子を年金として受け取るが、同じ年齢グループの中で死者が出ると、その分の利子は生存者に分配されるというものである。したがって、長生きすればするほど多額の利子（年金）が貰えることになる。

　これを現代の目で評価してみよう。まず、公債の利子が年金に足るものでなければならない。かつての財政投融資資金のように、国家が資金を管理し、利子を保障する制度があるなら別だが、国債も含め市場運用が基本となっている現在の金融システムの下では、国債の利回りといえども市場の動向によっては実質マイナスとなることもある。これを「運用リスク」という。

　次に、公債の償還の問題がある。人口が増え続け、経済が右肩上がりの社会ならば償還時の心配は少ないが、少子化が進む人口減少社会では、後代の世代が巨額な公債の償還負担に耐えられるかという問題が生じる。これが「少子化

リスク」である。もっとも、トンチン年金の場合、グループで最後に生き残った者が死ぬと公債の元本は国庫に帰属するのでこのような問題は生じないが、その場合には、そもそもそういった公債を買う者がいるのかが問題になる。

さらに、トンチン年金の妙味は、長生きをした者が得をするように工夫したところにある。これに対しては、人の射幸心を利用するという批判もあるが[27]、いずれの年金制度も、実はそういった側面がある。早死にした者から見ると、自分が損をしたおかげで長寿の者が得をしたことになる。このように、誰がどのくらい長生きするかわからないことを「長生きリスク」と呼ぶ。ちなみに、同じ年齢グループで長生きリスクを分担するという発想は、20世紀末にスウェーデンで導入された観念上の確定拠出年金にも取り入れられている。

2 年金が抱える3つの財政リスク

トンチン年金の例でわかるように、年金財政は、「長生きリスク」、「少子化リスク」及び「運用リスク」という3つの財政リスクを内包している。

(i) **長生きリスク** 長生きリスクには、ある個人が平均寿命よりも長生きするという「個人としての長生きリスク」と、ある世代がそれ以前の世代よりも長生きするという「世代としての長生きリスク」がある。

(a) 個人としての長生きリスク

当然のことだが、寿命は個々人によって様々である。幼くして病死する者もいれば、働き盛りに亡くなる者も、百歳を超えて天寿を全うする者もいる。公的年金制度は、社会保険料や租税という公的財源によって、高齢者に終身年金を支給することを目的とする以上、長生きする者も早く死ぬ者も条件は平等に取り扱うことが大原則となる。その結果として、長生きをした者の方が多くの年金を受給することになるが、だからといって、それが不公平ということにはならない。むしろ、年金制度である以上、個人としての長生きリスクを互いに分担するという世代内扶養は基本であり、これは年金制度における最小限の「世代内連帯」である。

このことは、私的年金で終身年金を支給する場合も同様であり、個人としての長生きリスクを加入者の集団内で分担しないのであれば、単なる個人貯蓄に

(b) 世代としての長生きリスク

先進諸国の年金制度が抱える問題の1つが、給付設計時から年金受給時までの間に受給者の平均余命が伸びる、世代としての長生きリスクへの対応である。わが国でも平均寿命は年々伸び続け、現在では、男79.0歳、女85.81歳と、それぞれ世界第2位と第1位の水準になっており、今でも伸び続けている。[28]

年金受給者が当初の予想以上に長生きすることによって、年金給付費も予想を超えて増大するが、問題は、これを誰が負担するかである。わが国を含め多くの国において、高度成長期までは、保険料の引上げという形で現役世代に転嫁してきた。しかし、経済が低成長へと移行し、保険料の引上げに限界を感じるようになると、年金給付を引き下げ、支給開始年齢を引き上げるといった方法により、世代としての長生きリスクの負担を年金受給世代に転嫁するようになる。長生きによる受給期間の長期化という利益を享受するのは年金受給者であることを考えれば、年金受給者がこのリスクを負担するのは合理的ということになる。

(ii) 少子化リスク　　長寿化は、年金給付費の予想以上の増大をもたらすが、少子化は、人口の減少を引き起こし、負担者たる現役世代を長期的に減少させるため、特に賦課方式の下で、現役世代1人当たりの負担を累増させる。これも年金制度にとって大きなリスクだが、世界の国々の中で2000年から2050年にかけて一貫して人口が減少し続けるのは、ロシアと東欧諸国を除けば、日本、ドイツ、イタリアだけであり、[29] その中でも少子化、高齢化ともに世界最高水準のわが国では、世代間の負担の公平をいかに保つかが他国以上に大きな問題となる。

その処方箋は、基本的に世代としての長生きリスクに対するものと同様だが、2つの点で留意が必要である。第一は、少子化の要因をどう考えるかはともかく、世代という観点からみれば、後の世代ほど子どもを生まないという選択を世代として行ったと考えることができる。子どもを生む、生まないは、個人の自由な選択に委ねられるべきものだが、年金制度が世代間扶養を基本とする以上、より少ない子どもしか生まないという選択をした世代が、その選択から生

じたリスクを引き受けるのが合理的ということになる。具体的には、少子を選択した世代が年金受給世代となった時点で生じる現役世代の減少、その結果として生じる1人当たり保険料の増加については、それを相殺する給付水準の引下げという形で年金受給世代が負担すべきことになる。

第二に、年金制度における少子化対策のあり方である。少子化対策全般をどうすべきかという問題とは離れて、年金制度における公平という観点から、年金制度としてどこまで少子化対策を講じるべきかという問題がある。わが国の場合、育児休業期間については厚生年金の保険料負担が免除され、雇用保険から50％の休業給付が支給されるものの、第1号被保険者に対してはこのような給付はない。また、年金給付上何ら加算等の措置もないが、フランスのように子どもを育てた母親に対し、年金給付を加算する制度を設けている国もある。

(iii) 運用リスク　積立方式の年金制度にあっては、一定の予定利率を前提として年金給付を設計するが、保険料拠出と給付との間に最大50年近いタイム・ラグが生じるため、実際の運用利回りが予定利率を下回るという運用リスクが発生する。特に1990年代末以降、市場の不確実性が世界中で顕在化し、しかもマイナスの運用利回りが発生するなど各国において運用リスクが表面化して大きな問題となったし、同様の状況は現在も続いている。このリスクは、経済のグローバル化によって増幅した市場収益率の変動リスクであり、市場を通じた投資が基本とされる以上、不可避的に生じるリスクである。

問題は、このような運用リスクを誰が負担すべきかである。市場の世界では、国家もプレイヤーの1人でしかなく、国がその収益率を確定的に予測し、これを保証することなどできない。これまでは、公的年金については、国家がそのリスクを引き受けてきたが、年金給付の規模が拡大し、他方、市場の不安定度が増す中で、国家のリスク引受能力にも限界が出てくる。すでにいくつかの国では、運用リスクを被保険者や受給者に転嫁する改革がなされているが、果たしてそれでよいのかは疑問である。まずは、一国だけでなく、複数国家の協働によって、金融商品の情報開示の徹底や金融機関のリスク管理の強化など市場の変動リスクを極力抑えるための努力が求められよう。

表 I-1　将来推計人口推移の変遷

推計時点	1981年	1986年	1992年	1997年	2002年	2006年
男子平均寿命 （2025年）	75.07年	77.87年	78.27年	78.80年	79.76年	81.39年
女子平均寿命 （2025年）	80.41年	83.85年	85.06年	85.83年	87.52年	88.19年
合計特殊出生率 （2025年）	2.09	2.00	1.80	1.61	1.38	1.23
高齢化率 （2025年）	21.3%	23.4%	25.8%	27.4%	28.7%	30.5%
高齢化率 （ピーク時）	21.8% （2020年）	23.6% （2021年）	24.8% （2045年）	32.3% （2050年）	35.7% （2050年）	40.5% （2055年）

3　わが国における3つのリスクとその対応

(i)　**長生きリスクと少子化リスク**　ここで、わが国でこの3つのリスクがどのように変動してきたかをみてみよう。わが国では、5年に1度行われる国勢調査等の結果を踏まえて将来推計人口が見直されるので、この新しい人口データ等を基礎として、5年に1度財政再計算を行い、これを基に年金制度改正を行うという仕組みが確立されている。

表 I-1は、基礎年金を導入した1985年改正以降における制度改正の基礎となった将来推計人口の推移を示したものである。これを見ると分かるように、わずか5年の経過にもかかわらず、推計の度に平均寿命は伸び、合計特殊出生率は下がっている。例えば、85年改正の基礎となったのは81年に行われた将来推計人口であるが、その5年後の86年推計では、平均寿命（2025年時点）が男子で2.8歳、女子で3.44歳も伸びている（長生きリスク）。また、合計特殊出生率（2025年時点）は0.09下がり（少子化リスク）、これらが相まって、ピーク時の高齢化率が1.8ポイント上昇している（高齢化のリスク）。結局、1981年から2006年までの25年間に、平均寿命は男子で6.32歳、女子で7.78歳も伸びた反面、合計特殊出生率は0.86も低下し、これらの結果、2025年時点の高齢化率は、21.3%から30.5%へと9.2ポイント上昇している。

(ii)　**運用リスク**　次に、運用リスクであるが、1990年代まで、制度改正の

表I-2　厚生年金・国民年金の予定運用利回り（名目）

（単位：％）

改　正　年	1973	1976	1980	1985	1989	1994	2000	2004
予定利回り	6.2	6	6	7	5.5	5.5	4.0	3.2

出典：『厚生年金・国民年金平成16年財政再計算結果』。

表I-3　公的年金制度の実績運用利回り

（単位：％）

年　度	1970	1975	1980	1985	1990	1995	2000	2001	2002	2003	2004
厚生年金	6.46	6.93	7.05	7.16	5.90	5.24	3.22	1.99	0.21	4.91	2.73
国民年金	6.27	6.44	6.22	7.06	5.20	4.90	2.98	1.29	−0.39	4.78	2.77

注：2000年までは5年目毎の数字（簿価ベース）。2001年度以降は、時価ベース。
出典：社会保障審議会年金数理部会「公的年金財政状況報告——平成16年度」。

際に用いられた厚生年金と国民年金の予定運用利回りは、5.5％またはそれを超える率が前提とされてきた（表I-2）。しかし、2000年改正では、その当時の経済状況を反映して、4.0％と初めて5.5％を下回る率が用いられ、さらに2004年改正では3.2％（これから名目賃金上昇率を差し引いた実質運用利回りは1.1％）が運用の目標とされている。

これに対し、厚生年金と国民年金における実績の運用利回りは、表I-3の通りである。わが国における公的年金積立金は、かつては、財政投融資資金として政府（旧大蔵省資金運用部）に一括預託され、これを政府が社会基盤の整備等を目的とする特殊法人等に貸し付けるなどし、その対価として運用益が公的年金の特別会計に支払われる仕組みとなっていた。しかし、財政投融資制度は2001年に廃止され、現在では、特殊法人などは自ら財投機関債を発行し、それができない場合には国が代わりに財投債を発行して必要な資金を市場から調達する仕組みに改められている。いわば、預託金利という形で政府が一定の利回りを保証する方式から、市場で利回りが決定される方式へと転換されたのである。

その結果、公的年金の積立金も民間の年金資金と同じく、市場で運用されるのが基本となり、2001年度以降の運用実績が示すように、運用利回りは従来よ

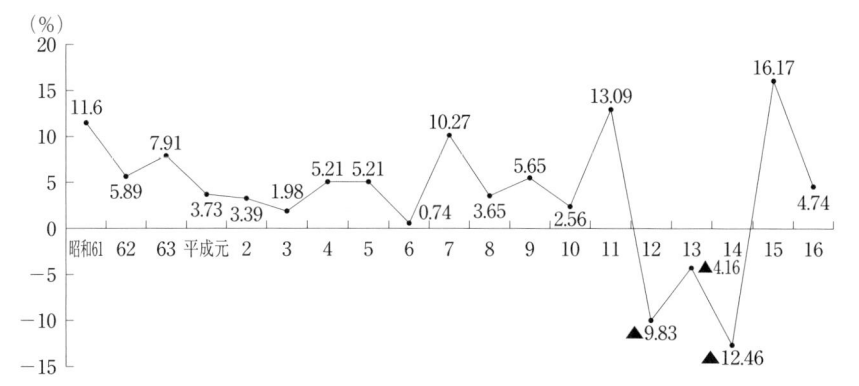

図 I-1 厚生年金基金の修正総合利回りの推移

(%)
昭和61: 11.6, 62: 5.89, 63: 7.91, 平成元: 3.73, 2: 3.39, 3: 1.98, 4: 5.21, 5: 5.21, 6: 0.74, 7: 10.27, 8: 3.65, 9: 5.65, 10: 2.56, 11: 13.09, 12: ▲9.83, 13: ▲4.16, 14: ▲12.46, 15: 16.17, 16: 4.74

出典：企業年金連合会「資金運用実態調査」。

りも格段に市場の動向に左右されるようになっている。

図 I-1 は、代表的な企業年金の一種である厚生年金基金の利回りの推移を示したものである。企業年金の場合には、公的年金と異なり、市場運用が基本とされてきたことから、運用利回りの変動幅が大きいという意味でよりリスクが高くなっていることが分かる。期待収益率をどの水準に設定し、どのような資産構成割合（基本ポートフォリオ）とするのかにもよるが、公的年金の積立金も、今後は、企業年金と同様の運用リスクにさらされることになる。

(iii) **リスク変動と従来の年金改正** 以上のようなリスク、特に長生きリスクと少子化リスクの変動に対応するため、わが国の年金制度にあっては、基礎年金を導入した1985年の改革以降、以下のような給付水準の引下げ、支給開始年齢の引上げ、そして保険料の引上げを基本とした改正が行われてきた。

(a) 給付水準の引下げ

厚生年金の給付水準の引下げは、給付乗率の引下げという方式と年金のスライド方式の変更という2つの方法で行われた。

①給付乗率の引下げ
- ◆ 10／1,000→7.5／1,000（1985年改正）：この改正当時は、現役世代の可処分所得の7割（69％）の水準が目標とされた。
- ◆ 7.5／1,000→7.125／1,000（総報酬ベースで5.481／1,000）（2000年改正）：この改

正当時は、現役世代の可処分所得の6割（59％）の水準が目標とされた。
②物価・賃金スライド（再評価）の見直し
- 完全自動物価スライド制の導入（1989年改正）
- ネット所得スライド制の導入（1994年改正）：これによって、賃金の再評価が名目賃金の伸びから現役世代の手取り賃金の伸びに応じて行われることになった。
- 65歳以降のスライド方式の変更（2000年改正）
  - 65歳時点（新規裁定）…1人当たり賃金伸び率に対応した賃金スライド（再評価）を実施
  - 65歳以降（既裁定年金）…物価スライドのみを実施

わが国における過去の実績をみると、基本的に賃金が物価を上回って伸びており（後出表Ⅰ-8参照）、65歳以降の既裁定年金について賃金スライドを実施しないということは、65歳以降の年金受給者については、物価上昇を上回る生活水準の向上は、年金制度上考慮しないということを意味する。もっとも、物価を上回る生産性の向上は、主に現役世代の努力によってもたらされると考えれば、このようなスライド方式の変更にも合理性はあることになる。

(b) 支給開始年齢の引上げ

厚生年金の支給開始年齢の65歳への引上げは、まず1階部分に相当する定額部分の引上げが行われ、次に2階の報酬比例部分が引き上げられた。いずれの場合も、ピーク時の保険料率を30％以内に抑えることが目標に掲げられたが、その後の少子化や長生きのリスクの予想以上の変動により、この目標は修正を余儀なくされることになる。

なお、国民年金（基礎年金）の支給開始年齢は、制度発足以来65歳のままである。

①定額部分の支給開始年齢の引上げ（1994年改正）
- 定額部分の支給開始年齢を段階的に60歳から65歳に引上げ（男子の場合、2001年度から13年度までかけて65歳に引上げ（3年で1歳））：これによって、ピーク時の保険料率を30％以内に抑えることが目標とされた。
②報酬比例部分の支給開始年齢の引上げ（2000年改正）
- 報酬比例部分の支給開始年齢を段階的に60歳から65歳に引上げ（男子の場合、2013年度から25年度までかけて65歳に引上げ（3年で1歳））：これによって、ピーク時の保険料率を30％以内に抑えることが目標とされた。

(c) 保険料の引上げ等

負担の面では、改正のたびに保険料率が引き上げられたほか、ボーナス保険料も導入されている。

①保険料率の引上げ（厚生年金の場合）
- 12.4％（1985年改正）→14.5％（1989年改正）→17.35％（1994年改正）→据置き（2000年改正）

②その他
- ボーナス保険料（1％）の導入（1994年改正）
- 保険料の算定基礎に月給だけでなく賞与も含める総報酬制の導入（2000年改正）。これによって、保険料率と給付乗率が次のように引き下げられた。
  - 保険料率：17.35％→13.58％
  - 給付乗率：7.125／1,000→5.481／1,000

(iv) **2004年改革**　以上のように、従来の改正では、5年に一度の財政再計算のたびにその基礎となっていた平均寿命が伸び、出生率が低下したため、給付水準の引下げや支給開始年齢の引上げ、保険料の引上げ等が行われ、これが年金制度に対する国民の不信を増幅する一因となってきた。このため、2004年の年金改革では、将来の保険料水準を一定に固定する反面、将来の年金額を少子化に伴う現役世代の減少と長寿化に伴う年金受給期間の伸長に対応して自動的に調整し、年金額を引き下げるマクロ経済スライドが導入された。

①保険料水準固定方式
- 厚生年金：2004年10月から毎年0.354％引き上げ2017年以降18.3％で固定
- 国民年金：2005年4月から毎年280円引き上げて2017年以降16,900円（2004年度価格）で固定

②基礎年金国庫負担割合の引上げ
- 基礎年金の国庫負担割合を2009年度までに1／3から1／2に引上げ

③マクロ経済スライドによる給付水準の調整
- 今後100年間年金財政が均衡すると見込まれるようになる2023年頃までの間、年金額のスライド率から「スライド調整率」を控除して、年金額の引上げを抑制するマクロ経済スライドを導入
- 新規裁定者の年金改定率＝1人当たり賃金伸び率−スライド調整率
- 既裁定者の年金改定率＝物価上昇率−スライド調整率
- スライド調整率＝全被保険者の減少率（0.6％）＋平均余命の伸び分（0.3％）

この改正は、保険料負担をこれ以上引き上げないことを宣言するとともに、長生きリスクや少子化リスクの変動については、年金給付水準の引下げで対応することにしたものであり、これによって、これまでのような朝令暮改的な改正を行わないだけでなく、年金制度上、年金受給世代よりも保険料を負担する現役世代への配慮を優先することを明確にしたことを意味する。その結果、標準的な厚生年金の給付水準は、今後の社会・経済状況の変動にもよるが、現役世代の平均的収入の50％まで低下することが予定されている。

2　税方式と社会保険方式

1　税方式と社会保険方式の意義

　財政方式による年金制度の区分として最も基本的なものに、税方式と社会保険方式がある。これは、年金給付の財源が租税によって賄われるのか、社会保険料によって賄われるのかによる区分である。もっとも、社会保険方式といっても、わが国のように財源の一部に国庫負担が導入されている場合もあることから、年金給付の全額を租税で賄う方式を税方式年金と呼ぶのが適当であろう[34]。

　なお、受給権者の拠出の有無に着目して、社会保険方式による年金を拠出制年金、税方式による年金を無拠出制年金と呼ぶことがある。わが国では、1961年に皆年金を導入した際、その当時すでに高齢だった者や、すでに障害状態、母子状態にあった者などに対して、全額国庫で負担する老齢福祉年金、障害福祉年金及び母子・準母子福祉年金が支給された。これが、無拠出制年金の代表例である。その後、1986年の基礎年金導入に際して、障害福祉年金は障害基礎年金に、母子・準母子福祉年金は遺族基礎年金に変更されたため、現在は、老齢福祉年金だけが残っている[35]。

　ちなみに、20歳前に障害の状態にあった者が20歳に達したときから支給する障害基礎年金（国年法30条の4）は、現在、わが国における唯一の無拠出制年金である。このほか、無拠出制の給付として、学生無年金障害者問題に対応するため2004年に創設された特別障害給付金があるが、これは年金ではなく、社会手当の一種と解される。

ところで、そもそも租税と社会保険料の違いはどこにあるのだろうか。この問いは、一見簡単なようで、実は極めて難解である。というのも、わが国の社会保険制度にあっては、すでに多様な財政調整が導入され、社会保険料が古典的な姿から大きく乖離し、社会保険料の租税化とでも呼ぶべき実態がある反面、租税の中でも社会保障目的税を想定すれば、その性格は社会保険料にかなり近づくからである。この問題については第Ⅲ部第**2**章で述べることにして、ここでは、租税か社会保険料かという財源の相違が年金制度のあり方に及ぼす基本的な影響を整理しておこう。

なお、財政的にみると、税方式は、社会保険方式の下で賦課方式をとる場合と同じ効果を持ち、長生きリスクと運用リスクには制度的に対応できるものの、長寿化と少子化の結果として生じる少子高齢化のリスクには対応できないという根本的な問題がある（本章第**3**節参照）。

2 税方式と社会保険方式の相違

(i) 給付面での相違

(a) 年金給付の内容

まず、給付面についてみると、税方式の場合には、個人の租税負担と年金給付を関連付け、拠出に比例した年金（拠出比例定額年金や所得比例年金）を支給することは困難である。というのも、まず、租税負担を年金給付に結びつけるためには、100年近くの間[36]、租税の納付記録を保管し、しかも、それを個人別に管理しなければならないという技術的、実務的問題がある。さらに、そもそも租税によって賄われる公共サービスは、税を負担しない無所得や低所得の者も平等に受益できるのが大原則であり、税を負担しない者には年金を支給しないということは、租税の考え方からしても、また、国民感情からしても許されないであろう。これは、年金目的税の場合でも同じである。したがって、この点が、税方式と社会保険方式の基本的な相違ということになる。

さらに租税の場合には、所得の捕捉率の問題があるため、税方式で所得再分配機能のある所得比例年金を導入することはより困難となる。

(b) 受給要件

社会保険方式の場合には、年金の受給要件として一定の保険料納付実績を求めるのが通常である。

わが国の場合には、25年の保険料納付済期間（保険料免除期間を含む。以下同じ。）が老齢年金の受給要件とされている（国年法26条、厚年法42条）。これは、保険料納付要件として、ドイツでは5年、アメリカでは10年、フランスでは1四半期（3月）が最小拠出期間とされているのに比べて格段に長く、保険料の掛け捨てを減らす意味でも、25年の要件をより短くすることが望ましい[37]。

これに対し、税方式年金の場合には、拠出と給付に関連性がないので、拠出に関する要件は本来不要なはずである。しかし、実際に税方式年金を採用している国では、必ず一定期間以上の国内居住を要件としている。カナダ、オーストラリア及びニュージーランドでは、原則として10年以上の国内居住期間が必要であり、デンマークでは、満額年金を受給するために40年間の居住が必要とされている[38]。その理由について、オーストラリア及びニュージーランドの政府関係者に聞いたところ、税の負担実績を年金保険料の納付実績として評価するという趣旨ではなく、国家とのある程度のつながりを求めるためということであった[39]。

(ii) 負担面での相違

(a) 負担形式

社会保険料の場合には、1人当たりの保険料額が一定額に定まっている定額保険料か、所得（報酬）に一定の保険料率を乗じて得た額を保険料額とする所得比例保険料が基本となる。わが国の国民年金は前者であり、厚生年金等の被用者年金は後者になる。

これに対し、租税の場合には、人に着目するか（人税）、物に着目するか（物税）、また、所得、資産、消費のいずれに着目するかなど幅広い選択肢があり、どのような課税対象にどのような税率を課すかによって、その負担形式や機能が異なってくる。例えば、わが国では、社会保障目的税の候補として消費税が取り上げられるのに対し、フランスの社会保障目的税である一般社会拠出金（CSG）は、所得に薄く広く課税するという方法がとられている。

(b) 事業主負担

　社会保険のうち、厚生年金等の被用者保険にあっては、保険料の1／2を事業主が負担する（厚年法82条1項等）。これに対し、租税にあっては、事業主がその社員の税負担の一部を負担するという制度はない。

　これに関連し、例えば消費税を年金目的税にした場合には、その分事業主負担が軽減されるのではないかということが問題となる。

　確かに、基礎年金の国庫負担率を1／3から1／2に引き上げ、さらにはその全額を租税で賄うことにすれば、事業主負担は、それぞれ1兆円ないし4兆円ほど軽減されることになる[40]。しかし、そもそも社会保険における事業主負担をどのように考えるか自体が1つの問題であり[41]、年金制度における事業主負担の根拠を労働者の生活保障による業務能率の向上に求めたとしても[42]、その故をもって事業主負担の軽減を非難する理由とはならない。基礎年金の国庫負担率を高め、または税方式に転換することによって、事業主だけでなく、第2号被保険者たる被用者本人や第1号被保険者たる農業者、自営業者などの保険料負担も軽減・免除されるからである。

　しかし、国庫負担の財源が消費税であれば、最終的には消費者に負担が転嫁されることになるので、事業主の負担軽減分が消費者に転嫁されるという問題が残ることになる。この問題を解決するためには、基礎年金の税方式化の際に、年金制度だけでなく社会保障制度全体、さらには租税制度も含めて事業主負担のあり方を抜本的に見直すことが必要となろう。

(c) 被扶養配偶者の取り扱い

　わが国の被用者年金制度にあっては、被扶養の配偶者を第3号被保険者として位置づけ、配偶者は直接保険料を負担せず、被保険者の属する制度がまとめて基礎年金拠出金を負担することにより、配偶者も基礎年金を受給できるという仕組みをとっている。これは、保険料の負担能力がないとされる、収入が一定額（年収130万円）[43]未満の者については、被保険者が連帯して支えるという考えに基づいている[44]。

　これに対し、租税の場合、わが国では個人単位主義を採用しているので[45]、所得税法上夫が妻に代わってその税金を負担するという制度はない。もし妻の収

入が低ければ妻は非課税となるだけである。[46)]

　このような取扱いの違いが生じるのは、年金制度の場合、給付と負担を世帯として総合的・一体的に捉えて制度設計がなされているのに対し、租税の場合には、公共サービスの提供という一般目的のために個人単位主義に基づいて制度が作られているからであろう。この点も、両者の相違である。ただし、所得税の減額と給付金の支給を組み合わせる「給付付き税額控除」[47)]のような制度が実現することになれば、租税にあっても、給付と負担を総合的・一体的に捉えた制度設計が求められることになり、社会保障的構成に近づくことになろう。

3　経過措置の問題

　わが国で税方式年金を導入する場合には、社会保険方式から税方式年金に転換する際の経過措置をどうするかが問題となる。

　例えば、ある時点（x年）から税方式年金を導入する場合に、過去の保険料納付の有無を考慮しないで、すべての高齢者に6.6万円の税方式年金を支給することにすると、極めて不公平な結果となり、それまでまじめに保険料を払ってきた人の年金制度に対する信頼を裏切ることになる。このため、例えば、40年間保険料を納めてきた人に対しては、経過的に、基礎年金のうちの保険料負担相当分（6.6万円×1／2＝3.3万円）を支給することが考えられる（ケース①(a)）。しかし、それでは、3.3万円分年金額がかさ上げされてしまうので、将来の負担がさらに増大することになり、年金の給付水準を抑制し、将来世代の負担を軽減しようというこれまでの改革の方向に逆行することになる。

　このような不公平を軽減するため、ケース②のように、例えば10年間の国内居住を税方式年金の資格要件にする場合には、x年からは従来どおり基礎年金を支給し、（x＋10）年後から全高齢者に6.6万円の税方式年金を支給することになる。しかし、この場合、40年間保険料を納付した（c）のケースでは、旧方式分との併給をそのまま認めると、13.2万円となって受給額が高くなり過ぎるので、10年間の受給実績を考慮して、（x＋10）年後の受給額を逓減させることが必要となる。他方、過去保険料を滞納してきた（d）の場合は、10年間は何ら年金を受けられなくなってしまう。この問題を解消するため、税方式年金

第**2**章　年金の財政方式

図Ⅰ-2　基礎年金を税方式化する場合の経過措置の例

ケース①：x年から全高齢者に税方式年金（6.6万円）を支給
　(a) 40年間保険料を納付した場合

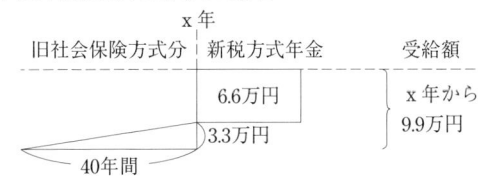

```
                x年
  旧社会保険方式分 │ 新税方式年金    受給額
─────────────────┼──────────────
                 │   6.6万円      x年から
                 │   3.3万円      9.9万円
   ＼_____／
        40年間
```

　(b) 40年間保険料を滞納した場合

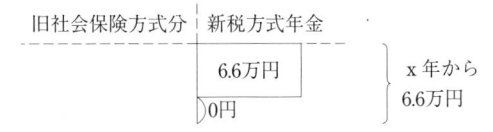

```
  旧社会保険方式分 │ 新税方式年金
─────────────────┼──────────────
                 │   6.6万円      x年から
                 │    0円         6.6万円
```

ケース②：10年間の国内居住を要件に税方式年金（6.6万円）を支給する場合
　(c) 40年間保険料を納付した場合

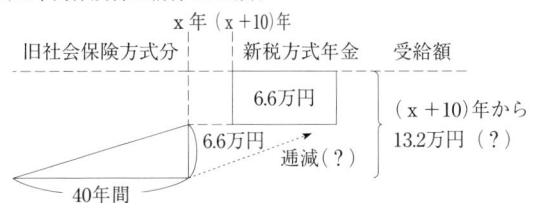

```
               x年  (x+10)年
  旧社会保険方式分 │     │ 新税方式年金    受給額
─────────────────┼─────┼──────────────
                 │     │   6.6万円
                 │6.6万円         (x+10)年から
                 │    逓減(？)    13.2万円(？)
   ＼_____／
        40年間
```

　(d) 40年間保険料を滞納した場合

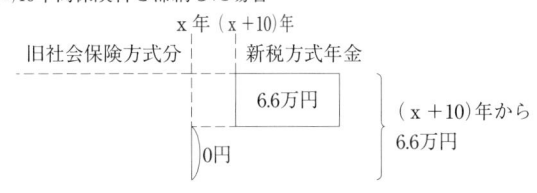

```
               x年  (x+10)年
  旧社会保険方式分 │     │ 新税方式年金
─────────────────┼─────┼──────────────
                 │     │   6.6万円      (x+10)年から
                 │     │    0円         6.6万円
```

　導入時（x年）に一定年齢（例えば70歳）以上の者に対して、特例的に税方式年金を支給しようとすれば、結局はケース①と同じ問題が生じることになる。

　以上は、典型的な２つのケースを想定したものであり、このほかにも様々な案を考えることができる。しかし、問題の本質は、この２つのケースに端的に表されており、過去の保険納付を評価すべきであるという公平の要請と、無・低年金者を救済すべきであるという要請をどこで調和させるかということに尽

29

第Ⅰ部　年金制度とは何か

図Ⅰ-3　考えられる税方式年金案

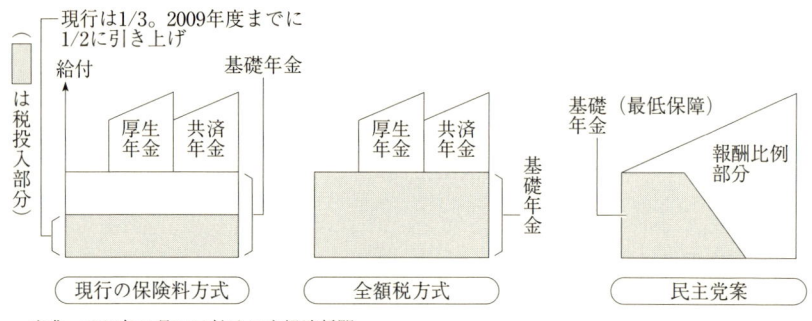

（　　は税投入部分）

現行は1/3。2009年度までに1/2に引き上げ

給付　基礎年金　厚生年金　共済年金

現行の保険料方式

厚生年金　共済年金　基礎年金

全額税方式

基礎年金（最低保障）　報酬比例部分

民主党案

出典：2007年11月14日付け日本経済新聞。

きる。

　これは、巷間喧伝されている民主党の税方式年金案、つまり最低保障年金については税方式にし、高所得者になるほど税の投入割合を逓減させるという案にも当てはまる問題である。最低保障年金の水準をどの程度に設定するかにもよるが、仮に現在の基礎年金と同じ水準にするのであれば、ケース①と同じ問題が生じるし、基礎年金よりも低い水準にするのであれば、この問題の程度は減少するが、逆に、そんなに低い水準で最低保障年金と言えるのかという問題が生じてしまう。

3　賦課方式と積立方式

　社会保険方式の年金制度は、さらに世代間扶養を前提とするかどうかによって、賦課方式と積立方式に分けられる。

1　賦課方式のメリット・デメリット

　賦課方式とは、年金給付に必要な費用をそのときの現役世代の保険料で賄う方式であり、この方式の下では、保険料を負担する現役世代と年金を受給する高齢世代との間で世代間扶養が行なわれることになる。

　この方式のメリットは、第一に、積立金を保有しなくて済み、したがって運

用リスクが生じないこと、第二に、給付設計時以降受給までの間に平均寿命が伸びる世代としての長生きリスクにも対応できることである。

しかし、少子高齢化が急速に進行する場合には、将来の現役世代ほど負担が重くなり、現在世代と将来世代との間で負担が著しく不公平になるという問題がある。ちなみに、税方式年金を採用しつつ課税について租税単年度主義（憲法86条）をとる場合には、年金給付はその年の税収で賄われることになるため、財政的には賦課方式と同じ効果を持ち、世代間の公平性の確保が大きな課題となる。

2　積立方式のメリット・デメリット

積立方式とは、それぞれの世代が将来の年金給付に必要な原資を自ら積み立てる方式をいう。この方式では、理念的には世代間の扶養を必要としないので、急速な少子高齢化の下でも世代間の負担の不公平が生じないというメリットがある。

しかし、積立方式は必然的に積立金を伴うので、運用リスクを常に内包することになり、このような市場に不可避的に内在するリスクを誰が負担するのかという困難な問題を生じさせる。

さらに、積立方式の下でも、人口が減少し経済規模が縮小する場合や、団塊の世代が一斉に年金受給を始めるような場合には、問題が生じることになる[49]。というのも、例えば、ベビーブーム世代がいっせいに退職して年金を受給し始めた場合に、その資産が株で運用されており、年金支払いのための株の売却額が現役世代の購入能力を超えていれば株価は下落するだろうし、もしそれが預金なら巨額な支払いがインフレを引き起こし、年金の価値を引き下げるだろうからである[50]。

また、積立方式は、長生きリスクに対応しにくいというデメリットがあり、年金制度において完全積立方式を貫徹することは、現実には困難である。

3　混合方式

以上のように、賦課方式、積立方式ともに一長一短であり、したがって、多

くの国では、完全な積立方式や賦課方式ではなく、両者の中間的性格の財政方式を用いている。より正確には、積立方式の国では、現実に完全積立方式を維持することは困難なため、程度の差はあれ現役世代に負担の一部を転嫁することによって修正積立方式へと移行し、やがては賦課方式へと移行していくことが多い。他方、賦課方式を宣言している国にあっても、特にベビーブーム世代の年金負担をいかに平準化するかという観点から、新たに積立金を積み立てる国も出てきている。(第Ⅱ部第4章第3節参照)

このように考えると、賦課方式と積立方式のいずれが正しいかという問題設定自体が誤りであり、政策選択としては、ポリシー・ミックスとしての両者の適切な組合せの中から最適解を導き出すというのが合理的ということになる。

わが国では、保険料水準を将来に向けて段階的に引き上げていく「段階保険料方式」をとっており、これは積立方式と賦課方式の両方の性質を兼ね備えている[51]。しかし、2004年の改正で保険料水準固定方式を導入し、2017年度以降、厚生年金であれば18.3％に保険料が固定されることになっているので、それ以降は賦課方式へと移行することになり、その後は積立金によって世代間の負担の不公平をいかに調整できるかが鍵となる。

4 年金制度と所得再分配

(i) **水平的所得再分配と垂直的所得再分配**　社会保障の主要な目的の1つは所得の再分配にある。そこで、年金制度では、どのような形で、どの程度所得の再分配がなされているのかを考えてみよう。

所得の再分配にも、水平的所得再分配と垂直的所得再分配がある。一般に、同一所得階層内の再分配を水平的再分配、高所得階層から低所得階層への再分配を垂直的再分配というが[52]、わが国の年金制度にあっては、垂直的所得再分配はほとんどみられない。というのも、まず、国民年金にあっては、定額保険料・定額給付のため、所得再分配はない。ただし、基礎年金給付費の3分の1が国庫負担で賄われるため、その限りで垂直的所得再分配が行われることになる[53]。他方、厚生年金では、所得比例保険料・所得比例給付となっており、報酬の低い層に対して限定的に垂直的所得再分配が行われるとともに、第3号被保

険者については、基礎年金拠出金相当分を制度全体としてまとめて負担することにより、単身世帯から有配偶者世帯へという形で所得再分配が行われている（第Ⅲ部第2章第3節参照）。

このような年金制度の仕組みを考えると、同世代内において所得移転を行うことを水平的所得再分配、異なる世代間で所得移転を行うことを垂直的所得再分配と呼んだ方が年金の特性に合致すると思われるので、ここではこの定義を用いて検討する。

(ⅱ) **水平的所得再分配**　まず、年金制度にあっては、賦課方式であれ、積立方式であれ、水平的所得再分配が行われ、これが年金制度の本質特徴の１つである。これは、個人としての長生きリスクを同世代内で分担することであり、これによって、早死した者から長生きした者に所得移転が行われることになる。これを、「世代内連帯」と言い換えることもできる。

(ⅲ) **垂直的所得再分配**　世代間の垂直的所得再分配は、積立方式では原則として行われないのに対し、賦課方式ではそれが本質的要素となる。ただし、現役世代何人で１人の年金受給者を支えるかを示す年金扶養比率（現役世代の被保険者数／年金受給者数）が一定のまま続く社会にあっては、いずれの世代も給付と負担が同等になるので、垂直的所得再分配といっても名目だけのものになる[54]。少子高齢化が進み、年金扶養比率が下がっていく社会にあってこそ、実質的な垂直的所得再分配が行われることになる。

4　給付建て年金と拠出建て年金

1　給付建て年金

これまで費用負担のあり方を基準とした区分について述べてきたが、本節では、給付設計の基準時による年金の区分について述べる。

1980年代まで、年金とは、給付建て年金または確定給付年金（DB: Defined Benefit systems）のことを意味していた。ここで言う給付建て年金とは、保険料の拠出時点で将来の年金額またはその計算方法が定められているものをいい、給付の種類としては定額年金や所得比例年金など様々である。ちなみに、「確

定給付」とは、一定の計算式などによって給付が定められている（defined benefit）という意味であって、年金額が「確定」していることまでは意味しない。

例えば、わが国の老齢厚生年金の額は、以下の式のとおり定められている（厚年法43条）ので、給付建て年金である。再評価によって平均標準報酬額が変わったりするので正確な年金額はわからないものの、自分の平均賃金と加入期間がわかればおおよその見当はつく。

- 老齢厚生年金の額＝平均標準報酬月額×支給乗率（5.481／1000）[55]×被保険者月数

また、老齢基礎年金はフル・ペンション方式をとっているため、年金額の計算式は以下のようになり（国年法27条）、これも給付建て年金である。この場合は、保険料納付済月数がわかれば現時点での年金額がわかる。

- 老齢基礎年金の額＝794,500円（2007年）×保険料納付済月数／480月[56]（40年）

近年まで、わが国だけでなく諸外国でも、給付建て年金を当然の前提として公的年金は設計されてきた。年金制度が老後の所得保障を目的とするものである以上、それは自明のことでもあった。

2　拠出建て年金

これに対し、拠出建て年金または確定拠出年金（DC: Defined Contribution systems）とは、拠出時点では保険料の額またはその計算方法だけが確定し、将来の年金額またはその計算方法は定まっていないものをいう。具体的には、保険料の拠出があり、それを積み立てるが、積立金の運用方法は加入者自らが選択し、指図する。そして、加入者が一定年齢（例えば60歳）に到達して年金を受給しようとする時点で、得られた運用益と積み立てられた保険料の総額を元手にどのような年金給付にするかを決めるのである。ここで「確定拠出」とは、一定の計算式などによって拠出額が決められている（defined contribution）という意味であって、拠出額が「確定」していることまでは意味しない。

なお、「拠出建て年金」より「確定拠出年金」という呼称の方が一般に普及しているので、本書では、制度設計として拠出建てであることを意味する場合には「拠出建て年金」という語を用い、個別の拠出建て年金制度を意味する場合には「確定拠出年金」という語を用いるよう、できる限り使い分けることにする。

　この拠出建て年金は、最初にアメリカの企業年金で導入されたものであり、アメリカ内国歳入法の根拠条文を引用して401(k)(年金)と呼ばれることもある。この拠出建て年金は、運用リスクを、企業ではなく、従業員たる加入者が負う点に最大の特徴がある。確定給付年金を採用し、運用益が予定利率を下回った場合には、企業は多額の追加拠出を余儀なくされるリスクがあったのに対し、確定拠出年金の場合にはそのようなリスクは一切生じない。このため、確定拠出年金は、1980年代以降、好調な株式市場を背景に、アメリカの企業年金で大いに普及することになった。

　やがて1990年代に入ると、拠出建て年金方式は、オーストラリアの2階部分の報酬比例年金や、イギリス、ドイツなどの公的年金にも取り入れられるようになる。というのも、公的年金もその積立金を市場で運用しており、運用リスクにさらされるという意味では、企業年金と同じ条件の下にあるからである（第Ⅱ部第4章第4節参照）。

3　給付建て・拠出建てと積立方式・賦課方式の組合せ

　ここで、これまでの議論を整理しておこう。拠出建て年金の登場によって、給付建て年金しか念頭になかった年金の世界は一変することになった。この給付建てか拠出建てかという給付に着目した区分と、積立方式か賦課方式かという負担に着目した区分をクロスさせると、表Ⅰ-4のとおりとなる。

表Ⅰ-4　給付建て・拠出建てと積立方式・賦課方式の組合せ

	積立方式	賦課方式
給付建て年金	従来からの積立方式年金	従来からの賦課方式年金
拠出建て年金	新たな確定拠出年金	？

従来からの積立方式ないし賦課方式は、給付建ての積立方式ないし賦課方式に整理され、新たに登場した確定拠出年金は拠出建ての積立方式に分類される。

ここで、拠出建て年金と賦課方式という組合について考えてみよう。まず、賦課方式である以上、ある時点において現役世代が拠出した保険料は、そのときの高齢者の年金給付に使われてしまうはずである。その上で拠出建ての年金給付を設計するというのは、財源が無いのに年金を支給するというに等しく、実現不可能なことを意味するように思われる。しかし、スウェーデンで新たに考案された「観念上の確定拠出年金」（NDC: Notional Defined Contribution）と呼ばれる方式は、この不可能を可能にしたのである。

5　観念上の拠出建て年金[58]

1　観念上の拠出建て年金の基本的仕組み

(i) **基本的仕組み**　1998年にスウェーデンの年金改革で導入された観念上の確定拠出年金は、拠出建て年金と賦課方式という一見不可能にみえる組合せを可能にした。以下、その仕組みを概説する。

(a) 保険料の使途

スウェーデンの制度では、まず、保険料率を将来にわたって18.5％で固定することとし、そのうちの16％は観念上の確定拠出年金に充当し（以下「NDC分」という。）、残り2.5％は、通常の拠出建て年金と同様、個人勘定に積み立て（以下「積立分」という。）、運用方法は加入者自らが選択して市場で運用する。

加入者が支払った保険料のうちNDC分（16％）は、賦課方式と同じくそのまま高齢者の年金給付費に充てられる。しかし同時に、保険料を支払った現役世代の加入者については、拠出した保険料がその個人勘定に積み立てられたものとして記録され、しかも、実際には積立金がないにもかかわらず、この記録上の積立金に「みなし運用利回り」という運用益が付与されるのである。そして、このみなし運用利回りには、1人当たりの名目所得上昇率が用いられている。

このように、NDC分については、拠出した保険料も、その累積としての積

立金も、さらには積立金に係る運用益も現実には存在しないにもかかわらず、あたかも存在するものと観念して、保険料を記録し、これを積み立て、その運用益を計算することから、観念上の（Notional）確定拠出年金と呼ばれる。

(b) 年金額の計算

加入者が実際に受給する年金額は、次のように計算される。まず、積立分については、実際に積み立てられた保険料総額と運用利回りの合計額に基づき、年金額が保険数理的に計算される。

次に、NDC 分については、年金受給資格を取得した時点（例えば61歳の時点）において、加入者の NDC 分として観念的に積み上がっていた元本及び運用益の合算額を、同世代の61歳の平均余命で除して１年当たりの年金額を算出し、これを年金額とする。これによって、世代としての長生きリスクは、それぞれの世代が引き受けることになるのである。

このほか、年金受給開始前に死亡した被保険者の NDC 分の総額は、毎年、同年齢グループの被保険者に配分されるという仕組みも導入されており、これはトンチン年金の発想を受け継いでいる。

(ⅱ) 観念上の拠出建て年金＝非市場性国債の発行　このような制度がなぜ可能なのだろうか。これについては、次のように考えればよい。[59]

まず、観念上の拠出建て年金の場合、加入者が拠出した保険料及びみなし運用利回り見合いの年金債務を国が負っていると考える。これは、トンチン年金公債と同じく、国が、担保を持たずに、その年金債務を表章する国債という形で債務を負担したと考えるとわかりやすい。そして国は、加入者に年金を実際に支払う時点で、必要となる財源を何らかの方法で――観念上の拠出建て年金の場合には、後代の現役世代が拠出した保険料で――賄えばよいのである。

以上のように考えると、古典的な積立方式とは、国が負っている年金債務見合いの資金を現金という形で事前に積み立て、これを市場で運用した後で年金給付に充当するのに対し、観念上の拠出建て年金は、国が負っている元本及び運用益見合いの年金債務を、その債務償還時点の保険料負担者たる現役世代の総賃金を基礎とした保険料で返済するものと理解できる。ここで、それぞれの時点の現役世代の総賃金≒それぞれの時点の国全体の経済規模と考えれば、積

立方式と賦課方式の差異は、財政学的には、積立方式＝保険料資産を金融市場で運用すること、賦課方式＝保険料資産を非市場性国債、すなわちその国の経済全体で運用すること[60]という説明が可能となる。

2　運用方法による区分

以上の理解を前提にすれば、積立方式か賦課方式かという問題は、市場運用か非市場運用かという問題に置き直すことができ、したがって、積立方式と賦課方式の本質的差異は、積立方式は、保険料資産について市場運用による収益獲得を目指すのに対し、賦課方式は、非市場運用、すなわちその国の経済成長によって収益獲得を目指すという点にあることになる。これによって、観念上の拠出建て年金の収益率を概ねGDP成長率と近似的なものと考えることの合理性が説明できることになる。

この観点から年金制度を分類すると、表I-5のようになる。[61]

表I-5　運用方法による年金制度の区分

市場運用拠出建て （FDC：Financial Defined Contribution）	確定拠出年金、スウェーデンの積立分
非市場運用拠出建て （NDC：Non Financial Defined Contribution）	観念上の確定拠出年金（スウェーデン（NDC分）、イタリア、ポーランド等）
市場運用給付建て （FDB：Financial Defined Benefit）	従来の積立方式年金
非市場運用給付建て （NDB：Non Financial Defined Benefit）	従来の賦課方式年金

3　観念上の拠出建て年金の意義

観念上の拠出建て年金が各国でどのような形で導入され、それをどのように評価すべきかについては第Ⅱ部第4章5節で述べるが、ここでは、スウェーデンにおける観念上の確定拠出年金の意義について述べておきたい。

まず、スウェーデンにおける観念上の確定拠出年金の特徴は、その調和可能性にある。賦課方式が本質的に持っている問題点、すなわち世代間の負担の不公平という問題を解決するため、年金債務を負担可能な範囲に調整する「自動

財政均衡メカニズム」(Automatic Balance Mechanism)を同時に導入し、経済等との調和を可能にした。これは、毎年、保険料資産と年金債務を比較し、年金債務の方が大きい場合には、その分年金のスライド率を割り引いて年金財政のバランスを図ろうとする仕組みであり[62]、これによって、経済変動や長生きリスク等にも対応できるようになる。

　また、年金額の算定に際して世代ごとの平均余命を用いることにより、世代としての長生きリスクはそれぞれの世代内で引き受けることにした。さらに、保険料のうち16％をNDC分とし、2.5％を積立分として別途運用することにより、運用リスクを分散している。

　これらの仕組みを組み入れることによって、年金制度の持続可能性を確保しようとしたところに、スウェーデンの年金改革の最大の狙いがあった。ちなみに、わが国の2004年改革で導入されたマクロ経済スライドも、少子高齢化に対応できる新たな仕組みであり、これによって観念上の拠出建て年金と同じような効果を得ることができるのである（第Ⅱ部第4章第6節参照）。

---

26) 佐藤進「年金と財政」『東京大学公開講座29　高齢化社会』（東京大学出版会、1979年）193-197頁。
27) 佐藤・前掲論文（注26）196頁。
28) 「平成18年簡易生命表」による。
29) United Nations Population Division, World Population Prospects: The 2004 Revision Population Database, United Nations, 2005.
30) 2006年6月20日少子化社会対策会議決定「新しい少子化対策について」など参照。
31) 雇用保険制度から、育児休業基本給付金として休業開始時賃金日額の30／100、育児休業者職場復帰給付金として20／100の計50／100が支給される。
32) 20歳から保険料を納めた者が65歳から年金を受給する場合には、最初の保険料拠出と年金受給の間に45年間のタイム・ラグが生じる。
33) 2007年夏、アメリカのサブ・プライム問題に端を発した信用不安により、世界中の市場で株価が急落した。
34) 西村・前掲書（注14）215頁では、仮に9割が税財源だとしても、拠出が給付の要件であれば税方式と言うのは適当でないとして、拠出と給付のけん連性を社会保険方式のメルクマールにしている。
35) 老齢福祉年金は、1961年時点で45歳を超えていた者を対象としたので、2007年時点では91歳以上の者だけが受給していることになる。
36) 中学を卒業して働き出した者が110歳まで長生きして年金を受給する場合を想定すると、

その者に関する記録は95年間保管しておかなければならないことになる。
37) 江口隆裕「グローバル化と年金制度の課題」社会保障法第20号（2005年）121頁。
38) デンマークについては、村上清『年金制度の選択』（東洋経済新報社、1998年）114頁。
39) （財）年金総合研究センターの「諸外国における老齢所得保障の枠組みとその考え方に関する研究会」主査として、2003年10月、両国の政府関係者から話を聞く機会を得た。
40) 2005年度の基礎年金拠出金16.3兆円をベースに試算すると、事業主負担は、基礎年金国庫負担率1／3から1／2への引上げで約0.9兆円、全額国庫負担で約3.7兆円軽減される。
41) 台豊「健康保険料事業主負担の転嫁に関する規範的考察」法政理論第39巻第3号（2007年）59頁以下。
42) 後藤他・前掲書（注19）によると、保険料の労使折半は、すでに廃疾、死亡及び養老に関する年金制度を備えていた船員保険法（1939年成立）の例にならったようである（184—185及び549頁）。労働者年金保険制度創設の趣旨が、労働者の生活保障とそれによる業務能率の向上にあった（同書188、214頁）ことから推測すると、事業主負担の根拠は、受益者負担説（台・前掲論文（注41）82頁）的に考えられていたものと思われる。
43) 被扶養者認定基準と呼ばれるこの基準額は、1980年6月6日付けの旧厚生省保険局保険課長等の内かんによって定められている。
44) 同様の制度として、健康保険における被扶養者があり、こちらの方がその範囲が広い。
45) 金子宏『租税法〔第12版〕』（弘文堂、2007年）189頁。
46) この場合夫に配偶者控除が認められ、その基準額は年収で103万円以下とされている。
47) 2007年9月18日、税制調査会第15回企画会合終了後の会長会見録及び2007年9月19日付け日本経済新聞「給付付き税額控除検討」参照。
48) 同日付け日本経済新聞には、民主党案について「全額税方式と共通の特徴があるが、現役時代に年収1200万円以上の高所得者は最低保障年金の支給はない。給付や財源などの設計の根幹はまだ不明確」との注記が付けられている。
49) Nicholas BARR, "The truth About Pension Reform", International Monetary Fund, 2001, http:／／www.imf.org／external／pubs／ft／fandd／2001／09／barr.htm, p.2.
50) 権丈善一『年金改革と積極的社会保障政策——再分配政策の政治経済学Ⅱ』（慶應義塾大学出版会、2004年）27-28頁も同旨か。
51) 厚生労働省年金局数理課『厚生年金・国民年金平成16年財政再計算結果』（2005年）124頁。
52) 堀勝洋『社会保障法総論〔第2版〕』（東京大学出版会、2004年）25頁。
53) 現在は1／3だが、2009年度までに段階的に1／2に引上げられる予定である（国年法85条、平成16年改正法附則16条）。
54) ここでは、そのときの経済状況等以外の要因は捨象して考える。
55) この支給乗率は5.481／1000とされているが、1946年4月1日までに生まれた者については、生年月日別に経過的な率が定められている（厚年法43条、昭和60年改正法附則59条1項、同附則別表第7）。
56) 480月についても、1941年4月1日までに生まれた者については、年金制度への加入可能年数に応じて経過的に保険料を納付すべき月数を短くする措置がとられている（国年

法昭和60年改正法附則13年)。
57) 401(k)とは、アメリカの内国歳入法401条(k)項に規定されていたことからつけられた呼び名である。401(k)年金については、浦田春河『401(k)プラン』(東洋経済新報社、1998年)参照。
58) スウェーデンの年金改革については、森・前掲論文(注8)6-18頁、井上・前掲書(注8)271頁以下参照。
59 森浩太郎「拠出保険料の資産運用としてのNDCについて」年金と経済23巻3号(2004年)61-64頁及び同「賦課方式と積立方式の対立というドグマについて」http://www5f. biglobe. ne. jp /〜 swedishpension / doguma. htm。
60) 森・前掲論文(注59)62頁。
61) 森・前掲論文(注59)62頁。
62) 井上・前掲論文(注8)291-299頁。

第3章

公的年金の必要性

1　私的所得保障とその限界

1　私的扶養とその限界——長寿化と少子化——

(i)　**私的扶養の意義**　公的年金制度の主な目的が、高齢期の所得保障にあることはすでに述べた。高齢期になると、被用者の場合には、定年によって働く場が失われ、農業、自営業等の非被用者の場合には、定年がないので働く場は確保できたとしても、身体能力の低下などにより稼得能力が低下する。このように、誰しも皆、高齢期になると自らの労働によって所得を得ることが困難になるので、労働以外の手段によってその所得を確保しなければならなくなる。

この場合に所得を確保する手段として、日本のみならず多くの国で行われ、今も現に行われているのが、家族による私的扶養である。日本の民法でも、「直系血族及び兄弟姉妹は、互いに扶養をする義務がある」（民法877条1項）と規定し、高齢の親に対する子の扶養義務を定めている。

この扶養の程度や方法については、当事者間の協議で決めることになるが、例えば、子が親に対して扶養料を支払ったり（扶養料の支払い）、親を引き取って扶養する（引取扶養）といったことが考えられる。扶養の程度・方法について当事者間に協議が調わないときは、家庭裁判所が「扶養権利者の需要、扶養義務者の資力その他一切の事情を考慮して」定めるとされている（民法879条）。

ちなみに、民法の条文に従えば、兄弟姉妹も扶養義務を負うことになるが、親が高齢である以上、その兄弟姉妹も高齢であることが多く、社会的規範意識としても、兄弟姉妹が互いに扶養しなければならないと考える人は多くないであろう。また、義理の親、つまり直系姻族に対しては、特別の事情があるとき

に、家庭裁判所の審判によって扶養義務を負わせることができる（民法877条2項）。

扶養義務者たる子が複数いる場合には、各義務者が全部の義務を負うのが原則であり[63]、家制度に基づく戦前の旧民法のように、戸主がその家族に対して扶養義務を負う（旧民法747条）ということはなくなった[64]。扶養の順序について当事者間に協議が調わないときは、家庭裁判所がこれを定めることになる（民法878条）。

(ii) **私的扶養の限界**　現在でも、民法上、子の扶養の義務があるにもかかわらず、年金制度という形で社会が高齢者の所得を保障しなければならないのはなぜであろうか。この問いに答えるためには、さらに次の2つの問いに答えなければならない。1つは、なぜ子による私的扶養ではだめなのかという問いであり、もう1つはなぜ年金制度でなければならないのか、換言すれば、公的扶助としての生活保護制度ではだめなのか、という問いである。ここでは前者について考え、後者については第2節で検討することにしたい。

民法上、子は高齢の親を扶養する義務があるが、このような私的扶養には、次の2つの限界がある。

第一には、子に親の面倒をみるほどの所得や資産がないことによる限界である。この場合には、子の扶養義務はあっても有名無実と化し、他の扶養義務者が面倒をみるか、国や自治体等が何らかの公的制度に基づいてその親を扶養することが必要になる。

第二には、子にある程度の所得や資産があったとしても、扶養義務の履行を求めることが現実的でないと考えられることによる限界である。わが国のように長寿化によって平均寿命が著しく伸び、少子化が急速に進行する社会にあっては、これが私的扶養の限界の主な理由となる。

なお、人口の「高齢化」は、今生きている人々がより長生きするようになること（＝長寿化）と、新しく生まれる子どもが減っていくこと（＝少子化）の複合現象として生じるが、本書では、長寿化に意味を限定して用いる必要がある場合には「長寿化」という表現を用い、人口に占める高齢者の比率が高い状態を示す場合には「高齢化」という語を用いることとする。

(a) 長寿化による限界

　旧民法が制定された1898年当時の平均寿命は男42.8歳、女44.3歳であり[65]、戦後新民法が制定された1947年当時の平均寿命ですら、男50.06歳、女53.96歳であったこと[66]を考えると、民法を制定したときには、20年、30年という長期間にわたって親を扶養するのが一般的であるとは想定されていなかったのではないかと思われる。

　さらに、平均寿命（0歳時点の平均余命）ではなく、75歳時点での平均余命をみると、2006年現在、男11.31年、女15.04年となっているので、今75歳の高齢者は、平均して男86.31歳、女90.04歳まで生きることになる。しかも、平均寿命はあくまで平均値であり、実際には、100歳以上長生きする高齢者が3万2,000人を超えている[67]。親子の年齢差を25歳と仮定すると、90歳の親を扶養する子は65歳となり、自らも職業活動から引退していることが多い。このような高齢の子に対して、さらに高齢な親の扶養を求めるのは、現実的とは言えないであろう。

(b) 少子化による限界

　少子化も、私的扶養のあり方に大きな影響を与える。わが国では、戦前はもちろんのこと戦後も1940年代までは、合計特殊出生率が4を超える多子社会であった。しかし、1950年代以降これが徐々に低下し始め、1975年に1.91と人口置換水準たる2を割り込んでからはさらに急速に低下し、2006年には前年に比べてやや持ち直したものの1.32に止まっている。

　これを親に対する扶養義務という観点から見ると、多子社会にあっては、扶養義務者たる子の人数が多いことから、義務履行に係る1人当たりの経済的負担も負担可能な範囲にとどまることが多かったものと思われる。しかし、少子社会にあっては、1人の子が2人の親を扶養するのが一般的となり、これに配偶者の親の扶養負担がかかってくることもある。このような状態の下では、子に扶養義務の完全な履行を求めること自体に無理があると言えよう。

　民法の扶養義務について、最後に残された一片の肉まで分け与える生活保持義務と、己の腹を満たして後に余ったものを分け与える生活扶助義務とに区分する考え方によると、成人した子の親に対する扶養義務は後者に属することに

なる[68]。この考え方に従えば、1人の子が複数の親を扶養する場合であっても、子の生活に余裕がある場合に限って親に対する扶養義務が顕在化することになるので、この点でも、私的扶養に多くは期待できないことになる。

2 貯蓄とその限界

(i) 貯蓄の限界——長生きリスク　家族による私的扶養に限界があるとしても、貯蓄という備えが可能である。実際、年金の保険料負担はかなり重く[69]、しかも将来本当に年金がもらえるかどうかも分からないので、いっそ自分で貯蓄をして老後の生活資金を賄った方がよいと考える人がいるかもしれない。

これも1つの考え方だが、ここで、老後の生活資金として一体どの位貯めればよいのかが問題となる。例えば、現在の厚生年金の標準的年金額（夫婦2人）に相当する月23万円を目標にすると、1年分で276万円が必要になる。では、65歳で職業活動から引退し、貯金を取り崩す生活を始めるとして、何年分積み立てればよいのだろうか。

65歳の平均余命は男18.45年なので、約19年分を積み立てればよいと仮定すると、276万円×19年＝5,244万円必要になる。実際には、積み立てた貯金に利子がつくし、積立金を元手に株式等に投資をすればより高い運用益が得られる可能性がある——もちろん、逆に元本を割り込む可能性もある——ので、これより少ない額で足りるのだが、話を簡単にするため、ここでは運用益は考慮しない。

5,200万円と言えばかなりの高額であり、これだけの額を65歳までに積み立てられるかどうかがまずは問題である。大学卒業後、23歳から働き出したとして、65歳まで42年間あるので、単純に考えれば、1年当たり120万円ずつ貯めればよいことになる。若い頃から節約をして、何とかこの額を貯めることができたとしよう。果たして、これで安心だろうか。

答えは、ノーである。というのも、目標額は、あくまで平均余命を前提としている。しかし、実際には、平均余命より早く死ぬ人もいれば、100歳以上長生きする人もいる。前者の場合には、生活費の問題は生じないが、後者の場合には、生活費をどう工面するかという問題が生じる。すなわち、老後の生活費として5,200万円積み立てたとしても、84歳を超えて長生きしてしまったら、

貯蓄は底をついてしまい、1円も残らないことになる。しかも、より問題なのは、自分がいつ死ぬかということは、誰も予見できないということである。したがって、自分が死ぬまでの生活費としていくら残しておけばよいかも分からない。結局、貯蓄を取り崩して生活するという選択をすると、平均余命より早く死ぬことを前提に生きるという大変不幸なことになりかねないのである。

ここで明らかとなったのは、人は自分の死期を予見できないため、貯蓄によって老後の生活費を賄おうとしても、平均余命より長生きするリスクには対応できないということである。

(ⅱ) **富裕層と年金**　現在の日本では、「格差社会」という言葉に象徴されるように、国民の間における貧富の差が以前よりも拡大している。裕福な人の中には個人で何億円もの資産を保有している人も少なくない。このような人は、月々二十数万円の年金がなくても日々の生活に困ることなどないはずであり、したがって、このような人にとっては、年金制度など必要ないのではないかと考える人がいるかもしれない。

しかし、この考えは、必ずしも正しいとは言えない。確かに、例えば65歳の時点で5億円の貯蓄があれば、生活費に年間1,000万円が必要だとしても、平均寿命をはるかに超えて長生きしても、その生活費は十分賄える。この限りでは、この考えは正しい。しかし問題は、その人が5億円を貯められるかどうかは、65歳になるまで分からないということにある。将来金持ちになるから年金には加入しないと言って成功の階段を駆け昇っていた人が、65歳を目前にして事業に失敗したら、結局、手元には一銭も残らない。しかも、現代社会は、このようなことが日常的に起こり得る極めてリスクの高い社会になっている。この意味で、億万長者を目指す人にとっても、やはり年金制度は、転ばぬ先の杖として必要だということになる。

2　生活保護とその限界

1　生活保護制度の意義

(ⅰ) **最低生活の意味**　前節で、長寿化・少子化が進行するわが国のような社

第**3**章　公的年金の必要性

会にあっては、私的な所得保障には限界があることを明らかにした。そこで次に、なぜ公的年金制度による所得保障が必要なのか、換言すれば、なぜ生活保護制度ではだめなのかについて考えてみよう。

　さて、憲法25条は、「すべて国民は、健康で文化的な最低限度の生活を営む権利を有する」と規定し、いわゆる生存権を保障した。この憲法25条の理念に基づき生活保護法が制定され、この法律に基づいて「生活に困窮するすべての国民に対し、その困窮の程度に応じ、必要な保護を行い、その最低限度の生活を保障する」（同法1条）のが、生活保護制度である。ここから分かるように、生活保護制度は、生活に困窮する人を対象とする制度なので、生活に困窮していない、普通の生活ができる人は対象とならない。

　そこで問題となるのが、生活に困窮している人とはどんな人か、換言すれば、生活保護法によって保障される最低限度の生活とは何かである。これについて、同法は「この法律により保障される最低限度の生活は、健康で文化的な生活水準を維持することができるものでなければならない」と定めているので（同法3条）、この問いは、憲法が保障する「健康で文化的な最低限度の生活」とは何かという問いと同義になる。[70]　これに答えるためには、「健康で文化的」という極めて価値的な概念の内容を確定しなければならないが、それがどのような内容や水準を意味するかは人によって様々であろう。

　現在、生活保護法に基づく最低生活水準は、衣食その他日常生活の需要を満たすために支給される生活扶助基準を基本とし、これに必要に応じて各種加算額を加えることによって算出される仕組みとなっている。この生活扶助基準は、かつては、一般国民と生活保護を受けている被保護世帯との消費水準の格差を縮小させる「格差縮小方式」によって改定されていたが、1984年度以降「水準均衡方式」によって改定されている。この方式は、生活扶助基準額がほぼ妥当な水準になったので、これと一般国民の消費実態との調整を図って行こうという考え方に基づくもので、具体的には、被保護世帯の消費支出額が一般勤労者世帯の7割弱（67%～69%）を維持するような水準に設定されている。

　この生活扶助基準の水準については、社会保障審議会福祉部会生活保護制度の在り方に関する専門委員会（以下「生活保護専門委員会」という。）の報告にお

47

表Ⅰ-6 一般勤労者世帯と被保護勤労者世帯の1人当たり消費支出額の推移

(全国1人当たり　単位:円)

年度	一般勤労世帯消費支出額	被保護世帯消費支出額	格差	年度	一般勤労世帯消費支出額	被保護世帯消費支出額	格差
1984	75,149	50,447	67.1%	1994	97,144	66,726	68.7%
1986	78,161	53,602	68.6%	1996	100,623	68,540	68.1%
1988	82,559	56,376	68.3%	1998	100,553	70,002	69.6%
1990	90,431	62,182	68.8%	1999	98,046	66,931	68.3%
1992	96,254	65,591	68.1%	2000	98,652	68,396	69.3%

出典:生活保護専門委員会第2回資料。

いて「いわゆる水準均衡方式を前提とする手法により、勤労3人世帯の生活扶助基準について、低所得世帯の消費支出額との比較において検証・評価した結果、その水準は基本的に妥当であった」とされている[71]。

　以上を要するに、現在、生活保護法による最低限度の生活とは、一般勤労者世帯の消費支出の7割弱の水準とされており、これは「健康で文化的な最低限度の生活」として基本的に妥当な水準ということになる。

(イ)高齢者の最低生活水準

　高齢者の最低生活水準も、生活扶助基準に基づいて算出される。この生活扶助基準については、一般的に、地域の生活水準の差を反映させるため、「級地」と呼ばれる6つの地域区分が設けられ、都市部の方が地方よりも基準額が高く設定されている。

　65歳の高齢者の生活扶助基準額(表Ⅰ-7)[72]を基礎年金と比べてみると、夫婦世帯の場合には、基礎年金額の方が高いが、単身世帯の場合には、3級地-2[73]以外の地域では生活扶助基準額すなわち最低生活費の方が基礎年金額より高くなる逆転現象が生じている。

【参考】　基礎年金月額(2007年度)
- 単　身　…66,008円
- 夫婦合計…132,016円

表Ⅰ-7　級地別生活扶助基準額（2007年度）

	生活扶助基準額（月額）					
	1級地-1	1級地-2	2級地-1	2級地-2	3級地-1	3級地-2
老齢単身世帯 （65歳）	83,205円	79,468円	75,716円	71,979円	68,223円	64,490円
老齢夫婦世帯 （65歳夫婦）	125,028円	119,416円	113,769円	108,157円	102,520円	96,898円

注：生活扶助基準額には、冬季加算（Ⅳ区×5/12）を含む。

2　生活保護と基礎年金

このような逆転現象は、年金制度との関係でいくつかの問題を引き起こす。第一は、そもそも基礎年金額が低すぎるのではないかという基礎年金の水準の問題であり、第二は、生活保護の方が高い保障を受けられるので老後は生活保護を受ければよいと考え、国民年金の保険料を払わないというモラルハザード（以下「生活保護モラルハザード」という。）を生じないかという問題である[74]。

(i) **基礎年金の水準**　まず、第一の点について考えてみよう。そもそも、基礎年金の額は、1986年の基礎年金制度創設の際に、老後生活の基礎的部分を保障するものとして設定された。具体的には、1984年度価格で基礎年金月額1人5万円、夫婦10万円という水準とされたが、これは食料費、住居費、光熱費、被服費という老後生活の基礎的部分を賄える程度の額と考えられていた[75]。そして、当時から2級地の65歳老齢単身世帯の生活保護基準（53,369円）は基礎年金額5万円を上回っており[76]、国会でも基礎年金額をもっと引上げるべきではないかという議論がなされていた。

しかし、政府は、基礎年金額の引上げについては、以下の理由から理論上も実際上も賛成しがたいとしていた[77]。

①基礎年金の水準と高齢者1人当たりの生活保護の水準は、おおむね同じであり、基礎年金の水準が必ずしも「低い」とは言えない。

②年金と生活保護は、制度の目的や役割がまったく違う。年金は、老後の生活保障として、一定の条件に該当する場合に、あらかじめ決められた給付が一律に支給されるのに対し、生活保護は、最低生活の保障として、個々人の収入

や資産等の状況を調査したうえ（保護の補足性の原理）、収入等と生活保護基準との差額を支給するものである。

③ 5万円という基礎年金の水準であれば、年金を受けながら生活保護を受けなければならない実際上のケースは極めて少ないといってよい。

④ 基礎年金の水準を引き上げるためには、国民年金の保険料を引き上げなければならなくなる。また、国庫負担を増額して基礎年金の水準を引き上げることは、今は不可能である。

(ii) **生活扶助基準と基礎年金額の比較**　ここで、基礎年金制度導入後、生活扶助基準と基礎年金の水準がどう改定されてきたのかを消費者物価及び賃金と比較しながら見てみよう（**表Ⅰ-8**）。なお、この表では、基礎年金5万円の水準が1984年度価格として設定されていることから、84年を100とする指数を用いている。

(a) 生活扶助基準の改定経緯

まず、生活扶助基準額は、前述のように水準均衡方式によって改定されるため、一般世帯の消費支出に応じて引き上げられることになる。しかし、**表Ⅰ-8**を見ると、生活扶助基準は、これまで消費者物価ではなく、賃金にほぼ連動する形で改定されてきている。一般世帯の消費支出は物価よりも所得に比例すると考えれば、この結果は妥当ということになる。

ちなみに、2001年度及び02年度には、物価や賃金が下落しているにもかかわらず、生活扶助基準は引き下げられずに据え置かれ、反対に、2005年度及び06年度には、賃金がわずかではあるが上昇しているにもかかわらず、生活扶助基準は引き上げられずに据え置かれている。このように、水準均衡方式をとっていると言っても、多少の政策的配慮が加えられているようである。

以上の結果として、1984年の水準と比べると、生活扶助基準（134.1）は、物価（116.5）のみならず、賃金（130.3）を上回って引き上げられていることが分かる。

(b) 基礎年金の改定経緯

次に、基礎年金の改定経緯をみてみよう。年金制度にあっては、1973年の改正ではじめて物価スライド制が導入され、物価上昇率が累積で5％を超えた場

第3章 公的年金の必要性

表I-8 生活扶助基準、基礎年金、消費者物価及び賃金水準の推移

年度	生活扶助基準改定率		基礎年金改定率		消費者物価		賃　金	
	%	84年=100	%	84年=100	%	84年=100	%	84年=100
1986	2.9	105.0	(3.8)	103.8	0.6	102.6	2.7	105.4
89	4.2	112.8	0.7 (5.5)	105.3 (111.0)	2.3	105.8	4.2	116.0
90	3.1	116.3	2.3	113.6	3.1	109.1	4.7	121.4
91	3.4	120.2	3.1	117.1	3.3	112.7	3.5	125.5
92	3.1	124.0	3.3	121.0	1.6	114.5	1.7	127.9
93	2.2	126.7	1.6	122.9	1.3	116.0	0.6	128.6
94	1.6	128.7	1.3 (4.4)	124.5 (130.0)	0.7	116.8	1.8	130.8
95	1.0	130.0	0.7	130.9	△0.1	116.7	1.8	133.3
96	0.7	130.9	0.0	130.9	0.1	116.8	1.6	135.4
97	2.2	133.8	0.0	130.9	1.8	118.9	2.0	138.1
98	0.9	135.0	1.8	133.3	0.6	119.6	△1.4	136.3
99	0.3	135.4	0.6	134.0	△0.3	119.3	△1.4	134.3
2000	0.1	135.5	0.0	134.0	△0.7	118.4	△0.3	134.1
01	0.0	135.5	0.0	134.0	△0.7	117.6	△0.9	132.8
02	0.0	135.5	0.0	134.0	△0.9	116.5	△2.9	128.9
03	△0.9	134.3	△0.9	132.8	△0.3	116.2	△0.1	128.8
04	△0.2	134.1	△0.3	132.4	0.0	116.2	△0.8	127.7
05	0.0	134.1	0.0	132.4	△0.3	115.8	1.0	129.0
06	0.0	134.1	△0.3	132.0	0.3	116.5	1.0	130.3

注：1．賃金とは、毎月勤労統計調査年報における事業所規模30人以上の現金給与総額（調査産業計）。
　　2．年金改定率（84年＝100）の欄における1989年と94年の下段（　）内の指数は、財政再計算による改定率を表している。
出典：生活保護専門委員会第6回資料を著者が修正して作成。

合に年金額も改定される仕組みになったが、1989年の年金改正で完全自動物価スライド制が導入され、それ以降は物価が0.1％上下しても、それに応じて翌年度の年金額が自動的に改定されることになった。[78]

表Ⅰ-8を見ると、90年から93年までと95年、98年、99年、そして03年から06年までは、自動物価スライドの原則に従って、前年の物価上昇率に応じて年金額も引上げられていることが分かる。しかし、これら以外の年は、原則とは異なる政策判断に基づいて年金額が決定されている。以下順に見てみよう。

まず、89年と94年には5年に一度の財政再計算が行われ、基礎年金額が物価を超えて大幅に引き上げられている。これは、通常の年は物価に応じて年金額を引き上げつつ、財政再計算を踏まえて行われる制度改正の際に、賃金の上昇等をも勘案してその水準を見直すという考え方に基づいている。「この法律による年金の額は、国民の生活水準その他の諸事情に著しい変動が生じた場合には、変動後の諸事情に応ずるため、速やかに改定の措置が講ぜられなければならない。」と定める国民年金法4条は、そのような趣旨も含んでいると解されている[79]。実際、89年と94年の基礎年金額の引上げは、賃金上昇率にほぼ見合ったものとなっている。

これに対し、1999年の財政再計算（改正は2000年）では、基礎年金は物価上昇見合い分の0.6％しか引き上げられていない。この当時のわが国経済は、バブル崩壊後の長期不況にアジア通貨危機や金融危機などが加わってゼロないしマイナス成長という状況にあり、賃金も98年以降下落していたことを考えると、このときは、それまでのような基礎年金額大幅引上げの前提条件を欠いていたと言えよう。

次に、1999年以降は、物価が下落し続けているにもかかわらず、2000年から02年の間は、年金額改定特例法が出され、基礎年金額は据え置かれている。これは、年金財政よりも高齢者の生活への配慮を優先すべきだとの政治判断に基づくものであるが、その直後の2004年改正では、これとは逆の判断がなされることになる。

2004年改正は、政策判断の基軸を高齢世代への配慮から現役世代の負担軽減に転換したという意味で、わが国の年金制度にとって極めて重要な意義を有している。その概要は前章第1節で述べたが、年金額の物価スライドについてもその片鱗がうかがわれる。すなわち、この改正では、2000年改正で用いられた、物価が下落局面に突入する前の99年度価格の基礎年金額（年額804,200円、月額

67,017円）を前提に、ここから1999年度から2003年度分までの物価下落分、計2.9％を控除した額（年額780,900円、月額65,075円）を基礎年金額として設定した上で、これを基準にその後の物価スライドを行うことにした（国年法27条、27条の2）。これによって、基礎年金額は物価下落分を反映した水準に引き戻されることになり、2000年から02年にかけて行われた年金額改定特例法による高齢者への政治的配慮は帳消しになった。

(c) 物価・賃金を上回る水準の両者

以上の経緯の下、1984年を100とした2006年の指数でみると、生活扶助基準と基礎年金は、ともに物価の伸び（116.5）を大きく超え、賃金の伸び（130.3）をやや上回る水準に引き上げられ、生活扶助基準134.1、基礎年金132.0となっている。基礎年金の方がやや低い伸びとなっているものの、両者はほぼ同じ水準を維持してきたと言えよう。

(iii) **基礎年金の大幅引上げ**　生活保護と基礎年金がほぼ同じ水準であるならば、次に問題となるのは、生活保護モラルハザードをどう考えるかである。だが、この問題を考える前に、基礎年金の水準を生活保護よりも大幅に引き上げる可能性の有無を検討しなければならない。というのも、基礎年金が生活保護を大幅に上回るようになれば、このようなモラルハザードの問題が生じる余地はないからである。

結論から言えば、基礎年金創設当時、基礎年金水準を引き上げられない理由として、国民年金の保険料引上げや国庫負担増額の困難性が挙げられていたが、現在は、むしろそれらの困難性は、より高まっている状況にある。

(a) 保険料の引上げ

まず、保険料の水準を見ると、基礎年金創設当時、国民年金の保険料は、月額6,800円（84年度価格）とされ、その後段階的に引き上げられて、2005年度には12,500円となり、2010年度以降13,000円で安定すると見込まれていた。これに対し、04年改正では、国民年金の保険料は、04年度月額13,300円とされ、同じくその後段階的に引き上げられて、2017年度以降16,900円（04年度価格）で安定すると見込まれている。

基礎年金創設当時に見込まれていた2005年度の保険料12,500円（1984年度価

格）に1984年から2004年までの物価上昇率（16.2%）を乗じると14,525円となり、意外なことに、13,300円という今の保険料水準は、1984年当時の見込みよりもむしろ低くなっている。これは、その間の3度にわたる制度改正で、少子高齢化に対応する年金制度の構築に努めてきた成果と考えられるが、それにしても、1984年当時に比べて2倍となっている現在の保険料をさらに引き上げるのは、困難と言うほかない。2004年改正においては、むしろ現役世代の過重な保険料負担に配慮する観点から、将来の保険料水準を一定額に固定する保険料水準固定方式が導入されているのである。

(b) 国庫負担の引上げ

国庫負担については、従来、基礎年金給付費の1/3とされていたものを1/2に引き上げることが2004年改正で法律上明記された（国年法85条）。ただし、国庫負担率の1/2への引上げは2011年度までに段階的に行うこととされ（国年法04年改正法附則13条）、1/2への引上げが完了する特定年度については、「平成19年度を目途に、政府の経済財政運営の方針との整合性を確保しつつ、社会保障に関する制度全般の改革の動向その他の事情を勘案し、所要の安定した財源を確保する税制の抜本的な改革を行った上で、平成21年度までの間のいずれかの年度を定めるものとする。」（国年法04年改正法附則16条）と規定されている。

他方、政府の財政再建に向けた歳出削減圧力は社会保障予算にも例外なく向けられ、2007年度からの5年間で1.1兆円、毎年2,200億円程度の国庫削減が求められている[80]。さらに、07年夏の参院選において自民党が歴史的大敗を喫し、参議院で与野党が逆転するという国会のねじれ現象が生じ、政治状況が混迷の度合いを増す中で、消費税の引き上げを含めた税制の抜本改革の実現が危ぶまれている。このような状況にあって、まずは基礎年金の国庫負担率1/2の実現に必要な財源、2.5兆円（2009年度ベース）をいかに確保するかが年金制度にとって当面の最大の課題となっている。それにもかかわらず、さらなる基礎年金国庫負担率の引上げを目指そうとすると、財源の半分以上を国庫負担に負う制度が果たして社会保険方式と言えるのかという疑問を招くことになり、結局は、与野党間の政治的争点となっている税方式か社会保険方式かという年金制度の根本に関する議論に立ち返らざるを得ないことになる。

第3章 公的年金の必要性

(iv) **生活保護制度の問題点**　では、現行の基礎年金水準を前提に、生活保護モラルハザードについてどう考えるべきであろうか。

これについては、基礎年金導入当時の政府見解にあるように、基礎年金と生活保護は制度の目的や役割が基本的に違うので、両者の水準がほぼ同じである限り、制度的な不整合はないと割り切るのも1つの考え方である。

すなわち、生活保護は、「生活に困窮する者が、その利用し得る資産、能力その他あらゆるものを、その最低限度の生活の維持のために活用することを要件として行われる」（生活保護法4条1項）ので、生活保護を受給するためには、まず貯蓄を使い果たし、持家の場合にはこれを売却して生活費に充当するなど、生活困窮状態にあることが原則である[81]。さらに、「民法に定める扶養義務者の扶養及び他の法律に定める扶助は、すべてこの法律による保護に優先して行われる」（生活保護法4条2項）ので、子どもや兄弟姉妹に援助を求め、それができない場合にはじめて保護が受けられるのが、これまた原則である[82]。そして、このような保護の補足性の要件を満たす者は、たとえそれが生活保護モラルハザードの結果だとしても、生活保護を受給できるというのが現行制度の仕組みであり、結果平等の観点からは、それが正しい制度のあり方だということになる。

しかし、老後は生活保護を受給できるからといって、若いときから意図的に年金保険料を納めなかった者を、そうでない者とまったく同じに取り扱うことが本当に正義に適うのかは疑問である。アリとキリギリスの寓話にたとえれば、キリギリスは若いときに努力をしなくても、老後という冬になっても食べ物にありつけてしまう。そこには、保険料未納という若いときからのキリギリスの意図的な負担回避、生活保護の言葉で言えば、自立できる老後生活に向けた努力を怠ったことが何ら考慮されていないという問題がある。

また、生活保護制度のあり方としても、高齢者世帯がその大宗を占めるような状態が適切とは思えない。現在、被保護世帯の中で高齢者世帯の占める割合は、1985年度の31.2％から2004年度には46.7％へと半数近くまで増加している[83]。生活保護制度のもう1つの目的である「自立助長」[84]を総合的、効果的に実施するためには、そもそも稼働能力がないとみなされる高齢者世帯と、母子世帯や

傷病・障害者世帯など経済的自立可能性がある稼動世帯を同一の制度体系の下で処遇するのが適当かどうかは疑問であり、経済的自立可能性のある稼動世帯の特性に応じた効果的な支援がより容易となるように制度体系を再構成することが考えられてよい。

さらに、その財源がすべて公費で賄われる生活保護制度は、財政的には、賦課方式の年金制度と同じ効果を有するため、わが国のように急速に高齢化が進展する社会にあっては、生活保護を受給する高齢者の急増は、短期的にはそのときの現役世代の租税負担の大幅な増加を招くだけでなく、中長期的には世代間の租税負担の不公平を拡大させることにもなる。

3　新たな高齢者所得保障制度の構築

1　セーフティネット検討会の提案

前節で検討したような生活保護制度の問題点を克服し、生活保護モラルハザードが生じないようにするためには、生活保護制度と基礎年金の関係を見直し、さらには高齢者のための新たな最低所得保障制度を構築することが必要となる。

2006年10月、全国市長会と全国知事会が共同で設置したセーフティネット検討会が生活保護制度の抜本的見直しを提案した[85]。これは、三位一体改革の過程で生活保護費の国庫補助率引下げが検討課題になったこと[86]を受け、地方の立場から、生活保護制度のあり方を検討したものであり、そこには本章の問題意識と共通する興味深い提言が含まれている。

この提案では、まず、就労自立の可能な稼動世代とそうでない高齢者とを分離し、前者については就労のための支援を強化するとともに、後者については将来は生活保護とは別の生活保障制度に移行すべきとしている。そして、高齢者に対する生活扶助に相当する給付については、基礎年金の受給額の一部を収入認定から控除すること、支給に際しては所得調査及び資産調査を行うこと、持家については原則として資産活用の対象とすることなどを提言している。

2 政府が講じた施策

　政府は、高齢者の生活保護についてすでにいくつかの施策を講じている。まず、老齢加算の廃止であり、次に、持家のある高齢者に対するリバース・モゲージ制度の導入である。

　(i) **老齢加算の廃止**　老齢加算（1級地－1の場合で月額17,930円（03年度））とは、70歳以上の高齢者の特別需要に対応するものとして1960年に創設されたものであるが、70歳以上の高齢者について老齢加算に相当するだけの特別な需要があるとは認められないとして、2004年度から3年間かけて段階的に廃止された[87]。これによって、従来に比べれば生活扶助基準と基礎年金との格差は縮小したが、前述のように、それでも老齢単身世帯の場合は3級地－2以外では生活扶助基準の方が基礎年金より高くなっており、しかも高齢者世帯の9割が単身世帯であることを考えれば、生活保護モラルハザードの問題は依然として残されている。

　(ii) **リバース・モゲージ制度の導入**　次に、高齢者の持家の問題がある。運用上、居住の用に供される家屋及び土地については、処分価値が著しく大きいと認められる場合（2,000万円程度を目途）でなければ保護を受けることができるとされているので、被保護者（親）に対して何の援助もしなかった扶養義務者（子どもや兄弟姉妹）が、被保護者の死亡によってその土地・家屋を相続することができる。しかし、それでは社会的公平の観点から国民の理解を得られないのではないか、というのがこの問題である[88]。

　この問題に対処するため、2006年7月に策定されたいわゆる「骨太の方針2006」において、持家を有する高齢者に対するリバース・モゲージ制度を可能な限り2007年度から導入することが決定され[89]、同年4月から「生活福祉資金（要保護世帯向け長期生活支援資金）貸付制度」という形で実施に移されている[90]。その要点は、概ね500万円以上の資産価値の居住用不動産を所有する高齢者世帯であって、この制度を利用しなければ生活保護を受給することとなると認められる世帯については、生活保護を適用せずに、その不動産を担保に都道府県社会福祉協議会が生活資金を貸し付けるということにある。

　この制度は、生活保護を受給しようとする高齢者の保有資産に着目し、高齢

者については資産に係る補足性の要件を厳格に適用しようとするものであるが、[91]
むしろ高齢者の生活保護受給を増加させないような予防的施策こそが講じられるべきであろう。

3 新たな高齢者所得保障制度の創設

(i) **新たな制度の必要性**　現在、被保護世帯の半数近くが高齢者世帯となっており、この中には年金受給世帯も少なからず含まれていると思われる。[92]さらに、国民年金の未納・未加入に歯止めがかからなければ、将来、無年金者・低年金者の急増が見込まれ、これらの者の多くが生活保護の受給者になることが予想される。

他方、生活保護を受給するためには、保護の補足性を確認するための資力調査が必要となり、それが申請者のプライバシーを侵害するだけでなく、申請者に貧困者・低所得者といった烙印を貼ることになるというスティグマ（Stigma：恥辱・烙印）の問題がつとに指摘されている。[93]生活保護モラルハザードの道を自ら選択した者にとっては、このようなスティグマは無縁であるとしても、やむを得ざる事情によって生活保護の受給を余儀なくされた者にとって、長い老後生活をスティグマの下で暮らすのは、決して望ましい姿とは言えない。

後述するように、諸外国でも、ベビーブーマーによる大量年金受給時代の到来を控え、高齢者の所得保障制度をどのように構築するかが大きな課題となっている（第Ⅱ部第4章参照）。例えば、わが国と同じ社会保険方式の年金制度をとるドイツでは、2001年の改革の際に、高齢者のための最低所得保障制度を導入している。これは、年金制度としてではなく社会扶助制度の一環として、通常の生活保護とは別に高齢者のために基本的な生活を保障する基礎保障制度を創設するというものであり、これによって、高齢者は、子ども（一定額以上の高所得者を除く。）に対する求償を心配することなく、基礎保障給付を受けることができるようになった。また、同じく社会保険方式の年金制度をとるフランスでは、老齢年金制度の中に最低老齢保障の制度を設け、年金制度の枠内で最低所得を保障している。

翻ってわが国では、形式的平等を制度化したような皆年金政策を採りながら、

最低保障年金については何らの措置も講じていない。これについては、年金制度で一律の最低保障を設けるべきだという考え方もあろうが、それでは生活保護モラルハザードを防止できないだけでなく、社会保険方式の根幹を揺るがす恐れもある。また、最低保障部分を公費で賄うことにすれば、国民の租税負担が重くなるだけでなく、世代間の租税負担の不公平が拡大するという問題も生じることになる。

(ii) **年金控除の創設** 高齢者が生活保護に頼らずに生活できるようにするためには、まずは年金保険料を納めようとするインセンティヴが働くような仕組みとすることが肝要である。具体的には、セーフティネット検討会の提案にあるように、高齢者の生活扶助基準については、基礎年金の受給額の一部を収入認定から除外するという方法（以下「年金控除方式」という。）が合理的である。生活保護制度には、勤労意欲の増進・自立助長を目的として勤労収入から一定額（1級地月額上限33,190円（07年度））を控除する勤労控除という制度があるが、年金控除方式は、老後における経済的自立のために、保険料納付という若いときからの努力を年金受給時点で評価する仕組みと捉えることができる。これによって、基礎年金額額と生活扶助の合計手取り額が生活扶助基準を上回ることになるため、生活保護モラルハザードの防止効果が期待でき、年金保険料の未納の解消にも資するものと思われる。

(iii) **新たな最低所得保障制度の創設** さらに、年金制度について社会保険方式を維持しつつ、よりスティグマの少ない高齢者の所得保障を実現するためには、ドイツと同様に公的扶助の一環として、子どもに対する扶養義務の履行を条件としない高齢者のための新たな最低所得保障制度を創設することも検討されるべきである[94]。これによって、高齢者が子どもに気兼ねすることなく最低所得保障を受給できるようになるだけでなく、稼動能力のある稼動世帯と高齢者世帯とが別の法制度によって規律されることにより、それぞれの特性に応じた施策を効果的に実施できるようになるものと思われる[95]。

なお、新たな最低所得保障制度において扶養義務の履行を求めない以上、高齢者が死亡した場合に、生活保護給付額相当分をその相続財産に求償できるようにするのが公平の理念に合致する。具体的方法はいくつか考えられるが、リ[96]

バースモゲージのような事前的な調整方法よりも、事後的な調整方法の方がより制度的に公平な取扱いが可能となるように思われる。[97]

62) 内田貴『民法Ⅳ（補訂版）親族・相続』（東京大学出版会、2004年）302頁では、兄弟姉妹を扶養義務者とすることに疑問を呈し、立法的な解決を求めている。
63) 内田・前掲書（注62）298頁。
64) 旧民法では、戸主はその家族に対して扶養の義務を負うとされていた（747条）が、扶養義務の順序は、配偶者、直系卑属、直系尊属、戸主の順とされ（955条）、戸主が第一次的な扶養義務を負っていた訳ではなかった。
65) 「第1回生命表」（明治24～31年）による。
66) 「第8回生命表」（昭和22年）による。
67) 全国の100歳以上の高齢者は、32,295人であり、うち男4,613人、女27,682人となっている（2007年9月、厚生労働省調べ）。
68) 内田・前掲書（注62）294頁。
69) 厚生年金の保険料は、2007年4月現在、平均月収（標準報酬）の14.642%であり、2017年度までに18.3%に引上げられる。したがって、月収50万円のサラリーマンは、毎月73,210円の保険料を労使折半で負担し、さらにボーナスについても同じ率の保険料を負担するので、年間100万円以上負担することになる。また、国民年金の保険料は、2007年4月現在、月14,100円の定額であり、2017年度までに16,900円に引上げられることになっている。
70) 厳密には、憲法が保障する「健康で文化的な最低限度の生活」と、生活保護法が定める「最低限度の生活」が同義である必要はなく、生活保護法以外の法律等に基づいて憲法が定める「健康で文化的な最低限度の生活」を満たしてもよいことになると思われるが、この議論はここでは行わない。
71) 2004年12月15日、社会保障審議会福祉部会「生活保護制度の在り方に関する専門委員会報告書」（以下「専門委員会報告書」という。）。
72) 生活保護制度では、要保護者の需要に基づいて扶助基準額が設定されるため、70歳以上の高齢者の基準額は、60～69歳の高齢者よりも低く設定されている。例えば、1級地－1の場合、70歳以上の単身世帯であれば79,445円、70歳以上の夫婦世帯であれば117,508円となる。
73) 03年度までは老齢加算（月額17,930円（1級地－1））がついたため、夫婦世帯の場合も基礎年金を上回っていた。
74) 2006年10月、新たなセーフティネット検討会（以下「セーフティネット検討会」という。）「新たなセーフティネットの提案──「保護する制度」から「再チャレンジする人に手を差し伸べる制度」へ」8頁参照。また、あるテレビの人生相談番組で、老後は生活保護で暮らすからと言って、夫が貯蓄もしないし、家も持とうともしないので困っているという妻からの相談を放映していた。これは、生活保護モラルハザードが年金保険料だけでなく、個人の資産形成意欲にも影響を及ぼしていることを示すものである。

75) 吉原健二『新年金法―61年金改革解説と資料』（全国社会保険協会連合会、1987年）45-47頁。本書は、基礎年金創設のときに厚生省年金局長であった著者の手になるものであり、当時の政府の考え方が要領よくまとめられている。
76) 当時、老齢加算を含んだ生活扶助基準は、65歳単身男子の場合2級地で53,369円であり、老齢基礎年金5万円をやや上回っていた。吉原・前掲書（注75）50頁。
77) 吉原・前掲書（注75）50-51頁。
78)「自動」というのは、年金額の物価スライドのために特別な立法を必要としないという意味であり、自動物価スライド制の下でも、特別立法によって年金額の政策改定を行うことは可能である。
79) 厚生省年金局年金課編『詳解　新年金法』（社会保険法規研究会、1986年）34頁。
80) いわゆる「骨太の方針2006」において、2011年度までの5年間に国・地方合計で11.4〜14.3兆円、そのうち社会保障分として1.6兆円（国1.1兆円、地方0.5兆円）程度の歳出削減が目標として決定されており、毎年2,200億円の国庫負担をいかに削減するかが、社会保障制度にとって大きな課題となっている。
81) 運用上は、保護開始時の手持金として、最低生活費の5割を限度として貯蓄が認められている。また、不動産のうち居住の用に供される家屋及び土地については、処分価値が著しく大きいと認められる場合（2,000万円程度を目途）でなければ、保護を受けることができるとされている。2004年5月18日、生活保護専門委員会第11回資料。
82) 実際には、扶養義務者の扶養能力の調査については、実効性が低いなどの問題がある。このため、夫婦・親子以外の扶養義務者については、各地方自治体が調査の必要性を判断する仕組みとすべきであること、また、親族との関係については、要保護世帯の社会的な自立の観点から、交流や精神的な支えの確保・維持のための精神的な支援等を期待すべきであることが指摘されている。専門委員会報告書（注71）。
83)「高齢者世帯」とは、2004年度までは、男65歳以上女60歳以上の者のみで構成されている世帯又はこれらに18歳未満の者が加わった世帯を意味したが、2005年度からは、年齢要件が男女とも65歳以上に変更された（厚生労働省統計情報部「社会福祉行政業務報告（福祉行政報告例）」）。
84) 生活保護法は、「日本国憲法第25条に規定する理念に基き、国が生活に困窮するすべての国民に対し……その最低限度の生活を保障するとともに、その自立を助長することを目的とする」（1条）と定めている。
85) セーフティネット検討会提案（注74）。この検討会は、学識経験者と地方自治体の実務家によって構成されていることから、現場の問題意識も踏まえた内容となっている。この提案を踏まえ、2006年11月16日には全国市長会が「生活保護制度改革に関する意見」を、2007年3月23日には全国知事会が「生活保護制度の見直しに関する提言」をそれぞれ公表している。
86) 2003年11月18日の経済財政諮問会議で、小泉総理が2004年度に地方自治体向け補助金を1兆円削減するよう指示したのを受け、厚生労働省は生活保護費の国庫負担率引下げ案を公表した。これに対し地方団体が強く反発したため、国と地方が生活保護制度等のあり方について幅広く検討することになった。

第Ⅰ部　年金制度とは何か

87)　2003年12月16日、生活保護専門委員会「生活保護制度の在り方についての中間取りまとめ」。
88)　専門委員会報告書（注71）10頁及びセーフティネット検討会提案（注74）17頁参照。
89)　社会保障分野における歳出改革の1つに生活保護が挙げられ、リバースモゲージ制度の実施のほか、生活扶助基準の見直し、母子加算の廃止を含めた見直し及び級地の見直しが挙げられている。さらに、期限は明示されていないが、生活保護制度の抜本的改革も項目に挙げられている。
90)　2007年3月27日付け厚生労働事務次官通達「生活福祉資金（要保護世帯向け長期生活支援資金）の貸付について」に基づいている。本通達を含めた一連の資料については、賃金と社会保障 No. 1443（2007年）32頁以下参照。
91)　本制度に対する批判として、木下秀雄「「要保護世帯向け長期生活支援資金」（リバースモゲージ制度）の問題点」賃金と社会保障 No. 1443（2007年）4-9頁。
92)　2004年度被保護者全国一斉調査によると、高齢者世帯総数465,160世帯に対し、厚生・共済年金の老齢退職年金受給世帯数は71,346世帯、国民年金の老齢基礎年金受給世帯数は68,049世帯となっている。ただし、これらの年金受給世帯には、高齢者世帯以外の世帯も含まれる。
93)　例えば、堀・前掲書（注52）48頁。
94)　セーフティネット検討会提案（注74）では、扶養義務の履行請求について直接は言及されていないが、給付金の支給に際しては、所得調査及び資産調査のみを求めている（17頁）ことから、扶養義務の履行は要件としないことを前提にしているものと思われる。
95)　セーフティネット検討会提案（注74）では、高齢者世帯に対しては原則としてケースワーカを配置しないことなど、実施体制のあり方についても提案されている。また、稼動世帯に対する実施体制として、国だけでなく地方の体制整備の必要性も指摘していることから、国と地方の費用負担のあり方についても両者を異なった取扱いとする可能性を示唆しているようにも思われる。
96)　セーフティネット検討会提案（注74）17頁では、事前的方法として、関係行政機関に所有権を移転し費用徴収する方法が提案されているが、相続財産に法律上の先取特権を設定する方法も考えられるのではなかろうか（遺留金品の処分に関する生活保護法76条参照）。
97)　事前的な調整方法では、例えば、福祉事務所と社会福祉協議会との不十分な連絡や貸付決定までの時間的ギャップなどにより、高齢者の生活保護受給権が不当に侵害される恐れもある。

第Ⅱ部

変貌する世界の年金

第1章

フランスの年金改革
——社会保険方式の下での多様性と連帯——

1 フランス年金制度の概要

　本章では、同じ社会保険方式をとりながら、制度のあり方において、一元化か制度の多元化か、国家管理か保険者（金庫）の自治（自律性）か、といった点でわが国と対照的なフランスの年金制度を取り上げ、制度の概要及び近年における改革の詳細を紹介するとともに、フランスとの対比においてわが国年金制度の特色を考えてみたい。また、昨今、わが国で社会保障目的税の導入論議が盛んになっているが、社会保険方式の下で、1991年に社会保障目的税として一般社会拠出金導入を導入した当時のフランスの社会的・経済的背景等についても、検討する。

1　複雑に分立した制度構成
　(i)　**3層構造の年金制度**　　フランスの年金制度は、職種・職域単位の制度を基礎としており、わが国と比較にならないほど複雑で多様である。これは医療保険も同様であり、複雑・多様性はフランスの社会保障制度全般に通じる特色となっている[1]。その理由としては、職種・職域ごとの協約に基づき制度が形作られてきたという沿革に加え、社会保障制度の運営に対する国家の介入を嫌い、労使による自律的運営を選択するという、歴史的に培われてきた関係者のコンセンサスの存在を指摘することができよう[2]。
　さて、フランスの年金制度は、1階部分に相当する基礎制度（régimes de base）、2階部分に相当する補足制度（régimes complèmentaires）、そして任意的

性格の3階部分の付加制度（régimes supplémentaires）の三層構造になっている。

このようなフランスの年金制度を考えるとき、そもそも年金制度をどの範囲でとらえるべきかが問題となる。広くとらえる見解は、3階部分の付加年金に任意の貯蓄（épargne）も含めて年金制度（système de retraite）と総称するのに対し、制度の公的な性格に着目する立場では、1階部分の基礎制度と2階部分の補足制度を合せて老齢保険（assurance vieillesse）と呼んでいる。本章では、公的年金を中心に考察するため、後者に従い基礎制度と補足制度を検討対象とする。

(ⅱ) **基礎制度** フランスの年金制度の全体は、表Ⅱ-1のとおりであり、まず、被保険者の種別によって、大きく被用者（salariés）のための制度と非被用者（non-salariés）のための制度に分かれている。

次に、被用者のための基礎制度として、一般の商工業被用者を対象とする一般制度（régime général）がある。その加入者数は全体の7割近くを占め、フランスの代表的な制度となっている。この他の被用者制度としては、地方公務員やフランス電気・ガス公社、フランス国鉄など特定の職域を対象とする特別制度（régimes spéciaux）と農業労働者制度がある。ただし、農業労働者については、農業経営者と合わせて農業制度（régime agricole）と呼ぶことも多く、農業国家としての一面が年金制度にも反映されている。

他方、非被用者のための制度は、農業経営者、職人、商人・自営業者、自由業、弁護士及び宗教という6つの範疇に制度が分かれている。このうち、被用者でもなく、農業でもない、農業経営者以外の5つの制度を《non-non》と呼ぶこともある。

(ⅲ) **補足制度** 次に、補足制度をみてみよう。一般制度と農業労働者制度については、基礎制度の上に2階部分として補足制度がのっており、これがフランス年金制度の基本的な姿である。しかし、同じ被用者のための制度であっても、特別制度では、2階部分に相当する年金給付も行われているため、補足制度というものはない。また、国家公務員については、国が直接、補足年金に相当する加算給付を行っている。

他方、非被用者のための制度のうち、農業経営者、職人、商人・自営業者、

第Ⅱ章　フランスの年金改革

表Ⅱ-1　フランスの年金制度の概要[5]（2000年現在）

		賦課方式に基づく強制的制度		任意制度	拠出者数 A（千人）	受給者数 B（千人）	年金扶養比率A/B
		基　礎　制　度	補足制度	付加制度			
被用者	公共・準公共部門の公務員・被用者	特別制度：					
		国家公務員		PREFON UMR CGOS	2,500	1,600	1.6
		地方公務員・病院			1,600	560	2.9
		電気・ガス			152	116	1.3
		国鉄			178	263	0.7
		パリ市交通公社			41	33	1.2
		オペラ座、フランス銀行、コメディ・フランセーズ等					
	商工業の被用者	一般制度：被用者老齢保険金庫（CNAV）	ARRCO（67制度）	IRS PERP PERE PERCO	15,200	9,000	1.7
	農業労働者	農業共済組合（MSA）（83金庫）	AGIRC（43金庫）		665	2,035	0.3
非被用者	農業経営者	農業共済組合（MSA）（83金庫）	COREVA（任意制度）	マドラン法による保険制度	697	2,200	0.3
	職人	CANCAVA（32金庫）			494	600	0.8
	商人・自営業者	ORGANIC（53金庫）			643	933	0.7
	自由業	CNAVPL（12の職域）			444	143	3.1
	弁護士	CNBF（弁護士）					
	聖職者	CAVIMA					

注：拠出者数及び受給者数は、基礎制度に係るものである。

　自由業及び弁護士の5つの職種については、それぞれ基礎制度の上に補足制度が設けられており、自由業（professions libérales）では、制度が12の職域に分かれている。このように、基礎制度と補足制度の組み合わせ自体が、職種によって複雑に異なっている。

　(iv)　**全体の姿**　このようにフランスの年金制度は複雑・多様に分立しており、制度を管理運営する金庫（caisse）単位で計算すると、基礎制度と補足制度を合わせて少なくとも300以上の制度に分かれていると言われている[6]。これ

67

に、企業と保険会社との契約による任意制度として、3階部分の付加制度が加わるが、この付加制度も職域ごとに異なっている。

また、フランスでは、加入する制度によって、したがって個々の加入者の職歴によって年金額が異なるため、年金給付水準がどの程度かを一般論として論じることは難しい。しかし、一般制度の場合、満額年金を受給すれば基礎制度から従前賃金の50%、補足制度からその20%程度を受給でき、これに資産収入などを加えると、年金受給世代は現役世代と変わらない所得水準を維持している[7]。

(v) **無拠出制年金** フランスには、拠出制年金のほか、高齢者に対し最低保障年金（minimum vieillesse）を保障するため、次のような無拠出制の年金がある。

①老齢被用者手当（AVTS）：65歳以上か、60歳以上で労働できない者に支給される。これを受給するためには、フランスに居住していることが必要であり、収入・資産要件と過去の就労要件が求められる。
②家族の母手当（allocation aux mère de famille）：離婚、死別した被用者の65歳以上の妻等であって、5人以上の子どもを育てた者に支給される。
③寡婦手当（secours viager）：老齢被用者手当の残された配偶者等に支給される。
④特別手当（allocation spéciale）：何ら年金等を受給できない高齢者に支給される。
⑤補足手当（allocation supplémentaire）：老齢年金とそれ以外の収入を合せても所得が一定額以下の者などに支給される。

そもそもは、1930年に創設された積立方式による年金制度が戦時中のインフレによって崩壊したため、年金受給者の最低所得を保障することを目的に1941年に創設された、被用者のための老齢被用者手当（Allocation aux Vieux Travailleurs Salariés：AVTS）が始まりであった[8]。それが、1945年には新たな形の老齢被用者手当に改められ、また、1948年には非被用者のための非被用者老齢手当も創設された。

その後1956年には、租税を財源とする国民連帯基金（Fonds national de solidalité：FNS）が創設され、1993年には、後述する一般社会拠出金を財源とする老齢連帯基金（FSV：Fonds de solidarité vieillesse：FSV）に改められた。

さらに、2006年7月からは、これらの手当は高齢者連帯手当（allocation de

solidarité aux personnes âgées : ASPA)（単身の場合で、7,455.30€／年（2007年））と
障害補足手当（allocation supplémentaire d'invalidité : ASI）の2つに簡素化される
ことになった。なお、これらの手当受給者が死亡した場合には、その受給額の
範囲で相続財産に求償されることになる[9]。

2 フランスの年金制度の特徴

(ⅰ) 自治の原則　このように複雑で多様な様相を呈するフランスの年金制
度であるが、これらに共通する特徴としては、労使による金庫の自治ないし自
律性（autonomie）をあげることができる。これは、社会保障制度の運営につい
ては、労使が自律的に決定すべきであるという考え方を基本とするものであり、
その財源を国庫に頼らず社会保険料で賄っていることと表裏一体の関係にある。

このような自治の原則は、被用者年金制度の場合には、社会的当事者
（partnaires sociaux）と呼ばれる労使代表による金庫理事会での意思決定という
形で制度化されているが[10]、労働組合の代表性の喪失、国の財政的関与の拡大な
どにより、フィクションと化しつつあると言われている[11]。

(ⅱ) 連帯の原則　フランスの社会保障のもう1つの特色は、連帯（solidalité）
の原則にある。世代間を結びつけ、制度の永続性を担保するのが連帯であり、
これによって親から子へ、子から孫へと年金受給権が、そして保険料負担が受
け継がれる。この権利と義務の連鎖が賦課方式（répartition）の源であり、「世
代間の連帯」によって制度の財政的安定性が保証されることになる[12]。

この連帯の原則には、「拠出者間の連帯」も含まれる。現行の制度では、職
種毎に異なった制度を構成しながらも、例えば失業や子どもの負担のために十
分な権利を得られない状況にある者に対しては、拠出者が分担して支え合う仕
組みが導入されている。また、人口構成上の不均衡のために不利益を被ってい
る制度に対しても、制度間の財政調整という形で制度が分担して支え合ってい
る。

なお、2003年の改革では、後述するように、「社会契約」という概念が法律
上明記され、しかも、それが賦課方式の法的根拠として位置づけられている。
連帯の原則とこの社会契約概念との関係をどのように理解すべきかはなお研究

を要するが、社会契約概念の方が、保険料拠出者たる国民相互との関係をより拘束的にとらえており、規範的意味合いがより強いように思われる。

(iii) **所得比例年金** フランスでは、賦課方式であるにもかかわらず、退職年金は、基本的に労働との関連性を有しており、職業活動によって得られた収入ないし賃金の代替物の後払いと観念されている[13]。このため、年金財政は賃金に賦課される保険料によって賄われるのが基本とされ、年金額は賃金水準及び職業活動期間に比例して決定されることになる[14]。

2 基礎制度の推移[15]

1 戦後～60年代

フランスの年金制度は、職域連帯（solidarités professionnelles）に基づき19世紀に作られた特別制度を起源とするが、現在の制度は、1945年に策定された社会保障計画が基礎となっている[16]。この計画では、労働者及びその家族を賦課方式に基づく単一の制度でカバーする予定であった。また、基本的な年金の支給開始年齢は60歳とされていたが、最高拠出期間たる30年間保険料を拠出して退職前10年間の平均賃金の40％という満額年金を受給するためには65歳に到達することが要件とされていたので、一般には65歳が通常の退職年齢と考えられていた。財源は保険料で賄われ、賃金に応じた年金額という所得比例年金の考え方の下に制度が作られた。

その後、既裁定年金の例外的なスライドや保険料算定の基礎となる賃金の引上げにより、年金制度の負担は急速に増大して行った。同時に、急速な経済成長の下で、幹部職員さらには一般職員のための補足年金制度が発展し、その保険料負担も増大した。

2 70年代の繁栄と制度の発展

70年代までは、栄光の30年と呼ばれる高度経済成長が続き、社会保障計画の定着化が進んだ。一般制度における年金受給に必要な拠出期間が30年から37.5年に延長され、特別制度と同じ期間になった。また、65歳から受給できる満額

年金の水準が賃金の40％から50％へと引き上げられ、年金額算定の基礎となる平均賃金の算定方法は、退職前10年間から最も賃金の高い10年間に改められた。

さらに、1972年の法律によって、一般制度に加入している被用者全員が補足制度に加入するよう義務付けられた。また、最低保障年金については、国民連帯の名の下に給付水準の改善が図られ、全ての65歳以上の者に保障されるようになった。

他方、一般制度に制度を一本化しようという単一化（unification）の試みはこの時期に完全に放棄され、いずれの制度にも属さない者は一般制度に加入できるようにすることによって、すべての国民が年金制度に加入する一般化（généralisation）が実現した。1974年には各制度の多様性が追認され、制度の単一化から調和（harmonisation）へと目的は変更され、分立した制度間の人口構成上の不均衡を是正するための一般化された制度間調整（compensation）が行われるようになった。[17]

3　1982年の支給開始年齢の引下げ

1982年には、経済の低迷と失業者の増大を背景に、労働者の長年の要求であった民間被用者に係る支給開始年齢の60歳への引下げが実現した。これは、高齢労働者の退職を促進し、若年労働者の雇用を創出することを狙いとしており、満額年金を受給するためには、60歳到達と37.5年の拠出期間が要件とされた。また、給付水準も改善され、基礎制度が賃金の50％を支給するのに加えて、補足制度が賃金の20％を支給することとされた。

4　90年代における改革[18]

しかし、フランスにおいても、1970年代以降出生率が急速に低下したため、将来高齢化率が急速に高まり、これが年金制度に大きな影響を与えるであろうことが予測された。加えて、1970年代における給付改善や、特に1982年の年金支給開始年齢の引下げにより、年金財政の負担増が加速し、その後の経済の停滞による保険料収入の減少がこれに拍車をかけることになった。

このような中で1991年に公表された「年金白書」は、ベビーブーム世代の年

金受給世代への到達だけでなく、平均余命の伸びも年金財政に大きな影響を与えるであろうことを警告し、年金問題がひろく一般に認識されるようになった。

(i) バラデュール改革　1993年には、時の首相の名前をとってバラデュール改革と呼ばれる年金改革が行われた。この改革では、先の「年金白書」の指摘を受け、1994年から2003年にかけて、満額拠出期間を37.5年から40年に延長する改正を行った。しかし、民間労働者の多くは60歳以前に40年の拠出期間を有していたため、その効果は限定的であった。また、この改革では、年金の給付水準を引き下げるため、年金額算定の基礎となる平均賃金の算定方法を、被保険者に最も有利な10年間を算定基礎にする方式から、最も有利な25年間の平均賃金を用いる方式に改めた。

ただし、この改革は、一般制度の民間労働者だけを対象としたものであり、特別制度や公務員制度は対象としていなかった。

(ii) ジュペ・プランの挫折　1995年11月には、当時の首相アラン・ジュペが医療・年金・家族手当等の社会保障制度全般にわたる改革案、いわゆるジュペ・プランを公表し、その一環として国鉄等の特別制度の年金について、満額拠出期間を一般制度と同じく37.5年から40年に延長しようと試みた。しかし、これに反対する労働組合は大規模なゼネストを行い、この試みは失敗に終わった。

この後、フランスの年金改革は、2003年のフィヨン改革を待つことになる。

3　基礎制度の財源

フランスでは、社会保険料を財源の基本としてきた。しかし、1974年には、わが国の皆保険・皆年金に相当する社会保障制度の一般化を行うことを大義名分として制度間の財政調整 (compensation) が行われた。さらに、1990年代に入ると、租税代替化 (fiscalisation) の名の下に、所得を課税ベースとする賦課範囲の広い社会保障目的税が創設された。一般社会拠出金 (Contribution Sociale Généralisée : CSG) がそれである。また、1995年には、それまでの社会保障の赤字を棚上げし、その債務を13年かけて返済するための目的税である社

会保障債務返済拠出金（Contribution pour le Remboursement de la Dette Sociale : CRDS）が導入されている。

1 保険料率

　前述のように、フランスの社会保障制度は保険料財源が基本となっている。具体的な保険料率等は制度によって異なっているが、一般制度の場合には表Ⅱ-2の通りであり、労使の負担割合は折半ではなく、事業主負担がかなり高くなっているという特徴がある。また、保険料は賦課対象によって2つに分かれ、賃金の全体に課されるものと、限度額（2,682€／月（2007年の為替レート1€＝160円として、約43万円））以下の部分についてのみ課されるものとがある。

表Ⅱ-2　年金保険料率（2007年）

合計	使用者負担	被用者負担	算定基礎
14.95%	8.30%	6.55%	限度額以下の賃金
1.70%	1.60%	0.10%	賃金の全体

注：限度額は、1月当たり2,682€

2 財政調整の実施

　フランスのように年金制度が多岐に分立している場合には、当然のことながら、制度間で人口構成上の不均衡が生じることになる。表Ⅱ-1の年金扶養比率をみてもわかるように、第二次世界大戦以降に生じた人口の高齢化と産業構造の変化は、農業者制度や国鉄といった先細りの産業分野を基盤とする制度を直撃した。このため、1960年代以降、個々の社会保障制度間で財政調整が行われるようになり、1974年からは、医療保険、年金保険及び家族手当のすべての分野ですべての基礎制度を対象とした一般化された調整が実施されるようになった[19]。これは、前述の「拠出者間の連帯」の現れでもある。

　ちなみに、フランスでも被用者と非被用者との間には所得補足の問題があると認識されており、このため、制度間で財政調整を実施する際にも、被用者制度間では拠出能力の差の是正を含めた調整が行われるのに対し、被用者制度と

非被用者制度との間では人口構成上の不均衡の是正のみを目的とした調整が行われている。

なお、財政調整は、当然のことながら、規模が最大の一般制度からの持ち出しを結果し、これによる被用者老齢保険全国金庫（CNAV）の負担額は、以下の通りとなっている。

【参考】 財政調整による一般制度（CNAV）の負担額の推移
- 2000年…1,745百万€（約2,270億円）
- 2001年…1,883百万€（約2,450億円）
- 2002年…1,950百万€（約2,540億円）
    注：2003年の為替レート1€＝130円として計算。以下同じ。

3　一般社会拠出金

（i）導入の背景　前述のように、フランスでは、1991年に社会保障目的税たる一般社会拠出金（CSG）が創設され、95年には社会保障債務償還拠出金（CRDS）が導入されている[20]。わが国でも、社会保障目的税としての消費税率引上げが議論されつつあるので、フランスにおける社会保障目的税導入の背景等について、少し詳しくみてみよう。以下の内容は、特に断らない限り、筆者が2002年にフランスで行ったヒアリング結果に基づいている[21]。

（a）フランス社会保障制度の財政状況

まず、フランス社会保障制度の財政が当時どのような状況にあったかを、代表的な制度である一般制度を例にみてみると、1980年代後半には、年金制度を中心に赤字が続いていた[22]。その後、90年代の半ばには社会保障制度の赤字が急速に増えて行く。その要因としては、社会保障給付費の増大だけでなく、経済の低迷や失業の増大による保険料収入の減少という経済状況も大きな影響を与えていた。その結果、国内総生産（PIB）に占める社会保障支出の割合は、1960年の14％から81年には25.9％、98年には29.2％へと増大した[23][24]。

（b）下がる賃金、増える使用者負担

次に、社会保障給付、国内総生産及び賃金の伸び率をいくつかの期間に区切ってみてみよう（表Ⅱ-3）。

第1章 フランスの年金改革

表Ⅱ-3 社会保障給付、国内総生産及び賃金の平均伸び率の推移

	1970-73	1973-83	1983-91	1991-96
社会保障給付	6.5	5.7	2.9	2.5
国内総生産*	5.6	1.95	2.75	2.5
使用者負担分保険料を除いた総賃金	6.4	2.65	1.6	0.9
使用者負担分保険料を含んだ総賃金	6.2	3.15	1.75	0.9

* 消費者物価でデフレートした国内総生産。
出典：Finances publiques les notices 2000, p150.

　第一次オイルショックがあった1973年から83年までの10年間をみると、国内総生産の伸びは2％程度であったにもかかわらず、社会保障給付は6％近い水準で伸び続け、83-91年の期間でようやく両者の乖離が収束している。他方、賃金の伸びをみると、70年から83年までは国内総生産を上回っていたが、83-91年の期間では両者の伸び率は逆転し、91-96年の期間には賃金の伸び率が国内総生産の伸び率を大きく下回っている。さらに、保険料の使用者負担分の有無別に賃金の伸びをみると、73年から91年までの間は、使用者負担分を含んだ総賃金の方が大きく伸び、使用者の負担割合が重くなって行ったことがわかる。
(c) フランスの歳入構造の特色
　次に、一般社会拠出金創設の背景事情の1つとして、フランスにおける強制的負担（租税に社会保険料負担を加えた強制徴収される負担をいう。）の特色をみてみたい。
　1995-96年の時点で日、米、英、独、スウェーデンと比較すると、フランスの歳入構造には次のような特色があった[25]。第一に、フランスの場合、強制的負担に占める所得課税の割合が15％にも満たないほどに低く、ほかのOECD加盟国が25～40％の水準にあるのと比べても際立って低い。第二に、社会保険料負担のウェイトが45％と際立って高く、その次が独の40％と続いており、英国の20％という低さと対照をなしている。
　参考までに、消費課税の中心である付加価値税（Taxe sur la valeur ajoutée：

75

TVA)の状況は表Ⅱ-4のとおりであり、フランスはほぼEUの平均ではあるものの、英、独といった主要国と比べると高めの水準にあった。

表Ⅱ-4　EU諸国における付加価値税の状況（2000年）

(単位：％)

フランス	ドイツ	スペイン	ベルギー	イギリス	イタリア	スエーデン	EU平均
19.6	16	16	21	17.5	20	25	19.4

出典：Finances publiques 2000, p78.

以上のように、一般社会拠出金導入の背景には、所得税率が低い反面、社会保険料のウェイトが高いというフランスの強制的負担の構造的問題があった。

(ⅱ) 一般社会拠出金の導入　　(a) 導入の狙い

このような背景の下で、1991年に社会保障のための目的税として、しかも、世帯に直接賦課する最初の税として一般社会拠出金が創設されたが、その狙いは、次のとおりである。

70年代から80年代の初めにかけて賃金が上昇し、社会保険料も引き上げられたため、労働コストが上昇するという状況にあった。企業の国際競争力の維持という観点からは、社会保険料の引上げは困難であり、したがって、賃金に直接関係しない社会保障の財源を探す必要があった。他方、社会保障制度は、一般化の名の下にその対象を被用者以外にも広げ、家族手当については働いていない者もその支給対象とするようになっていた。

このような状況の下で、一般社会拠出金を導入した狙いは、第一に、賃金のみならず資産収入その他のすべての収入を対象に、均一の税率で、現役世代だけでなく高齢者や失業者も含めた全国民が負担するようになること、第二に、これによって、受給者と費用負担者とを関連付け、その給付が国民連帯に基づくものであることを明確にできること[26]、第三に、一般社会拠出金導入の見返りとして保険料を引き下げることができることにあった。3点目が租税代替化と呼ばれるものであり、保険料よりも賦課対象の広い拠出金を創設することによって保険料を引き下げ、現役労働者の負担を軽減することができた。

(b) 付加価値税（TVA）との関係

付加価値税はフランスで始まった制度であり、1954年には現在の課税方式が

出来上がっていた。それにもかかわらず、付加価値税の引上げではなく、一般社会拠出金（CSG）の創設という方法をとったのは、次の理由からであった。

　理由の第一は、当時の政治状況にある。というのも、1991年当時、社会党のミッテラン大統領の下で同じ社会党のロカールが首相の座に就き、付加価値税以外に財源を求めることを決定したのだが、その理由は、付加価値税は消費に比例するため、低所得者の負担が重くなる逆進性を有しており、したがって、社会党政権としては、付加価値税の引上げという選択はできなかったことにある。このため、所得の高いものがより多く負担することになる所得に着目することとした。

　第二に、付加価値税を引き上げるとすべての物価が上がり、賃金も上げざるを得なくなるという問題があった。当時は、インフレを引き起こさないことが何よりも重要であった。

　第三に、付加価値税は、一般会計予算のための財源であり、社会保障のためのものではない。したがって、社会保障財源を確保し、その赤字を解消するためには、付加価値税では限界があった。

　第四に、当時、対外収支は黒字であったが、付加価値税は、国内消費にのみかかるので、黒字を生み出している企業等の利益には課税されないという問題があった。

【参考】　一般社会拠出金の拠出率・使途の推移
- 1991年：1.1%で創設：家族手当に充当
  全額使用者負担の家族手当保険料を7%から5.4%に引下げ。その分（1.6%）を老齢保険料の使用者負担分に上乗せし、被用者の老齢保険料を1.05%引下げ
- 1993年：2.4%に引上げ：家族手当＋老齢年金（FSV）に充当
- 1997年：3.4%に引上げ：家族手当＋老齢年金＋医療保険に充当
  医療保険の保険料（被保険者負担分）を6.8%から5.5%に引下げ
- 1998年：7.5%に引上げ：家族手当＋老齢年金＋医療保険に充当
  医療保険の保険料（被保険者負担分）を5.5%から0.75%に引下げ

(c)　被保険者の保険料負担を引き下げた理由

　一般社会拠出金導入の見返りとして、1991年には、使用者が全額負担してい

表Ⅱ-5　一般社会拠出金の使途額の推移

（単位：百万ユーロ）

	2000年	2001年	2002年
家族手当	8,809	9,302	9,540
老齢連帯基金	10,343	9,718	9,983
医療保険	39,036	42,869	44,206

出典：Direction de la Sécurité sociale.

た家族手当の保険料を1.6％引き下げた。さらに、97年の拠出率引上げの際には、医療保険の被保険者負担分を6.8％から5.5％に引き下げ、98年には同じく医療保険の被保険者負担分を5.5％から0.75％へと大幅に引き下げた。これによって、社会保険料を社会保障目的税で肩代わりする租税代替化が実現した。

1998年当時、企業の国際競争力を考えればむしろ使用者負担分を下げるべきではなかったかと思われるのに、そうしなかったのは、次の理由からであった。

当時、右派（共和国連合）のシラク大統領の下で、97年6月に社会党のジョスパンが首相に就任し、社会党内閣の下で政策が決定されることになった。社会保障制度は慢性的赤字だったので、その財源を増やさなければならず、同時に、失業率が高く、経済成長率は低かったので、景気対策のためにサラリーマンの購買力を増やし、消費を向上させることが課題だった。

その当時、総賃金（salaire brute）＝100とすると、手取賃金は80という状況にあった。

◆ 手取賃金（salaire net）＝総賃金－（社会保険料＋CSG）≒100－20＝80

さらに使用者には、これに社会保険料の使用者負担分が加わるため、使用者の総負担は140とかなり重いものになっていた。

◆ 使用者の総負担＝総賃金＋社会保険料に係る使用者負担分≒100＋40＝140

このように、賃金全体（140）のうち20＋40＝60が社会保障に回り、その6割しかサラリーマンの手元には残らなかった。このような中で、保険料を引き上げずに社会保障財源を確保し、かつ、サラリーマンの購買力を増やすために

は、社会保険料の被用者負担分を大きく引き下げ、一般社会拠出金を引き上げる方法が有効であった。なぜなら、保険料は被用者のみの負担となるが、一般社会拠出金は賃金のみならず、利子所得、家賃収入等の資本収入にも賦課されるからである。このように資本側の負担を引き上げることができたのも、保革共存（cohabitation）の下で社会党の首相だったからである。結局、1998年に一般社会拠出金を4.1％引き上げる代りに、保険料を4.75％引き下げ、その分サラリーマンの手取り賃金を増やすことができた。

(d) 一般社会拠出金の使途拡大の理由

一般社会拠出金は、1991年に家族手当のために導入されたが、93年には使途を老齢連帯基金に拡大するとともに拠出率を引き上げた。さらに、97年には医療保険にも使途を拡大し、97年、98年と引き続いて拠出率を引き上げている。このように使途を拡大したのは、以下の理由からであった。

当初は、家族政策のためであった。家族手当金庫は、社会保障金庫の中で唯一全国民を対象としているので、全国民が負担するCSGの使途として最も適当であった。

次に、1994年に従来の国民連帯基金を引き継いで創設された老齢連帯基金のためにも使うこととし、拠出率を1.3ポイント引き上げた。これは、もともと無拠出制の最低保障年金であり、租税を財源としていたものであるから、一般社会拠出金を充当することができると考えられた。

最後に、97年から98年にかけて医療保険にも充当した。その狙いは、景気対策のために、現役被用者の社会保険料負担を引き下げることにあったが、医療保険に使途を拡大することについては、みんな病気になるし、保険料も下がるからという理由付けがなされた。[28]

4 社会保障債務返済拠出金（CRDS）の導入

(i) 導入の背景　1995年には、一般社会拠出金（CSG）とは別個の、しかも同じく社会保障のための目的税として新たに社会保障債務返済拠出金（CRDS）が導入されたが、その背景には、次のような事情があった。

当時、社会保障は多額の赤字を抱え、借金でしのいでいた。これを打開する

ため、政府は、1995年11月にジュペ・プランを公表した。この中で、新たに社会保障のための予算法である社会保障予算法（Loi de financement de la sécurité sociale : LFSS）を作り、これによって国会が社会保障予算を監視し、その会計を明確にし、また、支出の目標を定めて赤字が出ないようにするための仕組みを作る代わりに、過去の借金については、利子は支払うものの、別の組織を作って債務を棚上げすることにした。これが社会保障債務返済拠出金導入の背景であり、そのためにジュペ・プランが作られることになる。

しかし、このような改革にもかかわらず、96年、97年と社会保障の赤字が続いたため、98年には社会保障債務返済拠出金の償還期限が13年から18年に延長されている。

(ii) **一般社会拠出金と社会保障債務返済拠出金の相違** 以上のように、一般社会拠出金と社会保障債務返済拠出金とでは、まず、導入の目的が異なっている。

さらに、1991年の一般社会拠出金の導入で、賦課対象が広いほど税率が低くなるので良いとの考え方が一般的になった。したがって、例えば家族手当には一般社会拠出金は賦課されないが、社会保障債務返済拠出金は賦課されるというように、後者の方が課税ベースがより広くなっている[29]。税率も、一般社会拠出金が7.5％なのに対し、社会保障債務返済拠出金は0.5％と格段に低くなっている。

5 社会保険料（cotisation）、拠出金（contribution）及び租税（taxe）の相違

一般社会拠出金（CSG）も、社会保障債務返済拠出金（CRDS）も、租税（taxe）ではなく拠出金（contribution）という呼称が用いられている。前者は1991年の予算法第127条～135条に基づいて創設され、後者は1996年1月24日のオルドナンスに基づいているが、では、社会保険料と拠出金、さらには租税との間にどのような相違があるのだろうか。

(i) **社会保険料と拠出金の相違** まず、フランスにおける社会保険料の特徴としては、使途が社会保障に限定されていることと、社会保険料を支払った者はその見返りないし対価として受給権を取得することの2つがある。一般社会拠出金は、前者の特徴は備えているものの、後者の特徴を持たず、むしろ無拠

出制年金等の財源を賄うものである点が決定的に異なっている。[30]

(ii) **拠出金と租税の相違** フランス第5共和国憲法34条では、租税（imposition）については、賦課標準、税率及び徴収方法を法律で定めることを求めている（同条2項4号）のに対し、社会保障については、基本原則を法律で定めればよいとしている（同条4項5号）。一般社会拠出金が租税か、社会保険料かという問題について、憲法院は、租税に含まれ、税率等を法律で定めることを要すると判断している。しかし、租税と一般社会拠出金は以下の点で相違があるため、社会保険料とも租税ともつかない負担金であるとの見解もある。[31]

第一に、租税の訴訟管轄は行政訴訟であるが、一部の一般社会拠出金に関する争訟は社会保障訴訟の管轄に属する。第二に、租税は、税務当局によって徴収されるが、一般社会拠出金は、社会保障・家族手当保険料徴収組合（URSSAF）によって徴収される。

ちなみに、フランスでのヒアリングの際に、税は国家の権限に属するものであるのに対し、一般社会拠出金は労使のためのものである。また、税というと「金を取る」というイメージが強いのに対し、拠出金は社会保障にcontribuer（貢献・寄与）するという前向きな印象があるとの説明があった。

なお、社会保険料と租税（拠出金）の相違について、フランス社会保障法の代表的テキストは、次のように述べている。[32]

「本質的かつ実際的に言って、収入に課される保険料と税はほとんど差がない。それは、賦課権限の正当性を社会的当事者から国家と議会に移すこと、つまり、長年続いてきた公権力に対する不信と集団の連帯という強い概念を基に作られた体系を破壊するということである。」

4 基礎制度の年金額算定式

ここで、基礎制度のうちの一般制度について、2003年の改革以前の老齢年金の算定方式をみておこう。[33]一般制度における老齢年金額の計算式は、以下のとおりとなっていた。

第Ⅱ部　変貌する世界の年金

- 年金額計算式＝平均賃金×給付率×拠出期間／150

①平均賃金：保険料が支払われた期間のうち、被保険者に最も有利な25年間の平均賃金を用いる。ただし、1934年～47年までの間に生まれた者については、最も有利な期間が11年～24年と、1歳につき1年ずつ逓増する経過措置が設けられているため、例えば1943年に生まれて2003年に60歳になった者については、20年間の賃金が基準になる。

②給付率：被保険者が160四半期（40年間）という満額年金を受給するのに必要な拠出期間（以下「満額拠出期間」という。）を満たした場合には、給付率は最高の50％となる。被保険者がこの満額拠出期間を満たさい場合には、不足期間1四半期につき2.5％、したがって、1年間につき10％給付率が下がる。

【例】　160四半期（40年）に対して150四半期（37.5年）しかない場合
　　　減額率＝2.5％×10四半期＝25％
　　　給付率＝50％−50×25／100＝37.5％

1993年にこの拠出期間を150四半期から160四半期に延長するという改正が行われた。ただし、1934年～42年までの間に生まれた者については、満額拠出期間が151四半期～159四半期と、1歳につき1四半期ずつ逓増する経過措置が設けられているため、拠出期間が160四半期になるのは、1943年生まれの者からとなる。

③みなし給付率：一定の条件を満たす労働不能者、レジスタンス等により強制収容された者、かつて従軍した者及び働く家庭の母については、満額拠出期間を満たしていなくても50％の給付率が適用される。このうち働く家庭の母とは、以下の条件を満たす者をいう。

- 少なくとも3人の子どもを16歳になるまでに9年間以上育てたこと
- 30年以上の被保険者期間があること
- 年金受給前15年間のうち少なくとも5年間肉体労働に従事したこと
- 年金受給権を得た日に働くのを止めたこと

④65歳未満の者に係る減額率：60歳以上65歳未満であって、満額拠出期間を満たさない者が年金の受給を請求した場合には、65歳に達するまでの四半期

数に応じて給付率が引き下げられる。ただし、満額拠出期間に係る不足期間による減額率と比較して被保険者に有利な方が用いられる。

【例】 1940年生まれ（満額拠出期間＝157四半期）で2002年に62歳になったが、拠出期間が151四半期しかない場合
　①満額拠出期間への不足期間…6四半期
　　減額率＝2.5％×6四半期＝15％
　　給付率＝50％－50×15／100＝42.5％
　②65歳到達までの期間3年＝12四半期
　　減額率＝2.5％×12四半期＝30％
　　給付率＝50％－50×30／100＝35％
　⇒被保険者に有利な①の給付率が用いられる。

⑤支給開始年齢：一般制度の支給開始年齢は60歳であり、50％の給付率は、満額拠出期間を満たし、かつ、60歳に達した被保険者に適用される。

⑥拠出期間：拠出期間は四半期単位で計算し、最長160四半期＝40年が年金額計算に反映される期間となる。他方、年金受給権取得に必要な最低拠出期間は1四半期だが、各四半期について1時間当たりの最低賃金（SMIC）の200時間相当分（2003年現在、1,366€／四半期）を超える賃金がなければならない。なお、この拠出期間について制度間の通算は行われず、一般制度の場合には、その拠出期間のみが対象となっていた。

⑦期間の加算：拠出期間については、以下のような加算措置がある。

- 育児加算：2001年12月21日の法律により、家庭の母親について、子ども1人につき年間1四半期の加算がつくことになった。ただし、この加算は、子ども1人につき8四半期までとされている。
- 育児休業を取った父親の加算：育児休業期間と同じ期間が加算される。上記育児加算の対象にならない母親についても、この加算が認められる。
- 年金請求時に65歳以上の場合の割増：年金の裁定請求時に65歳以上であって160四半期の拠出期間を満たしていない被保険者については、160四半期に達するまでの範囲で、65歳以降の被保険者期間1四半期につき2.5％の割増がつく。

【例】 65歳時点で120四半期の拠出期間しかなかった被保険者が、65歳以降1年間（4四半期）働いた場合
加算率＝2.5％×4四半期＝10％
拠出期間＝124＋124×10％＝136.4≒137

⑧みなし期間：以下の期間については、一定の条件の下に拠出期間にみなされる。
- 被保険者が疾病、出産、障害及び労災の現物給付を受けている期間
- 非自発的失業中の期間うちの失業給付支給期間等
- 兵役期間等

⑨年金額：フランスでは、保険料算定の基礎になる賃金に上限が設けられているため、最高年金額は上限賃金の50％、すなわち14,592€／年となる。また、最低額は6,402.23€／年とされており、拠出期間が1四半期減るごとに1／150ずつ減少する。

⑩配偶者加算：年金受給権を有しない65歳以上の被扶養配偶者については、609.80€／年の加算がある。

⑪子育て加算：3人以上の子供を育てた場合には、年金額が10％加算される。

5　2003年の年金改革——年金改革に関する2003年8月21日の法律——

1　これまでの経緯

ジュペ・プランによる年金改革の挫折を受け、年金改革のためには国民的議論を展開する必要があるとの認識が政府部内にも広がり、1995年には"ブリェ報告"が、99年には"シャルパン報告"が相次いで公表された。これらの報告書では、ベビーブーム世代への対応だけでなく、平均余命への対応の重要性も指摘された。特に、シャルパン報告では、すべての年金制度において満額拠出期間を2020年までに42.5年に延長すべきことを指摘しただけでなく、積立基金の創設を提唱し、大きな議論を招いた。

結局、基金の創設は99年に実現することとなったが、満額拠出期間の延長については、労働組合側の拒絶に会い、何ら進展をみなかった。他方、シャルパ

表Ⅱ-6　年金制度の財政予測

(単位：10億€)

	2000年	2020年	2040年
一般制度（CNAV）	+1.5	−10.9	−39.7
補足制度（AGIRC）	+0.3	−1.6	−3.8
補足制度（ARRCO）	+3.9	0.0	−13.2

ン報告では、年金改革を継続的にフォローするための仕組みの創設も提言しており、経済社会諮問院も、その後同様の提言を行った。これらの意見を踏まえ、ジョスパン首相は2000年5月に、年金方向付け会議（Conseil d'orientation des retraites：COR）の設置を決定した。この会議の目的は、議会の代表、労使の代表、政府代表及び年金の専門家が一堂に会して協議を行い、年金改革の方向性を見出すことにあった。この年金方向付け会議は、2001年に「年金：世代間の社会契約を刷新せよ」と題する報告書を公表し、これが今回の改革の基本となった。

　この報告書では、2040年までの年金制度の財政見通しを明らかにするとともに、年金水準の長期的透明性、高齢者雇用政策の重要性そして年金制度の長期的持続性という将来に向けた3つの方向を示している。

2　年金積立基金の設置

　シャルパン報告を受け、1999年には年金積立基金（Fonds réserve pour les retraites：FRR）が設立され、積立てが始まった。[34]

　この基金は、当初は、1999年社会保障予算法によって、老齢連帯基金の中に設置されたが、その後、2001年7月17日の法律によって、独立の基金として位置付けられた。その目的は、図Ⅱ-1に示したように、特にベビーブーム世代への年金支払いによる世代間の費用負担の不均衡を平準化し、賦課方式に基づく年金制度の永続性を確保することにある。

　具体的には、2000年から2020年までの間に、運用益を含めて1兆フラン（1,500億€：19.5兆円）（内訳は、元本6,700億フラン、運用益3,300億フラン）を目標

第Ⅱ部 変貌する世界の年金

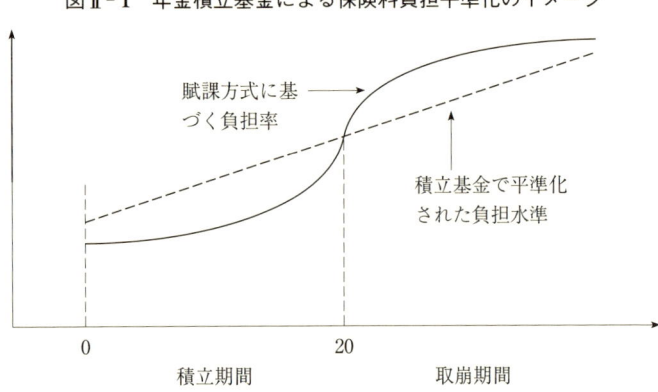

図Ⅱ-1 年金積立基金による保険料負担平準化のイメージ[35]

注：曲線部分で示された賦課方式の下での負担が、積立基金によって直線のように平準化される。

に積立を行い、これを一般制度及びこれに準じる制度（農業労働者及び商人・自営業者制度をいう。以下同じ。）の2020年以降の負担の平準化のために用いることになる。

　積立金の財源は、様々な所からかき集められており、額の大きなところでは、2％の資産収入課税の65％、老齢連帯基金の黒字分の全部又は一部、一般制度の黒字分や貯蓄金庫の譲渡益、企業の社会連帯拠出金の一部、財政投資の利益などがある。この基金の積立による負担の平準化効果は必ずしも明らかではないが、2004年1月31日現在、累計で目標額の1割を超える164億€（約2.1兆円）が積み立てられている。2002年における一般制度の老齢年金給付額が620億€（約8.1兆円）であることを考えれば、最終積立額はその2倍以上に達し、10年以上の期間にわたって取り崩されるとはいえ、決して少ない額ではない。[36]

　ちなみに、この積立金については、4％の利回りで運用することが予定されており、そのために株や債権に投資して運用することとされている。具体的な投資方針については、まず政令で、資産の5％以上の同一銘柄への投資の禁止等の集中のリスクの排除及び25％を超えるEU圏以外の企業への株式投資の禁止等の地域的リスクの排除が規定されており、この範囲内で基金の理事会がより具体的なアセット・アロケーションを決めることになる。2003年5月に決

定された投資ガイドラインでは、以下のようにかなりリスクの高いアセット・アロケーションが決定されている。

表Ⅱ-7 年金積立基金のアセット・アロケーション

	目標投資アロケーション
EU圏内の株式	38%
それ以外の外国株式	17%
株式　小計	55%
EU圏内の債券	38%
それ以外の外国債券	7%
債券　小計	45%
合計	100%

3　改革の趣旨

以上のような経緯の下で成立した2003年の年金改革法は、2020年までの間の年金制度の財政的安定の確保を目的としている。このため、支給開始年齢の引き上げに相当する満額拠出期間の40年から41年への延長が行われるとともに、官民格差の解消の観点から、公務員年金についても同様の改正が行われた。この他にも、より長く働く者への加算・より短く働く者への減額等による柔軟な制度の設計、低所得者への配慮といった措置が講じられている。

また、3階部分に相当する個人年金についても、その発展を容易にするため、退職年金のための個人預金プラン及び退職年金のための労使プランの制度化などが行われている[37]。

4　一般条項

この改革では、多岐に分立した年金諸制度間の調和を図る観点から、年金改革法の冒頭に、一般条項として各制度に共通する改正事項が掲げられている。

（ⅰ）社会契約に基づく賦課方式原則の再確認　2003年の年金改革法では、まず第1条で、「世代間を結びつける社会契約（pacte social）の核心をなす賦課方式

に基づく年金を選択することを厳かに再確認する」と規定し、フランスの年金制度が引き続き賦課方式を維持することを謳っている。ここで留意しなければならないのは、社会契約と賦課方式を結び付けている点であり、しかもこれらが世代間を結びつける機能を担っていることを法律上明確に規定したことである。このため、この改革では、満額年金を受給するのに必要な拠出期間を2020年にかけて段階的に延長し、現役世代と年金受給世代のバランスを確保しようとしている。

(ⅱ) **所得比例年金原則の確認** 同法は、「すべての退職者は、職業活動から得られた収入に比例した年金を受給する権利がある」（2条）と規定し、所得比例年金の原則を確認しているが、その前提には、現行制度の前提となっている拠出制年金の原則の確認があるとされている。

(ⅲ) **平等取扱いの原則** 「過去の職業が何であれ、また、どの年金制度に属していようとも、被保険者は退職年金に関して平等の取扱いを受けることができなければならない」（3条）。この原則の帰結として、一般制度に適用される規定と公務員制度や自由業、農業経営者といったその他の制度に適用される規定との統一が求められることになる。

また、複数の年金を受給できる者と1つの年金しか受給できない者の受給権を同じにしなければならない。同様に、年金額算定の基礎となる平均賃金として被保険者に最も有利な25年の賃金を用いるルールについては、複数の年金受給権を有する者の場合、加入期間に応じてそれぞれの制度に期間を割り当てることとなった。

(ⅳ) **最低年金水準の保証** 今回の改革では、満額年金の受給権を有する被用者に対する年金水準として、2008年時点で、基礎制度と補足制度を合わせて、少なくともスライド制最低賃金（SMIC）の85％を保証することとした（4条）。この目的を達成するため、政府は、最低拠出額を評価し直すこととし、2004年に40年拠出の場合で3％の引上げを行い、2006年及び2008年にも再評価を行うこととしている。

(ⅴ) **拠出期間の延長** 今回の改革は、長生きのリスクに対応できる年金制度の構築を目指している。すなわち、平均寿命の伸長に対応するため、満額拠出

期間を従来の160四半期（40年）から2012年には164四半期（41年）に、そして2020年には167四半期（41・3/4年）に延長することとした。これによって、満額年金を受給できるようになる年齢が引き上げられることになり、年金支給開始年齢の引上げと同じ効果をもたらすことになる。

そのため、2003年時点における満額拠出期間と平均受給期間との比率（以下「拠出・受給期間比率」という。2003年当時はほぼ2：1となっている。）を、2020年までの間は固定することを法律で明記した（5条1項）。これによって、平均寿命が伸びて年金受給期間が長くなれば満額拠出期間も延びることになる。

具体的な手順としては、まず、2003年から2007年までの間については、満額拠出期間を従来の160四半期に固定することとして、経過措置を講じている。

その上で、2007年までに、政府は、年金方向付け会議の作業に基づいて、高齢者の就業率や年金財政状況等を明らかにした報告書を作成し、公表するとともに、議会に送付するものとされた。（5条2項）。

この報告書を踏まえ、2009年から、毎年1年ごとに1四半期ずつ満額拠出期間を伸ばし、2012年には満額拠出期間を41年にするとされている。ただし、年金制度財政や雇用状況等いかんによっては、年金保証委員会及び年金方向付け会議の意見に基づいて、満額拠出期間の延長を見直すことができる。

さらに政府は、年金方向付け会議の作業に基づいて、同様の報告書を2011年及び2015年までに作成し、国会に提出しなければならないとされた。この報告書では、拠出・受給期間比率の今後5年間の見通しも明らかにしなければならず、その内容を踏まえ、年金保証委員会及び年金方向付け会議の意見に基づいて、政令で

- 2012年1月1日までに、2013～16年の満額拠出期間
- 2016年1月1日までに、2017～20年の満額拠出期間

を、それぞれ決めることになる（5条4項）。現在のところ、2020年における満額拠出期間は、167四半期、つまり41・3/4年になるものとみられている。

　(vi) **高齢者雇用の促進**　保険料拠出期間を延長する以上、高齢になっても働き続けることができるようにすることが必要となる。このため、今回の法律で

は、次のような高齢者の就労を促進するための措置を講じている。
　(a)　55歳以上の雇用の促進——事業主に対する早期退職拠出金の創設
　事業主が労働者を早期退職させるのを防止するため、早期退職の場合に事業主から被用者に支払われる早期退職手当もしくは繰上げ退職手当に対し、以下の内容の事業主負担による特別な拠出（contribution spécifique）が課されることになった（17条）。
　①算定基礎
　この拠出金は、協定、集団協約、その他の契約条項さらには使用者の一方的決定に基づき支払われるすべての手当に課されるが、全国雇用基金（Fonds national de l'emploi : FNE）の特別手当その他一定の場合には適用が除外される。
　②拠出率
　拠出率は、一般制度の年金保険料率（16.35％）及び補足制度のうちのARRCOの保険料率（7.5％）を足したものと同じ率の23.85％とされている。ただし、この料率は、2008年5月31日までの間、経過的に軽減される。
　③拠出金の使途
　この拠出金は、当初は、年金積立基金に積み立てられる予定であったが、老齢連帯基金が赤字のため、これに振り向けられることになった。これによって、年間、約65百万€（約84.5億円）の収入が見込まれている。
　(b)　60歳以降の就労の拡大
　①在職受給の条件緩和（在職老齢年金の創設）
　2004年以降、年金受給権を取得した者は、年金に加えて、賃金を受け取ることができるようになった。これは、わが国の在職老齢年金に相当するものである。ただし、受給できる賃金は、年金を受給する直前の賃金よりも低い額でなければならず、もし年金と賃金を足した総所得が退職前賃金を超える場合には、年金の支給は停止されることになる。
　②使用者による強制的退職権の65歳への引上げ
　現在、満額の年金受給権を取得した被用者が60歳以上であれば、使用者は、その年金受給権者を強制的に退職させることができる強制的退職権を有している。今回の改革では、強制的退職の対象となる年齢を65歳に引き上げ、労働者

が60歳以降も働けるようにした。

　(vii)　被保険者に対する情報の提供

　(a)　年金情報入手権の創設

　2003年の年金改革法では、「すべての人は、政令の定めるところにより、法律上義務付けられている年金制度全体に関する個人の状況の詳細を入手する権利を有する」（10条）と規定し、被保険者の年金情報入手権を規定した。これに基づき、基礎制度及び補足制度では、定期的に被保険者に対し情報が提供されることになる。

　(b)　年金額の事前計算

　さらに、被保険者は、その加入する基礎制度及び補足制度における自分の年金額を知ることができる旨が年金改革法で規定された。これまでも基礎制度については59歳になれば年金額を知ることができたが、今回の改正では、これを補足制度にまで広げるとともに、年齢についても、段階的に55歳まで引き下げることになった。

　(viii)　年金保証委員会の新設　　今回の改革では、満額拠出期間の延長に対応するため、新たに年金保証委員会（Commission de garantie des retraites：CGR）が設けられた。

　この委員会は、コンセイユ・デタ副院長、経済社会諮問院院長、会計院院長及び年金方向付け会議議長で構成され、満額拠出期間及び平均受給期間を確認し、満額拠出期間を延長する必要があるかどうかを提案する役割を担っている（社会保障法典 L.114-4条）。

　(ix)　年金方向付け会議の権限拡大と財政再計算の導入　　年金方向付け会議は、閣議で指名された議長のほか、国会、職業団体、労働組合の代表、家族問題や社会問題に関する組織の代表、関係省庁の職員及び専門職員で構成され、年金改革法で定められている事項について意見を述べるほか、少なくとも5年ごとの年金財政再計算もその役割とされ（社会保障法典 L.114-2条）、その権限が拡大された。

　フランスには、それまでわが国の財政再計算のような制度はなかったが、これによって財政再計算が制度化され、年金制度の透明性の確保という観点から

も、また、年金制度の持続可能性を担保するためにも、重要な役割を果たすことになる。

5 一般制度の改革

今回の改革では、以上の一般条項に基づく改正のほか、一般制度について次のような改正が行われている。

(i) 年金額算定方式の改正

(a) 参照期間の延長

一般制度の年金額は「平均賃金×給付率×拠出期間／150」という計算式で算定されるが、「拠出期間／150」の分母である「150」を参照期間（durée de référence）と言う。

2003年の改革では、この参照期間を5年かけて160に引き上げることとした。これによって、1四半期当たりのウェイトが低下し、6％ほど給付水準が引き下げられたのと同じ結果になる。

(b) 拠出期間の改正

①育児加算の改善

これまで、子供を育てた母親については、子供1人につき最高で8四半期（2年間）までの加算がついた。ただし、この加算については、子供が16歳の誕生日を迎えるまでに少なくとも9年間育てることが要件とされており、それまでに子供を失ってしまった母親には何の加算もつかなかったが、今回の改正で、このような要件は撤廃することとした。

②育児休暇中の被保険者期間の加算

被保険者である母親が育児休暇を取った場合には、休暇期間に等しい被保険者期間の加算が行われることになった。

(ii) 年金額の改正

(a) 60歳以降就業した場合の加算率の創設

これまでは、満額拠出期間を超えて働いても何ら年金額に反映されなかったが、今回の改正では、60歳以降も働いて年金の受給を延期した場合には、年金額を加算することにした。具体的には、2004年から、60歳以降の期間（65歳ま

でに限る。）であって、満額拠出期間を超える期間について、1四半期につき0.75％、1年で3％給付率を加算することになった。

(b) 65歳以降就業した場合の加算の改善

これまで、65歳以上の被保険者であって、150四半期の拠出期間に満たない者は、150四半期に達するまでの範囲で、65歳以上の被保険者期間1四半期につき2.5％の加算をつけることができた。

今回の改正では、これを160四半期に達するまでに改めるとともに、一般制度以外の基礎制度における拠出期間も、この加算の対象とすることにした。これは、わが国でいう年金通算措置に当たる。

(c) 最低保障年金の改善

①算入被保険者期間の改善

生涯低い賃金で働いてきた者は、平均賃金が低いので年金額も低くならざるを得ない。このため、フランスでは最低年金額の定めがあり、最低の保障水準を確保している。

ただし、この最低保障年金を受給するためには、一般制度において満額拠出期間をみたすことが必要とされていたが、今回の改正では、他の基礎制度の加入期間も算入できることにした。これも、年金通算措置の一環である。

②加算の創設

この改正では、最低保障年金についても加算制度を設けることとした。これまでは、実際に保険料を支払った期間か、支払っていなかった期間かを区別することなく取り扱ってきたが、2004年からは、被保険者がその負担において支払った被保険者期間については、実際に保険料を支払った期間として加算されることになった。

(d) 自動物価スライド規定の新設

これまで、年金額のスライドについては、そのつど法改正を行ってスライド率を決定してきたが、今回の改正で自動物価スライドに関する規定が新設され、年金額は、毎年、物価に応じて改定されることになった（社会保障法典L.161-23-1条）。

これによると、一般制度の老齢年金のスライド率は、その年の予算法の付属

報告書で規定されているタバコを除いた消費者物価予測に基づいて定められることになる。仮に、消費者物価の実績と予測に乖離が生じた場合には、翌年に調整されることになる。

なお、この物価スライド規定は、老齢被用者手当等他の手当にも適用される。

(e) 年金の早期受給

年金の受給は、原則として60歳からであるが、若いときから長期間働いている者についてもこの原則を適用するのは妥当ではない。このため、14歳から16歳までの間に働き始めた者については、それぞれ、56歳、57歳、58歳からの受給を認めることにした。

(iii) **保険料の引き上げ**　中期的な年金財政の安定を図るためには、保険料の引上げが必要と見込まれていた。具体的には、2006年から年金保険料の0.2%の引上げが、さらに、2008年から2020年の間に3%の引上げが必要であった。しかし、今回の改正では、現在10%近い失業率が将来5%まで低下することにより失業保険料が減少すると見込み、全体としての負担は増えないとして、保険料の引上げを見送っている[38]。

6　公務員制度の改革

2003年の年金改革は、官民格差の解消を1つの旗印にしており、公務員年金制度の改革が焦点の1つであった。このため、公務員の年金制度を一般の被用者年金制度に近づけることを目的に、満額拠出期間を現行の37.5年から2008年には40年に、そして2012年には41年へと延長する改正が行われた。さらに、それ以降も、一般の被用者と同様に、41・3/4年まで延長される予定である。

なお、ここで公務員とは、国家公務員、地方公務員、公立病院の公務員及び国の産業施設の労働者を意味する。

(i) **年金受給権**　従来の制度では、公務員の場合、15年間公務員として勤務すれば年金受給権が発生し、他方、公務員年金を受給するためには、公務員名簿から削除されることが必要であった。

今回の改正では、満額年金期間の延長に対応して、公務員についてもすべての基礎制度の加入期間を算入できるように改められた。これも、年金通算措置

の1つである。

(ii) 年金額の計算

(a) 満額拠出期間の延長

これまで、公務員の満額拠出期間は、150四半期（37.5年）と定められ、1年につき2％、37.5年で75％の最高給付率を得ることができた。この改革では、官民格差を解消する観点から、公務員についても民間と同じ160四半期を要件とすることとし、これに達しない者は最高給付率から減額された率の適用を受けることになった。なお、160四半期への引き上げは、2004年から毎年2四半期ずつ延長され、2008年に完成することになる。

さらに、2009年からは、公務員の満額拠出期間も一般制度と同じように延長されることになった。具体的には、2012年に164四半期（41年）、2020年には41・3／4年になるものと見込まれている。したがって、1年当たりの給付率は、現行の2％から、2008年には1.875％に、2013年には1.829％に、そして2020年には1.8％へと逓減することになる。

なお、公務員年金の最高給付率が高いのは、民間の補足制度に相当する給付が含まれていることによる。

(b) 算定基礎賃金

年金額算定の基礎となる賃金の考え方も、公務員と民間では異なっている。公務員の場合には、退職直前6か月間の地位、階級等に応じた俸給の号俸によることとされており、今回の改正でもこの方式は維持されている。

(iii) 年金額

(a) 減額率の創設

すべての制度の加入期間を合算しても75％の最高給付率に必要な期間を満たさない場合や、公務員の職種に応じて55歳から65歳までの間で定められている年齢に達しない場合には、年金額が減額されることになった。具体的には、1四半期不足するごとに、一定率が減額されることになる。ただし、減額期間については20四半期（5年）が上限とされている。

この減額率は、2006年から不足期間1四半期につき0.125％（1年につき0.5％）ずつ逓増し、2011年には1四半期につき0.75％（1年につき3％）となり、

2015年からは1四半期につき1.25%（1年につき5%）となる。

(b) 加算率の創設

今回の改正で、公務員年金についても加算率の制度が創設された。これによって、公務員の場合にも、60歳を超え、満額拠出期間に必要な期間を働いた場合には、1四半期につき0.75%の加算がつくことになった。なお、この加算についても、20四半期という上限が設定されている。

(c) 年金スライド

これまで、公務員年金は現役の俸給の引き上げに対応してスライドされてきたが、今回の改正で、民間と同じように、タバコを除いた消費者物価に応じてスライドされることになった。

7　小　括

今回の改革によって、一般制度及び公務員制度については、2020年までの財政的安定が確保されるものと見込まれている。この改革は、官民格差の是正や財政再計算の導入、さらには制度間の通算制度の導入など、わが国がすでに乗り越えてきた問題にようやく着手したという側面も多い。これだけをみればわが国の年金制度の方がより進んだ内容となっているようにみえるが、自由や自治を重んじるフランス人にとって、異なった制度間の給付内容を統一するということは、われわれが想像する以上に大きな決断だったのかもしれない。現に、2004年3月28日に行われた統一地方選挙では、与党が大敗を喫し、その原因として前年の年金改革をはじめとする社会保障改革が挙げられている。フランスにおいても、痛みを伴う年金改革を実行することの難しさが改めて証明される結果となった。

なお、2003年の改革は、一般制度及び公務員制度について行われたものであり、国家公務員、地方公務員・病院以外の特別制度については、手がつけられないままである。2007年に就任したサルコジ大統領は、早速、国鉄やパリ市交通公社など残された特別制度の改革に乗り出そうとしているが、同年10月には、これに反対する労働組合が交通機関を中心としたゼネストを行っており、今後の成り行きが注目される。

6 補足制度

1 補足制度の概要

　補足制度は、2階部分に相当する所得比例の年金制度であり、フランスの年金制度の大きな特色である制度の複雑・多様性は、補足制度にも及んでいる（表Ⅱ-1参照）。

　その中の代表的な制度として、一般の被用者のための制度であるARRCO（補足年金制度連合：Association des régimes de retraite complémentaires）と幹部職員たる被用者のための制度であるAGIRC（幹部職員退職年金制度総連合：Association générale des institutions de retraite des cadres）がある。両者の区分は、職種や職域ではなく、幹部職員か否かという企業内の地位に基づくものである点は、まさにフランス的である。

2 補足制度の沿革と特色

　(i) 補足制度の沿革　　フランスにおける補足制度の沿革をまとめると、表Ⅱ-8の通りとなる[39]。なお、ここには、補足制度の理解に必要な範囲で、基礎制度に関するものも載せている。

　(ii) 補足制度の特色　　その沿革を踏まえ、補足制度の特色を挙げてみよう。

　第一に、労使の協約によるというフランス社会保障制度の特徴は、1936年のマティニョンの合意にまで遡ることができる。これによって、職域ごとの制度創設が容易になるとともに、労使代表による制度の自治という制度運営の基本的骨格が決定された。

　第二に、補足制度が発足したのは、戦中から戦後にかけての急激なインフレの中で、従来の公的年金制度における積立金の価値が無に帰し、1945年に新たに賦課方式に基づく社会保障制度（基礎制度）が創設されたことに伴うものであった。すなわち、戦後新たに設立された基礎制度は、当初、社会保障の限度額の40％に相当する年金給付水準を目標としていたが、これでは退職後の所得保障としては十分ではないとして、これに上乗せする2階部分の年金制度創設

第Ⅱ部　変貌する世界の年金

表Ⅱ-8　補足制度の沿革

1853年	最初の年金制度（国家公務員のためのもの）
1910年	最初の職種横断型年金制度である労働者及び農民制度（les Retraites Ouvriére et Paysannes : ROP）発足
1930年	社会保険制度（積立方式による年金制度）の創設
1936年	マティニョンの合意（les Accords Matignon）によって、労使の協約によるという政策が確立され、法的枠組みが決められた。
1945年	社会保障計画を策定し、年金制度について賦課方式を採用。基礎制度の年金水準を限度額の40%としたので、これを補うため補足制度が創設されるようになる。
1947年	戦後の急激なインフレと金利の低下を背景に、1947年3月14日の労使による全国協約に基づき幹部職員のための幹部職員退職年金制度総連合（AGIRC）創設。AGIRC 創設の意義は、以下の3点にある。[40] ①全国レベルの労使合意に基づいて決定するという方式を導入したこと。 ②賦課方式をとることによって、金利の低下で生活が危機に瀕していた退職者にも年金を支給できるようにしたこと。 ③ポイント制を採用したこと。やがて、この方式はすべての補足年金制度で採用されるようになる。
1950年代	年金制度繁栄の時期。1949年の国家の有資格でない公務員のための制度の創設、1957年の l'UNIRS の創設など一般の被用者のための補足年金制度が創設され、発展
1961年	補足年金制度連合（ARRCO）設立
1972年	基礎制度に加入しながら補足制度に加入できない被用者のため、ARRCO と AGIRC への加入を一般制度の被用者に拡大
1973年	幹部職員に対し、限度額以下の給与について ARRCO に加入することを義務付ける合意成立
1979年	すべての働く者のための社会保障制度の一般化
1982年	退職年齢の60歳への引下げ。このため、ARRCO と AGIRC に適用する退職年齢引下げの条件を定める合意が翌年に行われた。
1984年	IRCACIM の AGIRC への統合
1988年	上級幹部職員の制度の統合（IRCASUP, IRICASE, CCSBTP 等の制度が統合）
1996年	AGIRC と ARRCO の間で財政調整を実施し、統合を強化する合意成立
1997年	農業労働者制度の AGIRC への統合
1999年	統一制度としての ARRCO のスタート
2001年	60歳支給開始の引上げに関する合意
2001年	AGIRC と ARRCO の管理組織及び連合組織の統一へ向けた合意
2003年	AGIRC と ARRCO の連帯に関する合意

の要求が強まった。そして、まず、1947年に幹部職員退職年金制度総連合（AGIRC）が創設された。やがて1950年代に入ると、一般の被用者のための補足年金制度が相次いで創設されるようになり、1961年になってこれらの連合体として補足年金制度連合（ARRCO）が設立された。[41]

　ARRCOの設立目的は、当初、補足制度間の年金通算を定めた1961年8月2日の法律を受け、多数に分立した補足制度を移動する加入者の年金受給権を確保するためコンピューターで記録管理を行うことにあり、したがって、すでに設立されていた一般職員のための補足年金制度の連合体として設立された。しかし、補足制度の拡大とともにARRCOの役割も拡大し、やがて補足制度間の財政調整を行い、長期にわたる財政均衡を保障する役割も担うようになる。

　第三に、社会保障制度の一般化、つまり基礎制度の全国民への適用拡大と歩調を合わせ、補足制度もその適用を拡大して行った。まず、基礎制度に加入していながら補足年金制度に加入できない被用者のため、1972年12月29日の法律は、一般制度に加入する被用者のほぼ全員に対してARRCOとAGIRCの適用を拡大することにした。次に、1973年6月6日の労使合意によって、幹部職員は、限度額以下の給与について、ARRCOにも加入することが義務付けられた。

　第四に、補足制度の適用拡大に伴い、補足制度間の財政調整が拡大し、やがて、制度の統合に向けた道を歩み始めるようになった。まず、1996年にAGIRCとARRCOの間で財政調整を実施し、社会保障の統合を強化する合意がなされた。さらに、2001年には、AGIRCとARRCOの管理組織及び連合組織の統一へ向けた合意がなされ、補足年金制度における管理の簡素化は新たな段階に入った。ちなみに、現在、AGIRCとARRCOは、同じ建物に入っており、物理的にも統合されている。

7　ARRCO（補足年金制度連合）の概要

1　補足年金制度の連合体

　ここで、ARRCOの概要をみてみよう。民間部門で働いていた被用者は、

幹部職員・一般職員を問わず、基礎制度（一般制度又は農業労働者制度）に加えて、ARRCOに加入するので、退職後は基礎年金に加え、ARRCOのいずれかの制度から補足年金が支給されることになる。というのも、ARRCOは多数の補足年金制度の連合体であり、したがって、実際に補足年金を支給するのは、ARRCOではなく、被用者が加入していたその傘下の補足年金制度だからである。このARRCOを構成する年金制度は67あるが、いずれ25のグループに再編されることになっている。[42)] さらに、手続きの簡素化による加入者の便宜を図るため、1999年からは、全被用者期間についてARRCOが年金額を計算し、年金を支払うことになった。

さらに、被用者が幹部職員だった場合には、これに加えて、AGIRCのいずれかの制度から補足年金が支給されることになる。

2 労使双方によって管理される賦課方式の制度

(i) **賦課方式の制度**　ARCCOは、世代間の連帯だけでなく、民間部門における工業、商業、サービス業等の職域連帯を基本とする賦課方式に基づく制度である。したがって、拠出された保険料は、直ちに年金受給者に対する給付財源として使用される。

(ii) **労使双方によって管理される制度**　連合体であるARRCOだけでなく、その構成員たる個別の補足制度も、同数の使用者（使用者組織）代表と被用者（組合組織）代表によって構成される理事会によって管理される。

3 年金額の算定方式

(i) **年金ポイント制**　補足年金では、年金ポイント制（points de retraite）が採用されており、ポイントによって年金の受給権が与えられる。ポイント制の内容は、制度によって違っていたが、1999年以降、ARRCOのポイント制が、その構成員たる補足制度に統一的に適用されるようになった。

- 年　金　額＝ポイント数×1ポイント当たりの価値
- ポイント数＝保険料を拠出して獲得したポイント数＋保険料を拠出せずに

獲得したポイント数

ポイントは、原則として、拠出した保険料に応じて獲得するが、次のような場合には、保険料の拠出なしでポイントを獲得できる。

- 事業主が補足制度に加入する前の期間に係る被用者期間
- 戦争中の一定の期間
- 疾病、出産、労災及び傷害の期間
- 失業保険の対象期間
- 早期退職期間

同一の拠出に対して、すべての被用者は、どの産業部門であっても、どんな地位に就いていても、年金ポイントで表される同一の権利を取得する。また、加入者の個人勘定に登録されたポイントは、受給権が発生すれば補足年金に転換され、フランスのみならず国外でも支払いを受けることができる。

(ⅱ) **ポイント制の由来**[43]　そもそもフランスの企業では、今でも幹部職員、一般職員といった区分があるように、昔から地位による賃金の区分が厳然と存在していた。このため、被用者の賃金は、以下の例ように、基本的に、その企業における被用者のポストによって決定され、毎年の労使交渉でも、この1ポイントの価値をインフレ率等に応じて変更するのが基本であり、ポストごとのポイントは変更しないのが通例であった。戦後、補足年金制度を創設する際に、この賃金決定の考え方を年金にも導入したのが年金ポイント制の由来とのことである。

【例】　部長級の幹部職員……400点
　　　　係　長　　　　　……200点
　　　　労働者　　　　　……120点

(ⅲ) **ポイントの価値**　年金額は、獲得ポイント数に1ポイント当たりの価値を乗じて算出される。この1ポイント当たりの価値（valeur annuelle du point）は、毎年、労使の交渉によって決定される政治問題であるが、一般的に言えば、年金受給者の生活水準すなわち生活費の上昇を基本としつつ、さらに企業の競争力、年金制度の財政状況などが考慮されることになる。

表Ⅱ-9　早期退職の場合の減算率

退職年齢	55歳	56歳	57歳	58歳	59歳	60歳	61歳	62歳	63歳	64歳
減算係数	0.43	0.50	0.57	0.64	0.71	0.78	0.83	0.88	0.92	0.96

ちなみに、ARRCOの1ポイント当たりの価値は、2003年4月1日現在、1.0698€となっている（2002年4月1日時点では、1.0530€）。

また、ポイントについては、以下のような加算と減算の制度がある。

- ポイントの加算
  - 年金を受給する時点で、まだ扶養する子どもがいる場合には、現役時代に獲得したポイント総数の5％が加算される。
  - 3人以上の子どもを育てた場合には、1999年1月以降の期間に係るポイントが5％加算される。
- ポイントの減算
  - 通常の退職年齢よりも早く退職した場合には、退職年齢に応じて表Ⅱ-9のようにポイントが割り引かれる。したがって、例えば55歳で退職した場合には、年金額が57％減額されることになる。

4　保険料

(i) **給付料率と拠出料率**　表Ⅱ-10は、2004年におけるARRCOの保険料率を示しており、これには、年金額に結びつく給付料率（taux contractual）と、実際の負担を表す拠出料率（taux appelé）がある。

給付料率は、年金ポイントに結びつく保険料率であるのに対し、拠出料率は、実際に負担する保険料率である。例えば、一般職員の場合、社会保障の限度額以下の賃金については7.5％（拠出料率）を実際に負担するものの、年金ポイントに結びつくのはそのうちの6％（給付料率）分だけになる。この拠出料率と給付料率の差の1.5％分は、年金受給者の平均寿命の伸び等による給付費に充てられる、つまり、世代間連帯に基づき年金受給者のために使われるのである。

(ii) **2つの料率設定の意義——世代間の連帯**　補足年金制度は賦課方式をとっているため、年金受給者の平均寿命の伸びについては、現役世代に負担を転嫁せざるを得ない。このため、保険料率に給付料率と拠出料率という2つの区分

表Ⅱ-10　ARRCO の保険料率（2004年）

報　酬	一般職員 限度額以下の賃金	一般職員 限度額を超える賃金	幹部職員 限度額以下の賃金	幹部職員 限度額を超える賃金
給付料率	6%	14%	6%	AGIRC に支払う
拠出料率	7.5%	17.5%	7.5%	

注：2004年の社会保障の限度額は、29,712€ である。

表Ⅱ-11　AGIRC における拠出比率（拠出料率/給付料率）の推移

年	率(%)	年	率(%)	年	率(%)
1948-51	100	1965	95	1989	113.4
1952	78	1966-78	100	1990-93	117
1953-54	80	1979-85	103	1994	121
1955-60	85	1986	106	1995	
1961-64	90	1987-88	110	-2002	125

出典：AGIRC.

を設け、その差を世代間連帯に用いるという手法を用いている。

　AGIRC を例にとって拠出比率（拠出料率/給付料率）の推移を見ると（表Ⅱ-11）、1948年から51年までは100%、つまり拠出料率と給付料率が一致していたのに対し、1952年から65年までは100%より低い値になっている。これは、その間、年金受給者に比べて拠出者の方が増加したため、拠出料率が給付料率よりも低くなり、その当時の現役世代は軽い負担で済んだのである。

　しかし、1979年以降はこの率が100%を超えるようになり、95年からは25%も拠出料率が高くなっている。これは、平均寿命の伸び等に対応して制度の収支を均衡させるため、現役世代がより多くの負担を強いられていることを意味する。しかも、現在の年金受給世代は1952年から65年までの軽い負担の時期もあったことを考えれば、世代間の負担の不公平はより大きなものとなる。

　(ⅲ)　労使の負担割合　　ARRCO の保険料は、原則として、使用者60%、被用者40%の負担割合となっているが、この割合は、労使の合意によって変更することができる。

5　保険料からポイントへの換算

次に、拠出した保険料をポイントに換算しなければならない。そのため、毎年、1ポイント当たりの参照賃金（salaire de référence）が決められており、1年間に給付料率として拠出した保険料総額を1ポイント当たりの参照賃金で除して得られた値が、その加入者の獲得ポイントになる。2002年については、参照賃金が11.8949€と定められているので、これを基に具体的な計算例を示せば、以下のようになる。

- ◆ポイントの計算例
- 2002年の賃金＝18,000€
- 拠出料率＝18,000€×7.5％＝1,350€
- 給付料率＝18,000€×6％＝1,080€
- 参照賃金＝11.8949€
- 獲得ポイント数＝1,080€÷11.8949€＝90.80ポイント

6　今後の課題

以上、ARRCOを中心に補足年金制度の概要を見てきた。当初、労使の合意を基本にスタートした補足年金であったが、その範囲を拡大するにつれて公的性格を強め、したがって、転職の場合の通算制度だけでなく、給付設計や財政面でも統一に向けた施策に取り組まざるを得なくなっている。

特に、1980年代以降の社会経済状況の変化により、補足制度は、平均寿命の伸長による年金受給期間の伸張、経済成長の鈍化による雇用及び給与へのマイナスの影響、雇用や職能資格に関する構造的変化といった困難に直面している。さらに、財政方式として賦課方式をとっているため、高齢化が進行し、平均寿命が伸びるにつれ、拠出料率と給付料率とのギャップが拡大し、世代間の負担の不公平は拡大することになる。これに対応して、補足年金制度の持続可能性を高めるためには、これまで以上の連帯の努力が求められることになるが、果たしてそれがどこまで可能かは、今後の課題である。

第1章　フランスの年金改革

8　フランスの年金制度の特徴——日本との比較において——

　以上、2003年の年金改革を中心にフランスの年金制度をみてきた。周知の通り、わが国とフランスとでは、人口動態の面で高齢化のスピードが最も早い国と最も遅い国という対照をなし、国民性の点でも集団主義と個人主義という対照をなしている。後者は、社会保障制度に対する考え方の相違にもつながっており、両国の制度を単純に比較することは難しい。しかしそれ故にこそ、フランスの年金制度とわが国の年金制度を比較するのは、わが国の制度状況を相対化して理解するという意味で、有益なように思われる。

　(i)　**重層的な所得比例年金**　　フランスの年金制度は、所得比例を基本としている。しかも、2階の補足制度だけでなく、1階部分の基礎制度も所得比例年金となっており、これに3階部分の付加年金が上乗せされる。このような重層的な制度によって、年金受給者は現役世代と遜色のない所得を確保している。また、同時に、低賃金者のために最低保障年金を早くから制度化するなど、所得比例年金の欠点を補うための工夫もなされている。職域連帯と国民連帯の適切な組み合わせが、このような制度構成の基本にあると言えよう。

　(ii)　**賦課方式への強いこだわり**　　フランスの年金制度に関する特徴としてまず挙げられるのは、賦課方式への強いこだわりである。1999年に年金積立基金を設置し、保険料平準化のための措置を講じた。この意味では修正積立方式を取り入れたにもかかわらず、今回の年金改革法第1条でわざわざ賦課方式を宣言し、これが社会契約に基づくことを謳っている。積立方式と賦課方式はともに一長一短があるが、少なくともフランスにおいては賦課方式が強い支持を得ているようである。その背景に、急激なインフレによって積立方式が崩壊したという過去の苦い経験の存在や、高齢化率の緩やかな上昇という人口構成上の特性を指摘することも可能だが、むしろ、フィヨン社会問題・労働・連帯大臣が語ったように、賦課方式はフランス人の思想として根付いているのかもしれない。[44]

　(iii)　**多様性と連帯による調和**　　今回の年金改革で、制度間の平等取り扱い原

則を謳い、満額拠出期間の統一、年金の通算措置等を講じてはいるが、わが国のような制度の一元化という発想はまったくみられない。もちろんフランスでも、あまりの複雑さが制度への不公平感を招来しており、その解決策として制度の一元化を指摘する意見もある。確かに、国民連帯の理念に基づき、財政調整や最低保障年金制度の構築などによって制度間の調和を目指してはいるものの、複雑・多様に分立した制度がそれぞれに管理運営を行うという制度の基本は堅持されたままである。

このような制度のあり方は、自分が納めた保険料の使途は自分で決めるという自治の考え方を背景に、国家と国民との間に保険者（金庫）という中間団体が介在し、国の決めたルールの下で、労使による部分統治を実現しているものと理解することもできる。すべてを国家に依存し、医療も年金も国家の指導の下に一元化を目指そうとするわが国の対極にある姿として、一考に値するのではなかろうか。

(iv) **社会保険料と社会保障目的税の役割分担**　フランスでは、1990年代以降、一般社会拠出金と社会保証債務返済拠出金という社会保障目的税が導入されている。その際、社会保険料と拠出金は、その基本において異なるものと認識され、両者の本質的相違を踏まえた使途が決められている。すなわち、社会保険料は、負担の対価として受給権を取得する拠出制年金に充当するのが基本とされるのに対し、一般社会拠出金は、無拠出制の年金財源に充てられるという形で、財源と年金給付の性格との関連付けがなされているのである。

わが国においても年金や高齢者医療を中心に国庫負担率の引上げないしは全額国庫負担化という議論が行われているが、そこでは負担水準や負担の範囲といった経済的側面を中心に議論が行われ、社会保険料と租税の本質的相違、つまり負担と給付の関係をどう考えるかといった議論はあまりみられない。しかし、フランスにみられるように、社会保険料か負担金（租税）かという問題は、何のために負担をするのかという負担の正当性の根拠と表裏一体の関係にあるのであり、この意味でもフランスの動向には参考になるものがある。

(v) **高い使用者の保険料負担**　フランスでは、戦後一貫して社会保障制度における使用者の保険料負担割合が高くなっており、年金制度でも、全体で

16.65％の保険料負担のうち、使用者が9.90％と6割を負担している。

わが国の被用者年金制度における保険料の労使折半原則は、これに先立って制定された健康保険法に倣ったという沿革的理由によるものと思われ、絶対的な基準という性格のものではない。第Ⅰ部第**2**章第2節で述べたように、基礎年金を税方式化して、それを消費税で賄う場合には、事業主負担分が軽減されるという問題が残る。その解決策として、フランスのように社会保険における使用者負担割合を引き上げるというのも、1つの選択肢かもしれない。

(vi) 政策的配慮の強い給付設計　　かねてからフランスの年金額算定方式は、政策的配慮の色濃いものであった。例えば、満額拠出期間に満たない場合の減額率の設定は、拠出比例原則を超えてペナルティ的性格の強いものである。他方、働く家庭の母親に対するみなし給付率や育児加算など育児支援策的な優遇措置も講じられており、これは今回の改正でも強化されている。

このように、フランスでは、社会保険方式の基本的特徴である貢献原則を維持しつつ、少子化対策等の政策的配慮がかなり組み込まれたものとなっている。わが国では、少子化対策の観点から、育児期間の保険料免除といった措置が講じられている程度であり、フランスのように、給付面でより踏み込んだ政策的配慮を取り入れる余地はあるように思われる。

(vii) 拠出・受給期間比率の保持――長生きリスクの世代間分担　　2003年の改革では、支給開始年齢の引上げに相当する満額拠出期間を延長するため、拠出・受給期間比率を一定に保つという考え方を採用した。これは、長生きのリスクを、拠出期間の延長という形で保険料拠出世代が負担するとともに、受給期間の短縮という形で年金受給世代も分担するものであり、賦課方式に基づく「世代間連帯」が無限定な世代間の負担格差を是認するものではないことを明らかにしたという意義がある。

ただ、今回の改正は2020年という年金制度にとってはむしろ短期的な財政均衡を目標としており、さらには失業率の大幅な改善等の楽観的なシナリオを前提としていることから、その前提が狂った場合には、保険料の引き上げか、満額拠出期間の再延長か、さらには給付水準の引下げか、というより厳しい選択を行わざるを得なくなる。また、平均余命がより伸びた場合に、拠出・受給期

第Ⅱ部　変貌する世界の年金

間比率の固定という考え方がどこまで貫徹できるかも今後の課題であろう。

1） フランスにおいて、社会保障（sécurité sociale）という用語は、わが国の社会保険に相当する意味で用いられ、わが国の社会保障に相当する用語としては、社会的保護（protection sociale）という語が用いられているが、本章では、両方の語義を含むものとして社会保障という用語を用いる。
2） 加藤智章「フランス社会保障制度の構造とその特徴」北大法学論集第35巻第3・4合併合（1984年）471頁、嵩さやか『年金制度と国家の役割——英仏の比較法的研究』（東京大学出版会、2006年）198-200頁及び209頁。
3） 例えば、Pierre-Alain Greciano, Les retraites en France Quel avenir ?, La documentation Française, 2002, p. 25.
4） 例えば、Jean-Jacques Dupeyroux et al, Droit de la sécurité social 15e édition, DALLOZ, 2005.
5） Observatoire des Retraites, "Les chiffres de la retraites", Dossier spécial de l'observatoire des retraites, mars 2002 No. 3, p. 10 及び Dominique Argout, "Les retraites",La ptotection sociale en France, La documentation Française, 2001, p. 78-79 等を基に作成。
6） Pierre-Alain Greciano, op. cit., p. 25 では500以上とされているが、その後制度の統合が進み、現在では300程度となっている。
7） Observatoire des Retraites, op. cit., p. 53.
8） Centres de formation de l'Agirc et de l'Arrco, "La retraite en France : toute une histoire", 2003. 邦語の文献としては、加藤智章『医療保険と年金保険——フランス社会保障制度における自律と平等』（北海道大学図書刊行会、1995年）79-82頁、嵩・前掲書（注2）243頁以下。
9） MEMENTO PRATIQUE FRANCIS LEFEBVRE Social 2007, Edition Francis Lefebvre, 2007, p. 1254.
10） 労使代表の構成が労働者代表優越から労使同数制へと変遷する経過については、伊奈川秀和『フランスに学ぶ社会保障改革』（中央法規、2000年）98、101及び132頁参照。
11） 伊奈川・前掲書（注10）150-155頁。
12） Conseil d'orientation des retraites, Retraites : renouveler le contrat social entre les générations, La documentation Française, 2002, p. 22.
13） このような考え方の沿革については、嵩・前掲（注2）182-183頁。
14） Conseil d'orientation des retraites, op. cit., p. 22.
15） Conseil d'orientation des retraites, op. cit., p. 19-22.
16） Pierre LAROQUE"LE PLAN FRANEAIS de Sécurité social"Revue Française du Travail, 1946 No. 1. p, 9 et s.
17） 江口隆裕「フランス財政調整の意義を考える」『社会保障の基本原理を考える』（有斐閣、1996年）147-178。
18） Yannick MOREAU, "La réforme des retraites du 21 août 2003 : une étape impor-

tante dans une processus de long terme", DROIT SOCIAL No. 11, 2003, p. 909-911.
19）　江口・前掲書（注17）147頁以下。
20）　一般社会拠出金及び社会保障債務返済拠出金の概要については、伊奈川・前掲書（注10）188-193頁、204-206頁参照。
21）　具体的には、2002年10月にパリで行った経済財政産業省及び被用者医療保険全国金庫（CNAMTS）でのヒアリング結果による。なお、一般社会拠出金創設の経緯等に関する文献として、柴田洋二郎「フランス社会保障制度における財源対策——租税代替化（fiscalisation）とCSG」法學第66巻第5号（2002年）84頁以下、嵩・前掲書（注2）254頁以下。
22）　Comission des comptes de la sécurité sociale, Les comptes de la sécurité sociale résultat 1991 prévisions 1992, 1992, p. 59-61.
23）　Emmanuel Suard, "Les ressources de la protection sociale" Finances publiques les notices ., La documentation Française, 2000, p. 132-133.
24）　ちなみに、1993年度の社会保障給付費の対国内総生産比は、日本の11.9％に対しフランスは27.9％となっており、国民経済に占める社会保障給付費のウエイトはわが国よりもかなり高くなっている（『平成11年版厚生白書』69頁）。
25）　Christophe Strassel, "Fiscalité et politique économique et sociale", Finances publiques les notices., La documentation Française, 2000, p. 89.
26）　柴田・前掲論文（注21）107頁。
27）　Thierry Lamulle, Droit fiscal édition 2002 / 2003., Gualino éditeur, 2002, p109.
28）　伊奈川・前掲書（注10）186頁では、1999年に導入された普遍的普遍的医療保障制度案（CMU）と整合的であったことも理由の1つに挙げられている。
29）　伊奈川・前掲書（注10）188頁では、一般社会拠出金の賦課対象が次第に拡大されたため、現在では、代替所得について多少の差が残る程度となっていることが指摘されている。
30）　伊奈川・前掲書（注10）177頁、嵩・前掲書（注2）257-258頁。
31）　嵩・前掲書（注2）258-261頁では、imposition を「賦課」と訳した上で、本文で述べた見解を主張しているのに対し、伊奈川・前掲書（注10）194頁では、これを「租税」と訳し、一般社会拠出金は「強制徴収金でも、使用料でもない独自の租税」と解している。
32）　J-J Dupeyroux, op. cit., p. 820-821.
33）　MEMENTO PRATIQUE FRANCIS LEFEBVRE Social 2002, Edition Francis Lefebvre, 2002, p. 1043-1050.
34）　FRR, Qu'est-ce qu'un fonds de réserve ? …, n. d, http : //www. fondsdereserve. fr / ? ; Observatoire des Retraites, op. cit., p. 13-p. 14.
35）　FRR, op. cit., p. 4.
36）　Commission des Comptes de la Sécurité Sociale, Les comptes de la Sécurité sociale Résultats 2002-Prévisions 2003, La Documentation Française, 2003, p. 139.
37）　以下、改正内容は liaisons sociales No. 8411 による。
38）　liaisons sociales, op. cit., p. 7.

39） Centres de formation de l'Agirc et de l'Arrco,"La retraite en France : toute une histoire",2003に筆者が修正を加えて作成。
40） 2005年6月にパリの年金研究所（Observatoire des Retraites）で行ったヒアリングによる。
41） 補足制度の詳細な経緯については、加藤・前掲書（注8）168頁以下、嵩・前掲書（注2）231頁以下参照。
42） http://www. arrco. fr / infos pratiques / f infos pratiq. htm
43） （注40）に同じ。
44） 2003年10月30日、フランス大使館の主催により行われたフランスワ・フィヨン社会問題・労働・連帯大臣による「フランスの年金」と題する講演の場で、なぜ賦課方式なのかとの問いに対し、大臣から「フランス人は賦課方式を好むからだ。」との答えがあった。
45） Yannick MOREAU, op. cit., p. 915.

第2章

ニュージーランド・オーストラリアの税方式年金
——税方式年金の2つの姿——

1 はじめに

　本章では、基礎年金を完全な税方式で実施している数少ない国であるニュージーランドとオーストラリアを取り上げ、税方式年金のあり方を検討する。両国は、同じ税方式年金をとりながらも、オーストラリアには所得制限があり、ニュージーランドには所得制限がないなど制度内容が大きく異なっているため、税方式年金のあり方考える上で参考とすべき点が少なくない。このため、両国の制度を紹介した上で、これらを参考にしつつ、今後わが国で税方式年金を議論する際に考えるべきいくつかの課題を提示したい。

2 ニュージーランドの税方式年金

1 年金制度の沿革

　ニュージーランドの年金制度は、1898年の老齢年金法（Old Age Pensions Act 1898）に始まる[46]。この老齢年金は、租税を財源とする税方式年金であり、所得及び資産に関する厳しいミーンズ・テストがついていた[47]。その後、1938年の社会保障法（Social Security Act）によって、60歳から受給できる新たな老齢給付（Age benefit）が導入され、これが1977年まで続いた。この老齢給付もミーン

ズ・テストを要件としていたが、給付水準はかなり改善されていた。同時に、ミーンズ・テストのために老齢給付が受給できない65歳以上の者のために、より低い額の一般年金（Universal Superannuation）が創設され、これらを含めた社会保障の費用を賄うために所得の5％の社会保障税が導入された（現在は、廃止されている。）。これが、租税を財源とするニュージーランドの年金制度の起源と言えよう。その後、1975年には、労働党政権によって、二階部分の年金として労使の保険料を財源とする拠出制年金が導入されたが、翌76年に国民党が政権を奪取するや直ちに廃止され、その代わり、1977年にミーンズ・テストのない現在の国民年金（National Superannuation）が創設されている。

当初、この国民年金は60歳から支給されていたが、年金給付費の急増などのため1992年から10年間かけて、支給開始年齢が65歳に引き上げられている。さらに、1997年には、国民年金の将来的な廃止も視野に入れつつ、加入者自身の拠出による強制的退職貯蓄制度の創設について国民投票が行われたが、有権者の91.8％の反対で否決された。このようにニュージーランドでは、いく度かの政権交代に伴う年金制度の変遷を経て、現行の所得制限のないフラットな税方式年金に辿り着いているのである。

なお、ニュージーランドの公的年金はこの国民年金のみで、2階部分の公的年金はなく、民間保険もそれほど普及していない。ちなみに、ニュージーランドで所得比例年金のような強制的な拠出制年金に賛成が得られない理由としては、低所得者に対してネガティブな影響を及ぼすこと、貯蓄に対する柔軟性を失わせることなどが挙げられている。

2　国民年金制度の概要

スーパーアニュエーションと呼ばれる国民年金制度は、全額普通税たる租税を財源とする定額年金で、賦課方式で運営されている。所得や資産に関する要件（ミーンズ・テスト）はなく、20歳以降10年間、かつ、50歳以降5年間ニュージーランドに居住していたという居住要件と、65歳到達という年齢要件を満たせば誰でも受給できる。

ミーンズ・テストがないため、租税を財源としているにもかかわらず、どん

な高額所得者であっても低所得者と同額の年金が受給できる。このようにミーンズ・テストを要件としない理由については、その方がコストがかからないからとの説明があった。

また、10年間という居住期間を要件としているのは、税という形での負担実績を年金の負担として評価するという趣旨ではなく、国とのある程度の繋がりを求めるという程度の意味合いを有しているに過ぎないとのことであった。

年金水準は、夫婦世帯の場合で、週平均賃金の65〜72.5％の範囲内とすると法律によって定められており、2003年時点ではその67％、年金額にして夫婦で週当たり449.52 NZ ドル（1 NZ ドル＝66円として約29,700円）、年額 23,375 NZ ドル（約154万円）となっている。

3　年金基金の設立

さらに、将来の財政負担を緩和し、"スムーズな賦課方式"（smoothed Pay-As-You-Go）を実現するため、2001年の法改正によって、ニュージーランド年金基金（New Zealand Superannuation Fund）が設立され、2003年から積立が開始されている。

わが国ほどではないにしても、ニュージーランドでも高齢化が進み、2003年現在 GDP の3.6％を占めている年金給付費が、2050年には8％にも達してしまう。このままでは将来の国民が多大な税負担を負うことになってしまうので、ベビーブーム世代への年金支払がピークに達する20年後の税負担を緩和するため、今後20年間、毎年 GDP の約2％に相当する金額（約20億 NZ ドル（約1,300億円））を年金基金に積み立てようというのである。しかも、2020年までは積立金の引き出しを禁止し、その額は、将来、GDP の45％の規模に達するという。

ちなみに、年金積立金の運用については、長期的に運用収益を最大化することを目標としており、このため、2023年までに、国内資産：外国資産＝22.0％：78.0％、株式の構成比率を67.0％とする戦略的アセット・アロケーションを目指していくことが公表されている[48]。

3 オーストラリアの年金制度

1 年金制度の概要

　オーストラリアの年金制度は、ニュージーランドと異なり、3階建ての構造になっている。[49] 租税を財源とする1階部分の老齢年金（Age Pension）、事業主の強制的拠出によって賄われ、確定拠出型中心の2階部分の年金（Superannuation）、さらに3階部分に相当する任意的拠出による年金（voluntary superannuation）や貯蓄（savings）である。ちなみに、ニュージーランドでは税方式による国民年金を「スーパーアニュエーション」と呼ぶのに対し、オーストラリアでは事業主などの拠出による2階部分、3階部分の年金を「スーパーアニュエーション」と呼んでいるので注意を要する。

　税方式による老齢年金は、ニュージーランドに20年余り遅れた1909年から実施されたが、これは当初から貧困者を対象とした限定的な性格のものであった。これに対し、2階部分の年金は、労使合意を基に国の制度として発展してきたものであり、事業主拠出のみを財源とするなどオーストラリアならではの独自性を有している。

2 老齢年金制度の概要

　税方式による老齢年金は、10年間オーストラリアに居住していた65歳以上の者であれば誰でも受給できるが、ニュージーランドと違って、所得及び資産に関するミーンズ・テストが要件とされている。10年の居住期間を要件としている趣旨は、ニュージーランドと同様とのことであった。

　老齢年金の水準は、男子の週平均総賃金の25％とかなり低い水準に設定されており、年金額にして夫婦で2週間当たり 756 AUSドル（1 AUSドル＝77円として約58,200円）、年額で 19,656AUSドル（約151万円）となっている。日本円に換算するとニュージーランドの国民年金とあまり差がないように感じられるが、所得水準を考慮した生活実感としてはかなり違いがあるようで、老齢年金に頼った生活は慎ましやかなものとならざるを得ないとのことであった。

また、満額の老齢年金を受給するためには、ミーンズ・テストとして、夫婦の場合で所得が週212 AUSドル（約16,000円）以下、貯蓄や家屋を含めた資産が212,500 AUSドル（約1,600万円）以下という所得・資産要件が課されている。このため、65歳以上の者の80％が老齢年金を受給しているものの、満額の年金を受給しているのはそのうちの3分の2となっている。

4 税方式年金のあり方とその課題

1 3か国の人口構造比較

税方式年金の検討に入る前に、日本、オーストラリア及びニュージーランド3か国の人口構造等を比較してみよう。

表Ⅱ-12 3か国の人口構造比較

	日 本	オーストラリア	ニュージーランド
人口（2005年）（千人）	127,897	20,310	4,097
人口（2025年）（千人）	121,614	24,393	4,764
65歳以上人口比率（2005年）	19.7%	13.1%	12.2%
65歳以上人口比率（2025年）	29.5%	19.6%	18.5%
平均寿命（男女平均）（2005-10年）	82.6歳	81.2歳	80.2歳
平均寿命（男女平均）（2020-25年）	84.7歳	83.3歳	82.4歳
合計特殊出生率（2005-10年）	1.27	1.79	1.99
合計特殊出生率（2020-25年）	1.35	1.85	1.85

出典：United Nations Population Division, World Population Prospects : The 2006 Revision Population Database, United Nations, 2007.

表Ⅱ-12にあるように、2005年のわが国の人口は1億2,800万人と3か国の中では最大で、オーストラリアの6.3倍、ニュージーランドの31.2倍の規模に達する。他方、わが国の出生率は3か国中最低で、少子化の結果、2025年には1億2,160万人に人口は減少し、平均寿命は3か国中最長を記録し、65歳以上人口比率は2025年に29.5％と2005年の1.5倍に達する。これに対し、オーストラリア、ニュージーランドともに出生率はほぼ横ばいで推移するため、2025年に

向けて人口規模はむしろ拡大し、高齢化は進むもののわが国と比べればその水準は10％ほど低くなっている。

2　世代間の不公平を拡大する税方式年金

　税方式年金とは、本来、当該年度に必要な年金給付費を当該年度の租税収入で賄う方式を意味し、年金財政という観点からみれば完全賦課方式と同じ効果を持つ。賦課方式は、その年に必要となる年金給付費をそのときの現役世代が負担するため、財政の透明度が高く、積立金の保有に伴う運用のリスクを回避できるというメリットがある反面、少子高齢化が急速に進行する社会でこれを採用すれば、将来世代の負担が著しく増大し、積立方式に比べ世代間の負担の不公平が極大化するというデメリットを有している。

　ニュージーランドでは、このような税方式年金のデメリットを回避するため、新たに年金基金を設け、毎年、税収の中から一定額を基金に積み立てることにした。これは、税方式の下で修正賦課方式を採用したのと同じであり、しかも将来GDPの45％にも達する巨額な積立金を株式などに投資して市場で運用するという。このようにニュージーランドでは、運用のリスクを抱え込んでまでも、将来世代の負担を軽減しようとしているのである。

　現在のニュージーランドよりも急速に高齢化が進むわが国で税方式年金を採用すれば、世代間の負担の格差が一層拡大することは明らかである。この問題を解決するためには、予算単年度主義という憲法上の基本原則（憲法86条）を修正し、ニュージーランドと同様に、税収の一部を後年度の年金給付のために積み立てるなどの方法により世代間の不公平を緩和するための工夫が必要になる。ちなみに、現在のわが国の基礎年金は完全賦課方式をとっているものの、基礎年金拠出金を拠出する厚生年金等の各年金制度はそれぞれに積立金を保有しており、これが世代間の負担の不均衡是正のためのバッファーとしての役割を果たしている。これによって、個々の年金制度にとっては、基礎年金も実質的には修正賦課方式となっているのであり、完全賦課方式に比べて世代間の負担の不公平は緩和されることになる。

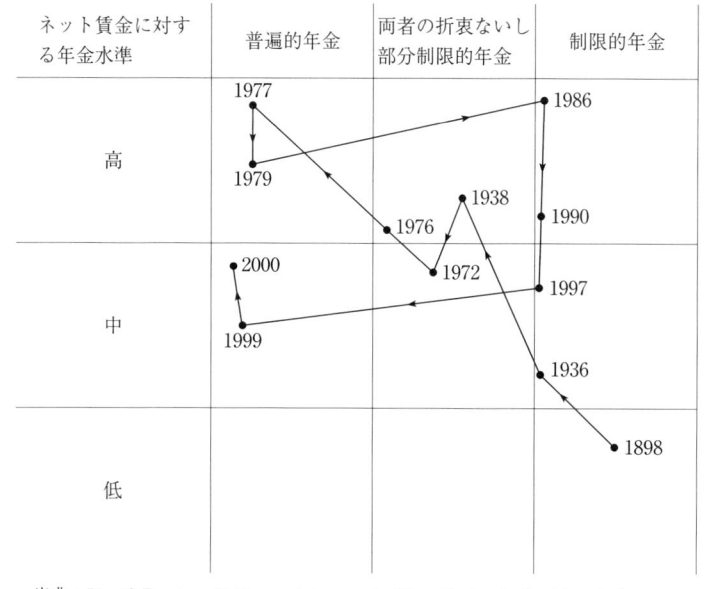

第**2**章　ニュージーランド・オーストラリアの税方式年金

図Ⅱ-2　ニュージーランドにおける年金水準の変遷

ネット賃金に対する年金水準	普遍的年金	両者の折衷ないし部分制限的年金	制限的年金
高	1977　1979	1976　1938　1972	1986　1990　1997
中	2000　1999		
低			1936　1898

出典：David Preston, Retirement income in New Zealand : the historical context, the Office of the Retirement Commissioner, 2001, p. 51.

3　受けやすい景気・財政の影響

　税方式年金については、租税を財源とするだけに、景気の低迷等により税収が減少すれば年金額も引き下げられるのではないかという不安がつきまとう。現にニュージーランドでも、1977年の国民年金創設当時は、年金の支給開始年齢は60歳で、年金水準も週平均賃金の80％とされていたが、その後年金給付費が急増したなどのため、年金水準が引き下げられ、支給開始年齢も65歳に引き上げられるなど、その時々の社会的、経済的、政治的状況の影響を受けてきた（図Ⅱ-2参照）。

　このため現在では、法律で年金水準を週平均賃金の65％から72.5％の範囲内と定めたほか、新たに年金財源の積立を始めることにより、安易な年金水準の引き下げに歯止めをかけようとしている。

　他方、オーストラリアの場合には、そもそも老齢年金の給付水準が低く、し

かもミーンズ・テストがあるため、ニュージーランドのような措置はとられていない。ただ、ミーンズ・テストについては、貯蓄があるとかえって年金がもらえなくなるため、年金受給前に貯蓄を使い果たしてしまう人が少なくなく、それでなくても低い貯蓄率の低下に拍車をかけているというモラル・ハザードの存在が指摘されている。

わが国で税方式年金を導入する場合には、その基本的な制度設計をどうするのかがまず検討されなければならない。ニュージーランドのようにある程度の生活が確保できる水準に設定すれば、国家財政の影響をより受けやすくなるであろうし、逆に、オーストラリアのように最低生活水準に近いものに設定すれば、国家財政からの圧力は弱まるであろうが、年金受給者は生活保護受給者と同じスティグマにさらされ続けることになる。

4 必要な居住要件と難しい経過措置

両国とも、税方式をとりながら10年という居住期間を要件としている。その趣旨が国とのある程度の繋がりを求めることにあるのは前述のとおりであるが、ここで留意すべきは、税方式を導入したからといって、直ちにすべての高齢者が満額の基礎年金を受給できるようになるとは限らないということである。例えば、わが国の基礎年金を税方式化し、その受給要件として10年の居住期間を求めることにすれば、新たな税方式年金に移行してから10年が経過して始めて満額の年金受給者がでるようになる。これでは、すでに高齢期に近づいた保険料の長期滞納者の救済にはつながらない。このような事態を避けるため、仮に居住期間が1年でも満額の年金を受給できるようにすれば、国内に1年間居住した外国人にも年金を支給するのかどうかといった困難な問題に直面することになる。特にわが国のように、社会保険方式に基づく年金制度の長い歴史を有するような場合には、経過措置をどのように仕組むかという問題の困難さはより大きなものとなる（第Ⅰ部第**2**章第**2**節参照）。

5 最後は国家観の問題

そもそも、ニュージーランドは人口400万人の国家であり、民主主義の規模

という観点からみてもわが国とは政治的条件が大きく異なっている。さらに、60にも及ぶ多様な民族・グループが狭い国土に居住し、人々は美しい自然に恵まれた国土を「神の地」として愛しながら生活するという独自の文化的、社会的条件を背景として、所得税と付加価値税、それに地方税として固定資産税しかないという簡易な税制の下で、年金のみならず医療や教育も国家が面倒を見るというパターナリスティックな国家観とともに所得制限のない税方式年金を実現している。

他方、オーストラリアは2,000万人とはるかに人口規模が大きく、1人当たり国民所得もニュージーランドの1.5倍近いため、労使関係を中心とした重層的な被用者の年金体系が構築され、税方式の老齢年金はぎりぎりの生活水準を保障するセーフティ・ネットとしての位置づけしか与えられていない。

このように、ニュージーランドとオーストラリアという隣接する両国でありながら、それぞれが採用している税方式年金は、それぞれの国が成り立っている諸条件を背景に、その基本的考え方も、したがって制度内容も極端に異なっている。わが国で税方式年金を議論するに際しても、それは、国民年金の未納・未加入問題にどう対処するのか、年金の記録管理はどちらの方式が優れているか、といった対処療法的問題にとどまらず、老後の所得保障について、個人、企業、国家の役割分担をどのように考えるのか、特に、個人と国家の関係をどのように考えるのかという国家観の問題に帰着する問題であることを忘れてはならない。

---

46) （財）年金総合研究センターの「老齢所得保障の枠組みに関する研究会」（以下「研究会」という。）の調査団の一員として、2003年10月にニュージーランドとオーストラリアを訪問し、両国の政府関係者から直接話を聞く機会を得た。本章の内容は、そこで得た情報等を基にしている。

47) ニュージーランドに関する以下の記述は、特に断らない限り、David Preston, Retirement income in New Zealand : the historical context., the Office of the Retirement Commissioner, 2001. 及びニュージーランド社会開発省（Ministry of Social Development）におけるヒアリング資料による。なお、ニュージーランドの年金制度に関する邦語の文献としては、片岡直「年金・生活給付」小松隆二他編『先進諸国の社会保障② ニュージーランド オーストラリア』（東京大学出版会、1999）69頁以下。

第Ⅱ部　変貌する世界の年金

48) New Zealand Superannuation Fund media release 14 August 2003, NEW ZEALAND SUPERANNUATION FUND ANNOUNCES ASSET ALLOCATIONS.
49) オーストラリアに関する以下の記述は、特に断らない限り、オーストラリア連邦家族・地域サービス省（Commonwealth Department of Family and Community Services）におけるヒアリング資料による。なお、オーストラリアの年金制度に関する邦語の文献としては、西村淳「社会保障・社会福祉の歴史と現状」小松他・前掲書（注47）201頁以下及び平田（天野）マキ「年金・生活給付」小松他・前掲書（注47）221頁以下参照。

追記：本章の脱稿後、芝田英昭「ニュージーランド新年金制度「Kiwi Saver」の導入が意味するもの」賃金と社会保障1453号（2007年）に接した。これによると、ニュージーランドでは、2006年9月に退職確定拠出貯蓄運用年金法（Kiwi Saver Act 2006）が成立し、2007年7月から施行されたとのことである。この退職確定拠出貯蓄は、2階部分として創設された市場運用拠出建て年金だが、個人の貯蓄口座に対して政府から補助が行われるほか、拠出額に対しては税額控除が認められるといった特典が与えられるようである。しかし、これは、かつての宗主国イギリスの年金クレジット（本書215頁参照）と同様、あくまでも任意の個人勘定による拠出建て年金であり、現時点では、1階部分の国民年金の性質を変更するまでのものではないと思われる。

第3章

チリの年金改革
―― NDC の先駆けとしての賦課方式から積立方式への転換 ――

1 はじめに

　本章では、チリの年金改革について紹介する。チリの年金制度は、1981年の改革によって、賦課方式の給付建て年金から、個人建ての積立方式による拠出建て年金に転換した。これは、「年金の民営化」として、当時、世界中の注目を集めた。著者は、2005年、チリを訪問し、政府の担当者からヒアリングをする機会を持つことができたので、チリの年金改革を紹介するとともに、その歴史的意義について考えてみたい。[50]

2 1920年代～70年代の旧制度

1 不公平な制度の分立

　チリでは、1920年代に社会保障制度が誕生した。1924年には民間の労働者を対象とする強制的な社会保険基金（Fund）が創設され、25年にはサラリーマンを対象とする基金や公務員・ジャーナリストのための基金が設立された。これらは、年金だけでなく医療保険、家族手当、労災、失業保険を包括して行う社会保障基金であった。年金を例にとれば、支給開始年齢・拠出期間等の支給要件、保険料率さらには給付水準などは制度によって大きく異なっていた。このような制度の分立はその後も進み、1979年には32の制度が存在し、230万人の被用者が加入し、年金、医療保険、労災等100以上の種類の給付があった。
　このように分立した制度にあっては、制度間で給付と負担の不公平が存在し

ただけでなく、コスト高の非効率な制度の管理をもたらした。また、十分な事前積立がなされていない制度では、急激なインフレ下における年金の実質価値の低下が問題となっていた。

支給開始年齢を例にとると、代表的な年金制度である一般労働者を対象とするSSS（社会保障サービス基金）では、男65歳、女55歳なのに対し、特定職種のサラリーマンを対象とするEMPART（特別制度）では、男は65歳、女は労働期間に応じて60歳から65歳と幅があった。また、年金の給付水準は、SSSでは基礎賃金月額の70％が上限とされていたのに対し、EMPARTでは基礎賃金月額が上限とされていた。旧制度全体の給付水準は、所得代替率で70～80％だったが、賃金上限額（2005年時点で約80万ペソ（16万円）/月）の定めがあったので、それ以上所得のある者の所得代替率はより低いものとなっていた。

2　保険料の高騰と制度破綻の危機

SSSとEMPARTの保険料率の推移をみると（表Ⅱ-13）、社会保障全体の保険料率が70年代には50％を超え、ピーク時の74年には60％を超えるという異常な高さになっていた。このように高い保険料負担は、労働者の加入逃れを招き、73年には労働者の79％だった社会保障制度のカバー率が80年には64％にまで低下した。保険料をそれ以上引き上げることは困難なことから、国が、30％程度であった国庫負担割合を引き上げるなどの対応策を講じた結果、80年には保険料率が大幅に低下している。

表Ⅱ-13　社会保険料率の推移

賦課対象賃金に対する率（％）

	SSS（社会保障サービス基金）			EMPART（特別制度）		
	被用者	事業主	計	被用者	事業主	計
1968-72	8.75(7.25)	39.15(14.25)	47.90(21.50)	13.75(9.00)	43.98(17.00)	57.73(26.00)
1974	7.25(7.25)	53.10(15.95)	60.60(23.20)	12.64(9.00)	55.86(17.00)	68.50(26.00)
1980	7.25(7.25)	25.95(15.70)	33.20(22.95)	12.33(10.16)	28.71(14.75)	41.04(24.91)

注：（　）内は年金のみの保険料率。

1960年代から70年代にかけて、年金制度への加入者が増加したが、それ以上に受給者数が増大し、受給者に対する拠出者の割合（年金扶養比率）は、60年

の10.8から73年には3.5に、80年には2.2まで下がっている。年金の財政方式は、当初、修正積立方式でスタートしたが、やがて積立金に回す余力がなくなり、1952年には賦課方式に転換した。

このように、チリの年金制度にあっては、1950年代以降財政状況が悪化し続け、そのままでは制度の破綻が目に見えていた。このため、幾度となく改革が試みられたが実現せず、結局、アジェンデ社会主義政権を倒したピノチェト軍事政権の下で、1980年に「年金の民営化」と呼ばれる大胆な改革が行われることになった。この改革に際しては、シカゴボーイズと呼ばれる、自由主義を基本とし政府の介入を嫌うシカゴ学派のエコノミスト達がアメリカから招聘され、彼らの主導の下に改革は行われた。

3　1981年以降の新制度

1　新制度の2つの目的

チリ政府当局者の説明によると、1980年の改革の目的は、以下の2点に対処するためであった。
①大部分の旧制度では、制度の成熟度が高まり、将来の支払ができなくなっていた。
②財政改革が必要であり、資本市場のための資金が必要だった。

このため、チリでは、従来の賦課方式による給付建て年金から、「個人勘定の積立方式」と呼ばれる拠出建て年金に転換する大改革が行われた。これによって、新制度の下では国の負担はなくなるとともに、拠出された保険料が運用会社を通じて資本市場に流入し、資本市場の形成が図られることになった。そして、国の役割は、制度が円滑に運営されるよう必要な監督を行うことが中心となった。

2　具体的な仕組み

(ⅰ) **新年金制度の概要**　新制度は、個人勘定によって管理される積立型の拠出建て年金であり、労働者は強制加入で、自営業者等は任意加入とされた。加

入者は、給与の10%を年金勘定に積み立てるが、このほかに、運用手数料として給与の1.5%、障害年金保険料として給与の0.9%の計12.4%を負担する。

また、新制度には、最低年金の保障がある。その額は、2005年現在、130USドル（1USドル＝113円として約1.5万円）／月であり、これは全額国庫によって負担される。ただし、最低保障年金を受給するためには、20年間の加入期間が必要である。

新制度では、男65歳（女60歳）になったら、それまでの積立金を元手に民間保険から終身年金を購入するのが基本だが、有期年金を購入することもできる。

なお、支給開始年齢に達しないで死亡した場合には、遺族に遺族年金が支給され、遺族年金の受給権者がいない場合には、その他の親族に積立額が返還される。このように、チリの年金制度では、世代内連帯も放棄されていることになる。

(ii) **積立金の運用**　積立金の運用を行う年金基金会社（AFP）は、公的に規制された会社であり、その事業内容は法律によって規制されている。2005年現在、年金基金会社は6社あり、それぞれ5段階の運用方法を設定しなければならないとされている。

加入者は、原則として、運用会社及び運用方法（運用方法は2つまで選択できる。）を自由に選べるが、退職間近の者はハイリスク・ハイリターンの運用方法は選べないという制限がある。また、過去36月の実績を基準に、年金基金会社の最低運用益を保証する制度がある。

なお、運用手数料は一見高く見えるが（1.5%÷10%＝保険料の15%）、これは新規積立の際に一括して手数料を支払う仕組みをとっているためであり、積立額が増えてもその後は手数料を徴収しないため、実際には高くない（0.8%／年に相当）とのことであった。

4　制度改革時の移行措置

1　斬新な移行措置

(i) **既加入者は制度を選択**　新年金制度へ移行するため、まず、年金制度と

医療制度が分離された。その上で、旧制度の年金給付は、新たに設立された社会保障標準化機構（INP）に移管され、支給開始年齢等の違いが徐々に標準化されることになった。

　新制度への移行に際しては、旧制度にすでに加入していた者は、旧制度と新制度のいずれに加入するかを選択できた。他方、1983年以降に年金制度に加入した者は、旧制度には加入できず、新制度に加入しなければならないとされた。

　(ii) **事業主負担分を賃金に上乗せ**　SSSの場合、旧制度の下では事業主が保険料の3分の2程度を負担していたが、新制度の下では保険料は全額労働者負担となった。

　ただし、制度の切り替えに際しては、従来の事業主負担相当分を賃金に上乗せすることが法定され、しかも、年金保険料率が引き下げられたため（労働者の場合、平均で9.78%）、労働者の手取り賃金は12.6%増加する結果になった（表Ⅱ-14）。

表Ⅱ-14　改革時の保険料率と手取り賃金の変化（平均的な労働者の場合）

保険料率引下げ分	旧制度の保険料率－新制度の保険料率 ＝22.44%－12.66%＝9.78%
手取り賃金の増加分	新制度下の手取り賃金／旧制度下の手取り賃金×100 ＝（1－0.1266）／（1－0.2244）×100＝12.6%

　景気後退期で賃金も上がらないという当時の状況の下で、年金改革によって労働者の手取り賃金が増えたのである。このため、最初の1年間で100万人以上の労働者が新制度に移行した。その際、新制度に移行した労働者が過去に支払った保険料相当分は政府が保証した。

2　賦課方式から積立方式への移行措置

　(i) **旧制度の年金給付は国庫で負担**　改革に際して、国は、旧制度の年金の給付水準は引き下げず、旧制度の受給者に対しては従来通りの年金を支給することを約束した。しかし、賦課方式の下で積立金はなく、しかも現役の拠出者は新制度に移行してしまうため、旧制度の年金を支給する財源はなかった。このため、旧制度からの年金給付については、国庫で負担することにした。

(ii) **新制度移行者の既払い保険料分は認証債発行**　また、新制度に移行した者が過去に支払った保険料は、賦課方式の下ですでに過去の年金給付に充当されてしまっている。それにもかかわらず、新制度への移行者に対して過去の保険料相当分を保障するため、国は、新たに認証債を発行することにした。

(iii) **膨大な社会保障赤字**　旧制度の年金に係る国庫負担とこの認証債を合わせた国の「社会保障赤字」は、1999年で23.4億USドル（約2,600億円）となっており、この赤字を補うため、政府は、毎年平均してGDPの3.25％に相当する財政負担を強いられている。今後、新制度に移行した者が年金を受給するようになるにつれ、旧制度の年金支払いのための国庫負担は減少し、認証債の償還額が増えていくことになる。ちなみに、認証債は4％の固定利率であり、2005年現在の認証債の残高は、11億6,000万USドル（約1,300億円）となっている。

5　改革の評価と課題

1　改革の施行状況

(i) **新制度**

(a) 加入者・受給者の状況

　発足直後の1982年には、新制度の加入者数は144万人であったが、2002年には646万人に達しており、新制度は急速な普及をみている。しかし、ここから失業者等を除いた、実際に保険料を拠出している者は352万人であり、これに旧制度の加入者を加えた者を加えて、労働者総数に対する社会保障制度のカバー率を計算すると、2001年時点で72％となる。

　他方、新制度からすでに45万人の受給者が出ている。拠出建て年金の性格上、正確な所得代替率はわからないが、1980年～2005年の間の平均運用利回りは10.5％となっており、したがって、最終給与の50％程度の水準は確保されているのではないかとのことであった。なお、この間のチリの国内総生産の伸びは、年平均4％～5％程度であったという。

表Ⅱ-15　年金基金資産残高の推移

	基金資産額 (百万USドル)	資産額／GDP (％)
1981年	236	0.84
1985年	2,473	10.03
1990年	7,924	24.21
1995年	20,509	38.76
2000年	32,360	50.91
2001年	35,562	55.03

(b) 積立金の状況

新制度において積み立てられた保険料資産額は、2002年現在、370億USドル（約4.2兆円）に達しており（表Ⅱ-15）、チリのGDPの55％に達する規模となっている。

これを投資対象資産別にみると、そのうちの76％が債券（国債は33％）で、株式は13％となっており、外国証券には14％が投資されている。

(ⅱ) 旧制度　2005年現在、旧制度の加入者は16万人、受給者は82万人となっている。この82万人の受給者に対して2,000万USドル（約23億円）を支払っているが、この支払額の95％は財源の裏付けがなく、国が負担している。

なお、軍は独自に社会保障基金を有しており、12億8,100万USドル（約1,400億円）の基金を保有しているが、これも全額国の負担によっている。

2　様々な課題

(ⅰ) 不十分な制度の理解　社会主義政権下にあるためか、企業年金監督局のヒアリングには、頼みもしないのに労働組合の代表者が同席した。そして、その代表者は、改革の際の政府の公約は、①国の公費負担を減らす、②所得代替率70％を保障する、③雇用を拡大する、という3点であったにもかかわらず、実際にはこの公約は守られていないと説明していた。

客観的にみれば、①は長期的には実現するかもしれないが、②は拠出建て年金である以上、所得代替率を保障することなどできるはずがなく、③は資本市

場の形成による経済の発展がどの程度雇用の拡大に結びつくかによる。

この出来事からわかるように、チリの年金改革については、その内容が一般の人々に正しく理解されているとは思えなかった。多くの者は、切り替え時に賃金が増えるから新制度に移行したものの、新制度からは期待したような年金額はもらえないという不満を抱いているようであった。しかし、新制度では、保険料率を半分近くに引き下げているのだから、年金額も半分近くに下がって当然なのである。

(ii) **低い年金額**　新制度における年金額の低さに対する不満は根強い。これに対し、政府は、それは失業等により年金制度への未加入期間が長い者が多いためであると説明している。実際、失業中は保険料を拠出しないため、多くの人は年金額が低くなり、最低年金額に達しない人も多いようである。

また、新制度の下では、若いときに多くの額を拠出した者の方が運用期間が長くなるので得をする結果になるという批判もあった。

(iii) **その他**　新年金制度に対しては、運用に必要な投資教育が十分に行われていない、民間の運用会社に対して加入者の声が反映できないといった批判がある。このほか、軍の年金制度に対しては、それが全額国庫で賄われるだけでなく、GDPの1％を超える規模になっているという問題も指摘されていた。

3　改革の評価

チリの年金改革は、賦課方式の給付建て年金から、個人勘定の積立方式による拠出建て年金に転換したという点で、世界の年金制度史上画期的な意義を有する。というのも、このチリ方式を一工夫して、拠出者の保険料をその時点の年金給付費に充当し、個人勘定の積立金を観念的なものに位置づけ直せば、スウェーデンで開発されたといわれ、世界の年金制度に大きな影響を与えた観念上の拠出建て年金（NDC）になるからである（第Ⅰ部第2章第5節及び第Ⅱ部第4章第5節参照）。

他方、チリでは、旧制度の年金等債務を何らの「調整装置」を用いることなく現実化したため、国が膨大な赤字を負担することになった。しかし、この改革によって経済の立直しに成功し、一定以上の経済成長が達成できれば、その

債務もいずれは解消される。実際、GDP が実質で 5 ％の成長を続ければ、2015年には国の社会保障赤字は GDP の2.3％まで低下すると推計されている。チリの年金改革の成否は、今後の経済運営いかんにかかっているのである。

50) 本章の内容は、2005年 8 月に筆者がチリの年金基金監督局（SAFP）で行ったヒアリングの結果及び Alejandro Ferreido Yazigi "The Chilean Pension System Based on Individual Capitalization" Los Trabajadores, 2003 に基づいている。
 なお、チリの年金改革に関する邦語の文献としては、北野浩一「チリの年金改革と移行財源問題」海外社会保障研究 No. 126（1999年）62-71頁、高山憲之「最近の年金論争と世界の年金動向」経済研究53巻 3 号（2002年）268-284頁、アンドラス・ウトフ「チリにおける金融自由化と年金改革の進展」『ラテンアメリカにおける政策改革の研究』神戸大学経済経営研究所双書 No. 62（2002年）、宇佐美浩一「ラテンアメリカの社会保障制度の特色」『東アジアの福祉システム構築』東京大学社会科学研究所（2003年）201-214頁等がある。

第4章

諸外国における年金改革
——人口・経済変動との調和を目指して——

1　はじめに

　本章では、個別の国の年金制度を離れ、近年諸外国で行われた代表的な年金改革をその財政方式に着目して鳥瞰し、その発展過程を分析することとしたい[51]。これによって、諸外国と比較したわが国の年金制度の相対的な評価が可能となるからである。さらに、賦課方式と積立方式という伝統的な年金財政の概念を覆したという意味で世界中の注目を集めた観念上の拠出建て年金（NDC：Notional Defined Contribution）について検討し、それとの対比においてわが国の2004年改革の意義を検討する。

2　税方式と社会保険方式

　税方式年金をとっている国としては、デンマーク、カナダ、オーストラリア、ニュージーランドが知られているが[52]、ここでは、オーストラリアの1階部分の老齢年金（Age Pension）、それにニュージーランドの国民年金（National Superannuation）の老齢年金を取り上げる。

　これらの税方式年金の場合、拠出と給付の対応関係を個人単位では明確化できないことから、年金給付は定額となり、給付水準は最低保障としての性格を持つのが通常である。しかし、ニュージーランドでは、独自の国家観に基づき平均賃金の65%～72.5%という高い給付水準が保障されている。

　他方、新たに観念上の拠出建て年金を導入したイタリア、スウェーデン及び

ポーランド、さらには給付建て年金（DB：Defined Benefit）を採用しているスペインや個人勘定の拠出建て年金（DC：Defined Contribution）を導入したチリでも、所得比例年金を基本としつつ、無・低年金者に対して最低年金を保障するため、限定的に税方式年金を導入している。これは、税の役割を最低所得保障に特化しようとするものであり、年金というよりも福祉手当的な性格が強いものと考えられる。[53]

なお、アメリカの社会保障法に基づく老齢・遺族・障害年金保険（OASDI）は、その財源を社会保障税として徴収しているものの、その実質は社会保険料と観念することができる。[54]

3　積立方式と賦課方式の歴史的変遷

1　積立方式から賦課方式への転換

沿革的にみると、戦前から年金制度を整備した多くの国では、年金制度は積立方式でスタートした。しかし、戦中から戦後にかけたインフレによって積立金の価値が激減したことなどにより、これらの国では、積立方式から賦課方式へと財政方式が変更されている（フランス（1945年）、スウェーデン（1946年）、ハンガリー（1946年）、日本（1948年）[55]、イタリア（1952年）、チリ（1952年）、ドイツ（1957年））。

また、戦後の急激なインフレの進行は年金の実質価値を著しく減少させることになったが、これを防止するために年金のスライド制を導入する場合には、積立方式は修正を余儀なくされることになる（ドイツの1957年改革では、賃金スライド制と賦課方式が同時に導入されている。日本の1948年の厚生年金改正でも、インフレに対応するための年金の改善と同時に賦課方式への転換が行われた。）。[56]

2　賦課方式から積立方式への転換

上記の流れとは逆に、カナダでは、1998年に賦課方式から積立方式への転換がなされた。というのも、カナダでは、1966年に2階部分の報酬比例年金として賦課方式の年金制度（CPP：Canada Pension Plan）が創設されたが、その後の

経済状況の変化によって、実質賃金上昇率＞実質金利という制度設計時の経済前提が逆転したため、運用益の拡大によって保険料率の上昇を食い止めることを目的に、賦課方式から積立方式への転換が行われたのである。これは、他の国々における改革の流れに逆行するものだが、当時の良好なカナダの経済状況を背景に、積立方式のメリット面を制度的に評価したものと言えよう。[57]

ちなみに、賦課方式から積立方式に転換する場合に生じる、いわゆる二重の負担の問題について、カナダでは、6年間で4％も保険料率を引き上げつつ（1997年5.85％→2003年9.9％）、巧妙な負担増・給付抑制の措置を講じることによって解決している。このように急激な保険料引上げが可能だったのも、カナダ経済が総じて堅調であり、年金保険料の引上げにもかかわらず労働者の手取所得は実質的に増大したからであった。[58]

3　賦課方式と積立方式の併用方式の登場

近年、賦課方式を採用する国において、積立方式を併用するところが出てきた。これは、ベビーブーム世代の年金受給に備え、賦課方式のデメリットである世代間の負担の不公平を緩和することを目的としたものである。フランスで1999年に年金積立基金が設置されたほか、スペインでも1997年に積立基金を設ける改革が行なわれている。また、税方式年金のニュージーランドでも、同様の趣旨で、2003年度から積立基金への積立が始まっている。

他方、1998年のハンガリーの年金改革では、年金財政の健全化を図るため、賦課方式の公的年金を賦課方式と積立方式の混合型に改めている。[59] これは、ベビーブーム世代に備えるためではなく、恒常的な制度のあり方として一部積立方式を導入したものである。なお、ハンガリーでは、二重の負担の問題については、新たに混合型年金に加入する者の給付率を引き下げることで対応したようである。[60]

第4章 諸外国における年金改革

4　給付建て年金から拠出建て年金へ

1　給付建て年金下の制度改革

　いずれの国においても、戦後の高度経済成長期には年金制度は順調に発展し、給付水準の引上げや対象者の拡大などの制度拡充が行われた。例えば、イタリアでは1960年代から70年代初めにかけて全国民への適用対象の拡大が行われ、フランスでも1978年の法律によって分立した制度のはざまにいる者も年金制度に加入できるようになった。

　しかし、第1次オイルショック（1973年）や第2次オイルショック（1978年）を契機に、先進諸国の経済は高度成長路線からの転換を余儀なくされ、他方、平均寿命の伸びなどにより年金給付費は増大し続けるようになった。このため、多くの先進国で、保険料負担の引上げ、給付水準の引下げ、さらには支給開始年齢の引上げなどの負担増・給付減を目的とした改正が行なわれるようになる。アメリカの1983年改革、イギリスの1986年改革、ドイツの1992年改革、イタリアのアマート改革（1992年）、フランスのバラデュール改革（1993年）、ハンガリーの1992年改革、ポーランドの1995年改革、韓国の1998年改革などであり、日本でも基礎年金が導入された1985年の改革以降、制度改正の度に負担増・給付減の改革が行われてきた。

　当時、いずれの国でも公的年金は給付建て年金であったため、これらの改革は、予め定められていた給付内容を事後的に変更するという形をとった。したがって、財産権の保障ないしは既得権の保護という配慮から、すでに年金受給権が発生している者の年金額を引き下げることには限界があった。

2　拠出建て公的年金の登場

　401（k）として有名な拠出建て年金（DC）は、1978年のアメリカ内国歳入法改正によって制度化され、1980年代のアメリカの企業年金で普及した。そもそもの考え方としては、課税繰り延べの従業員貯蓄制度であり、企業にとっては、拠出時に所定の額を拠出すればよく、その後年金受給までの間の運用リスクは

従業員が負う、というメリットを有していた。

やがて、この拠出建ての考え方は、企業年金に止まらず、公的年金にも取り入れられるようになる。具体的には、オーストラリアの2階部分のスーパーアニュエーション（退職給付）（1993年）、イギリスにおける2階部分の報酬比例年金に代わるものとしてのステークホルダー年金（任意加入の拠出建て年金）（1999年）、ドイツにおける公的年金の給付水準引下げを補うために導入されたリースター年金（任意加入の拠出建て年金）（2001年）がそれである。

さらに、チリの年金改革は公的年金の民営化として有名だが、その本質は、賦課方式の給付建て年金から個人勘定の拠出建て年金への転換であり、また、旧制度の年金債務を認証債という形で後代に転嫁したという点で、市場運用か非市場運用かという違いはあるものの、観念上の拠出建て年金の原型といえるものである[61]。

5　観念上の拠出建て年金

1　観念上の拠出建て年金の登場

1995年、イタリアでディニ改革と呼ばれる年金改革が行なわれ、世界で初めて観念上の拠出建て年金（NDC）が制度化されることになった。この改革は、スウェーデンで1990年代前半に開発された観念上の拠出建て年金のアイデアを借用したものであり、このアイデアは、その後、スウェーデン（1998年）、ポーランド（1999年）等の国々で制度化されて行った[62]。スウェーデンの観念上の拠出建て年金（NDC）の意義については第Ⅰ部第2章第5節で述べたが、ここでは、よりシンプルな内容のポーランドの例を参考にしつつ[63]、その意義と問題点を考えてみたい。

(i)　**基本的仕組み**　観念上の拠出建て年金の仕組みについては、第Ⅰ部第2章第5節で詳述したので、ここではその基本的仕組みを簡単に述べる。

観念上の拠出建て年金とは、賦課方式年金と拠出建て年金を組み合せたものである。まず、現役世代の加入者が支払った保険料は、そのまま高齢者の年金給付費に充てられ、この点では賦課方式と同じである。しかし同時に、現役世

代の加入者が支払った保険料相当額については、その個人勘定に積み立てられたものとして記録され、しかも、実際には積立金がないにもかかわらず、この記録された積立金に「みなし運用利回り」という運用益が付与される。この点では、加入者のために拠出された保険料に運用益が付与されていく「確定拠出年金」と同じと考えることができる。ただし、この積立金も運用益も、いずれも実際に存在するものではなく、記録に残っているだけの観念上のものである点が、観念上の拠出建て年金のポイントである。

　このような仕組みが可能なことについては、実際には積立金及び運用益相当額がなくても、それに相当する額の債務を国が負っていると考えれば理解できよう。国は、加入者が年金受給者となり、年金を実際に受給する時点で、それに必要となる財源を何らかの方法で—観念上の拠出建て年金の場合には、そのときの現役世代が拠出した保険料で—賄えばよいのである。

　(i)「調整装置」の必要性　　以上のように、観念上の拠出建て年金も、結局は、年金支払債務を後代の負担に転嫁する仕組みである。したがって、保険料率を固定するという前提条件を設定し、かつ、観念的に積み立てられた拠出保険料と運用益の総額の実質価値を損なわないためには、保険料は賃金総額に賦課されると考えれば、年金受給時点の現役世代の総賃金が、少なくとも年金受給者が保険料を拠出した時点の総賃金にその後のインフレ率を付加したものを下回らないことが必要となる。しかし、人口が減少し、経済規模が縮小する社会にあっては、1人当たり生産性が人口の減少分を補って余りあるほどに向上しない限り、現役世代の総賃金は所要額を下回ることになり、拠出保険料と運用益総額の実質価値を維持することはできなくなる。

　ここで登場するのが、何らかの「調整装置」である。スウェーデンの場合であれば「自動安定化装置」であり、ポーランドの場合であれば「みなし運用利回りに総賃金上昇率（1人当たり賃金の上昇率ではない。）を用いること」である。また、イタリアの場合には、拠出保険料総額とみなし運用利回を年金額に転換する「転換係数」において、予想平均寿命と予想経済成長率を考慮し、それらとの調整を図る仕組みを用いている。[64]

　ポーランドの例で説明すると、加入者にとっては、拠出保険料総額にみなし

運用利回りを加えた額が年金給付の原資となる。ここで、ポーランドでは「みなし運用利回り＝総賃金上昇率」という調整装置を用いることにより、経済に占める年金支出割合を一定に抑制したのである。ポーランドのように少子化が進み、人口が減少する国では、長期的に現役世代の加入者が減少していくため、生産性の向上が加入者数の減少を上回らない限り、総賃金の伸びはマイナスとなり、年金水準も低下する。実際、数十年後に加入者が受け取る年金の実質価値は逓減し、旧制度では70％あった所得代替率は、観念上の拠出建て年金導入後の新年金制度の下では、いずれ30％〜40％まで低下すると見込まれている。

2　観念上の拠出建て年金の意義

(i) **年金債務の"弾力債務"化**　このように考えると、観念上の拠出建て年金とは、年金債務を年金給付時の拠出能力等に応じて柔軟に調整できる"弾力的な債務"に転換させる方法であり、それ故にこそ、EU加盟を控えたイタリアやポーランドが導入に踏み切ったものと思われる。ただし、観念上の拠出建て年金それ自体では、将来の年金給付債務を縮減することにはならないため、将来の年金債務を縮減するための「調整装置」としての「自動安定化装置」や「転換係数」、「みなし運用利回り＝総賃金上昇率」の併用が必要となる。したがって、観念上の拠出建て年金の場合には、拠出と給付の対応関係が明確であるといっても、拠出と給付の実質価値が１対１で保障されている訳ではないことに留意しなければならない。[65]

(ii) **従来型の給付水準引下げ方式との違い**　従来型の給付水準引下げ方式と観念上の拠出建て年金との違いは、前者が、すでに決められた年金額やその算定式を事後的に法律改正等によって改めるのに対し、後者は、年金額算定式の中に人口減少や経済成長の鈍化といった要素を組み込み、給付水準引下げのための装置をビルト・インできるという点にある。

これによって、従来型の給付水準引下げ方式の場合には、財産権の保障という規範的要請との関連で、どの範囲まで給付水準の引下げが可能かという問題が生じたのに対し、観念上の拠出建て年金の場合には、そういった問題の発生を回避できるようになる。

(iii) **経済との調和可能性**　　観念上の拠出建て年金の場合には、併用する「調整装置」の内容如何によって、経済との調和がとれた年金制度の設計が可能となる。例えば、ポーランドのように、「みなし運用利回り＝総賃金上昇率」という装置を用いれば、GDPに占める年金支出割合を常に一定に保てることになる。そして、経済が不確実な時代にあっては、これこそが観念上の拠出建て年金の最大のメリットになるのだが、それは、観念上の拠出建て年金の効果ではなく、併用された「調整装置」の効果なのである。

(iv) **分散投資と最低保障年金の必要性**　　観念上の拠出建て年金の場合には、併用する調整装置如何によって、年金水準を大きく引き下げることが可能となる。しかし、そのために老後の所得保障という年金制度本来の目的が損なわれるおそれがあり、したがって、これを防止するための対策が別途必要となる。

その1つは、拠出先＝投資方法の分散である。スウェーデンの場合には、18.5％の保険料のうち16％を観念上の拠出建て年金（非市場運用拠出建て）に、2.5％を市場運用による積立年金（市場運用拠出建て）に分散している。また、ポーランドでも、19.52％の保険料のうち、12.22％を観念上の拠出建て年金とし、7.3％を金融市場で運用する積立方式に回すことにした。このような分散投資によって、拠出保険料のすべてが同一の運用リスクにさらされることを防止しているのである。

もう1つの対策は、最低保障年金制度の創設である。人口や経済状況の悪化が続けば、観念上の拠出建て年金によって支給される年金の実質的給付水準は、調整装置の内容によっては、どこまでも低下することになる。このため、観念上の拠出建て年金を導入し、給付水準を抑制しようとする場合には、同時に最低保障年金を創設することが不可欠となる。現に、イタリア、スウェーデン及びポーランドでは、観念上の拠出建て年金の導入とセットで、最低保障年金制度が創設されている。

第Ⅱ部　変貌する世界の年金

6　まとめ

1　年金改革の発展過程

(i)　**一般的傾向**　以上、先進諸国における年金改革の発展過程を概観してきた。これを要約すれば、多くの国において、年金制度は積立方式でスタートしたが、戦後の急激なインフレ等によって積立金の価値が暴落したことなどから、積立方式から賦課方式への転換が行われる。その後、高度経済成長期には、給付水準の引上げ、適用対象の拡大などが行われ、年金制度は拡充されたが、やがて高齢化が進み、経済も高度成長から低成長へと転換する中で、給付建て年金を維持しつつ、負担増・給付減の改正が行われていくことになる。

さらに、急速な少子高齢化の進展という人口構造の大転換に加え、グローバリゼーションの名の下の市場主義の席巻により経済の不確実性が各国において一般化し、これまで公的年金制度の前提とされてきた人口・経済両面の基礎的条件が急激に悪化するようになる。このような状況の下で、多くの先進国にあっては、負担増・給付減という従来型の改革では対応しきれなくなり、公的年金制度の持続可能性（Sustainability）を維持するため、財政方式そのものを改めるというこれまでにない抜本的な改革に取り組まざるを得なくなった。折衷的な方法としては、賦課方式と積立方式の併用方式があり、新たな発想に基づく方法として、公的年金の拠出建て年金化、そして観念上の拠出建て年金の導入がある。

(ii)　**各国の個別性**　もっとも、人口増加率、出生率、高齢化率（平均寿命）などの人口要因や経済成長率などの年金制度に影響を与える諸要因は国によって様々であり、それらの総合的な結果が年金制度にプラスに働くか、マイナスに働くかによって、その国の年金改革に対するインセンティヴは大きく左右されることになる。[66]

例えば、アメリカを例にとると、同国では2050年までの間一貫して人口が増え続けると予想されており、しかも出生率は高く、高齢化率は低い。さらに、ソ連が崩壊した1992年以降は、世界中が新たな経済秩序の確立に向けて模索を

重ねた時期であり、日本のみならず多くの国において不安定な経済基調が続いたにもかかわらず、アメリカは、この時期一度もマイナス成長を記録していない。このような事情を考えれば、アメリカで1983年の年金改革以降大きな公的年金改革が行われていない理由が理解できよう。

　他方、その対極にあるのがポーランドである。この国では、少子化が進み、平均寿命は短く、今後一貫して人口が減り続けると予想されている。しかも、他の東欧諸国と同様、1990年代は社会主義経済から資本主義経済への移行期にあり、ポーランドでは、1989年から3年連続でマイナス成長を記録するなど厳しい経済状況が続いた。このような状況を背景に、ポーランドでは1999年に給付水準を大幅に切り下げる年金改革が行われたのである。

　また、スウェーデンでは、今後も人口が増え続けると予想されているものの、高齢化率は高く、1991年から3年連続でマイナス成長を記録するなど、一時期は厳しい経済状況にあった。スウェーデンが観念上の拠出建て年金を導入した背景には、このような事情があったことを見逃してはならない。[67]

　ちなみに、2000年から2050年まで一貫して人口が減り続けると予想されているのは、日本のほか、ドイツ、イタリア、ポーランド、ハンガリーなどであり、いずれも出生率が低い国である。このような低出生率・人口減少型の国では、いずれも大幅な年金改革が行われている。特にわが国は、高齢化率と平均寿命はこれらの国の水準を大きく超えており、年金改革のインセンティヴという点では、諸外国の中でも際立った状況に置かれている。

2　わが国の2004年改革の意義

　前述のような先進諸国における年金改革の一般的傾向は、わが国にもほぼ当てはまる。わが国の場合、厚生年金制度は1942年に積立方式でスタートしたが、戦後の混乱期にその実質価値が著しく低下し、1948年の改正で賦課方式に舵を切った。やがて1961年に皆年金が実現し、年金制度は拡充の時期に入る。その後、1万円年金（1965年）、2万円年金（1969年）、5万円年金（1973年）というように改正の度に給付水準は引き上げられてきた。

　しかし、オイルショック後の1980年代に入ると状況は一変する。1985年の改

革では、基礎年金が導入され、公的年金制度間の実質的な財政調整が始まるとともに、給付水準の抑制、重複給付の是正といった給付の適正化が図られた。それ以降、制度改正の度に、保険料の引上げ、給付水準の引き下げ、さらには支給開始年齢の引上げといった負担増・給付減の改正が行われてきたが、それでも少子高齢化の進行、経済の不確実性の増大といった変化には対応できなかった。このため2004年の改正で導入されたのが、保険料水準の固定とセットで導入されたマクロ経済スライドである。この改革では、将来の保険料負担の上限を18.3%に固定するとともに、年金額のスライドの中に被保険者数の減少（−0.6%）と平均余命の伸び（−0.3%）を調整率として組み込んだ（第Ⅰ部第2章第1節参照）。

　これは、前述の分析に従えば、従来型の改革に含まれる。しかし、少子化リスクと長生きリスクを年金スライドの要素として取り込むことにより、既裁定年金も含めた年金の給付水準をこれらのリスクの変動に応じて引き下げることを可能としたという意味で、わが国のマクロ経済スライドは、スウェーデンの「自動安定化装置」やポーランドの「みなし運用利回り＝総賃金上昇率」という調整装置に比肩し得る機能を果たすものと評価できる[68]。ちなみに、ドイツの2004年改革では、年金額算定式の中に新たに持続性ファクターを導入し、保険料納付者に対する年金受給者の割合に応じて年金額を調整できる仕組みが導入されたが、これも従来型の改革でありながら、マクロ経済スライドと同様の機能を果たすものである[69]。

3　最後に

　以上概観したように、わが国のみならず諸外国においても、公的年金制度は人口構造や経済状況の変動に大きく影響される中で、厳しい選択を余儀なくされている。いずれの国においても、年金制度という巨大な所得保障システムの維持が国家にとって最重要課題となっており、それ故にこそ人口や経済という年金制度を支える基礎的条件と年金制度との調和を図るために、弛まぬ改革への努力が続けられているのである。ただし、どのような改革の道を選択するかは、その国の人口動向や経済の状況、さらには"国民性"と呼ぶべきものによ

って異なり、どの選択が正しいかを一義的に決めることはできない。

しかし、例えば積立方式か賦課方式かという問題についてみれば、いずれの方式も一長一短であり、現実の政策選択としては、いくつかの国が行っているように、いわばポリシー・ミックス的手法として両者の適切な組合せが最適解に結びつくことは容易に理解できよう。ちなみに、わが国の段階保険料方式も、両者の性格を併せ持っている[70]という点で、現実的な選択肢の1つである。

また、給付建てから拠出建てへという改革の流れの中で、わが国はマクロ経済スライドという手法を選択した。これは、観念上の拠出建て年金における「調整装置」と同様の機能を果たすものであり、将来世代の負担を抑制し、人口構造や平均寿命の変化、さらには経済との調和を図るという機能を有している。しかし、そうであればこそ、観念上の拠出建て年金を選択した国々が行ったように、人口動向や経済状況が悪化し、年金の実質的給付水準が著しく低下した場合に備えて、何らかの形で高齢者の最低所得保障を制度化すべきことが課題として浮かび上がってくるのである（第Ⅰ部第**3**章第3節参照）。

51) 本章は、2001年度から2004年度までの4年間にわたって（財）年金総合研究センターが行い、後半2年間は筆者が研究主査を務めた「諸外国における老齢所得保障システムの基本的枠組みとその考え方に関する研究」を踏まえたものである。この研究成果については、（財）年金総合研究センター「諸外国における老齢所得保障システムの基本的枠組みとその考え方に関する研究報告書──欧州・北米編」2003年（以下「2003年報告書」という。）、「諸外国における老齢所得保障の基本的枠組みとその考え方に関する研究〈アジア・オセアニア編〉」2004年、「諸外国における老齢所得保障枠組みに関する研究」2005年（以下「2005年報告書」という。）及びこれらの研究成果をまとめた「特集　諸外国の年金制度とその改革の動向」年金と経済 Vol. 24, No. 3（2005年）を参照されたい。
52) 西村淳『社会保障の明日──日本と世界の潮流と課題』（ぎょうせい、2006年）215頁。
53) どの程度の給付水準か、ミーンズ・テストを受給要件とするかどうかによって、その性質は変わってこよう。
54) 関ふ佐子「諸外国の年金制度の構造　アメリカ」法律時報76巻11号（2004年）38頁、西村・前掲書（注52）215頁。
55) 日本の年金財政方式の変遷については、厚生労働省年金局数理課「厚生年金・国民年金平成16年財政再計算結果」（2005年）75頁以下。
56) 当時は、厚生年金制度が成熟していなかったため、年金給付の中心は障害年金であった。
57) わが国の場合、一時的な変動はあるものの、長期的傾向としては、運用利回り＞賃金

第Ⅱ部　変貌する世界の年金

上昇率＞物価上昇率の関係にあり、2004年の財政再計算でも同様の経済前提を置いている。
58）　高山憲之「カナダの年金制度」一橋大学経済研究所、PIE（特定領域研究「世代間利害調整」プロジェクト）DP. No. 89（2002年）。
59）　佐藤嘉寿子「ハンガリーの年金改革」2005年報告書・前掲（注51）27頁では、積立方式の部分を「強制的私的積立型年金」と紹介しているが、拠出額が法定されていることからすると、積立方式による拠出建て年金と考えるべきではないかと思われる。
60）　佐藤・前掲注（59）37頁、表11及び12参照。
61）　同様の指摘として、Nicholas BARR, "The truth about Pension reform", International Monetary Fund, 2001, http：//www. imf. org/external/pubs/ft/fandd/2001/09/barr. htm, p2.
62）　イタリア、スウェーデン、ポーランドのほか、ラトビア、ブラジル、キルギス及びモンゴルにおけるNDCの評価については、Robert HOLZMANN and Richard HINZ, Old-Age Income Support in the 21st Century, The World Bank, 2005, pp. 75-77参照。
63）　藤森克彦「ポーランドの年金制度改革」2005年報告書・前掲（注51）3-26頁及び同「ポーランドの年金制度改革①～終」週刊社会保障 No. 2346-No. 2349、2005年。
64）　2003年報告書・前掲（注51）70-71頁。
65）　高山憲之「信頼と安心の年金改革」（東洋経済新報社、2004年）104頁。
66）　各国の人口要因や経済状況の相違と年金改革の関係については、江口隆裕「第2章　総括」2005年報告書・前掲（注51）104-108頁参照。
67）　井上誠一『高福祉・高負担国家スウェーデンの分析──21世紀型社会保障のヒント』（中央法規出版、2003年）278-279頁。
68）　これをマクロ経済スライド導入の動機と捉えるものとして、権丈善一「年金改革と積極的社会保障政策」（慶應義塾大学出版会、2004年）48頁。
69）　ドイツの場合には持続性ファクターの中にαというパラメーターが組み込まれており、この値の決め方如何によって、保険料の引上げか給付水準の引き下げかという選択の幅をきめることができるので、わが国のマクロ経済スライドよりも柔軟性に富んでいるように思われる。2004年11月11日に行われた（財）年金総合研究センター主催フォーラム「大陸欧州の年金制度改革とわが国への示唆──ドイツ・フランスの改革」におけるFlecken氏の説明資料による。
70）　厚生労働省年金局数理課・前掲（注55）124頁。

第Ⅲ部

変貌する日本の年金

第 1 章

年金制度の今日的課題

1 皆年金法理の再検討——新たな所得保障体系確立のために——

1 はじめに

　2006年6月、年金改革法が成立し、保険料水準固定方式の導入、マクロ経済スライドによる年金額の調整など、世代間の給付と負担の不均衡を是正するための仕組みが公的年金制度にビルト・インされた。これによって、年金の負担に関する限り、21世紀の超高齢社会に向けた仕組みは整ったと考えてよいであろう。現に、同年5月に政府が公表した「社会保障の給付と負担の将来見通し」でも、年金給付費の対国民所得比は、現在の12.5％から2025年度には12％へとわずかながら減少し、今後の課題は、高齢化とともに急増する医療や介護にかかる費用であることが明らかとなっている。

　それにもかかわらず、年金問題は依然として収束したとは言いがたい状況にある。政府は2007年4月に被用者年金一元化法案を国会に提出したが、他方、民主党はすべての年金を例外なく一元化するとともに、税で賄う基礎（最低保障）年金の創設を主張しており[1]、年金制度のあり方をどう考えるかについては意見が大きく分かれている。そして、その原因の1つに、制度への未加入や保険料の未納・免除を合わせると被保険者の3割を超えるという国民年金の空洞化をあげることができよう[2]。

　周知のとおり、わが国年金制度の最大の特徴に、皆年金がある。社会保険方式をとりつつ、無業や無所得の者を含めたすべての国民に対して保険料の拠出を求め、年金を支給するというこの政策は、世界にも類例がないわが国独自のものである。そして、この皆年金政策は、医療保険制度における皆保険政策と

ともに、戦後のわが国社会保障政策における最高の到達点とみなされ、これを当然の前提としてその後の政策も展開されてきた。

しかし、国民年金の空洞化問題にみられるように、この皆年金政策が年金制度に対する国民の信頼を失わしめる一因となっているとすれば本末転倒であり、改めて皆年金政策の妥当性を検証することが必要となる。本節では、このような問題意識の下、わが国の皆年金政策に焦点を当て、その成立の経緯から現在に至るまでの発展の軌跡を辿り、今後の所得保障政策のあり方を考える一助としたい。

2 皆年金の理論的根拠

皆年金当時におけるその理論的根拠は、必ずしも明解ではない。内閣総理大臣の諮問機関であり、戦後の社会保障制度の確立に大きな役割を果たした社会保障制度審議会も、戦後間もない頃の勧告及び答申では、無業・無所得の者も対象とした年金制度の創設までを主張していた訳ではなかった。その後、皆年金達成のために出された1958年の同審議会答申において初めて皆年金という考えが登場する。だが、この答申における皆年金の理論付けはかなり大雑把であり、すでに老齢に達した多数の国民が年金制度の恩恵から取り残されていること、「先進国」にならったこと、そして「国民の文化的にして健康な生活を保障するという社会保障制度の理想」があげられている程度である。むしろ、医療保障制度において皆保険に向けた動きが活発化し、1957年には政府も「国民皆保険計画」を決定するという状況の中で、翌58年の総選挙で自民党が国民年金制度の創設を公約に掲げて大勝したことから、皆保険の思想が年金にもひろがったという状況説明の方が説得力を持っているように思われる。

さらに、皆年金政策をとるにしても、対象者をどの範囲の者とするかは別個の問題である。当時「先進国」と目されたイギリスでも、一定所得以下の者は年金制度たる国民保険制度の対象外とされており、わが国の年金制度のように、無所得者どころか生活保護の被保護者をも対象とするという制度は、寡聞にして類例を知らない。この点に関して、1958年の社会保障制度審議会答申は、「短期間の拠出すらできない者に対しては、無拠出年金だけしか支給しないこ

とになる」と述べるに止まっているが、そのときの立法担当者は興味深い述懐を残している。すなわち、保険料の拠出能力のない者の取扱いについて、厚生省国民年金委員の考え方は、保険料を納める力のない人までを無理に加入させる必要はないというものであり、他方、社会保障制度審議会の方は拠出力がない者は1割くらいだろうからそれにも年金が出るようにしろというだけで、具体策の提示はなかった、このため、事務方が苦心惨憺して保険料の免除制度を作った、というのである。

　以上のように、皆年金政策の決定過程はかなり政治状況的であり、しかも、被保護者や無所得者までも対象とすることについては、社会保障制度審議会においても、国民年金委員においても十分な検討はなされていなかった。それにもかかわらず、保険料の免除制度の創設という事務当局の知恵によって皆年金政策は日の目を見ることになるのだが、このことが今日の膨大な保険料免除者の存在につながることになる。

3　社会手当立法への波及

　経緯はどうあれ、皆年金政策がいったん制度化されると、その政策理念は、高度経済成長という時代状況に後押しされ、社会手当という形で拡大・発展することになる。

　(ⅰ)　児童扶養手当制度の創設　　まず、皆年金の副産物として、皆年金実施と同じ1961年に、児童扶養手当制度が誕生する。国民年金法では、老齢年金のほかに、夫と死別し、母子世帯となった者などには母子・準母子年金を支給することとしていた。しかも、法施行時すでに死別によって母子状態にあった者等に対しては、皆年金より1年5か月早い1959年11月から、全額国庫負担による母子・準母子福祉年金を支給したため、それとの均衡上、生別による母子世帯についても同様の制度を設けるべきだとの議論が起きた。しかし、離婚などの生別母子世帯となる原因は保険事故になじまないとして、全額国庫負担による児童扶養手当が創設されることになったのである。

　(ⅱ)　特別児童扶養手当制度の創設　　同様に国民年金法では、成人の障害者に対して障害年金を支給し、さらに法施行時にすでに障害の状態にあった20歳以

上の者に対しては、全額国庫負担による障害福祉年金を支給することにしていた。他方、20歳未満の障害児に対しては何ら社会保障給付の道が開かれておらず、これでは成人障害者との均衡を失するのではないかということが問題となった。結局、1964年に重度の精神薄弱児を対象とした重度精神薄弱児扶養手当法が成立し、これが1966年には対象を重度の身体障害児にまで拡大して特別児童扶養手当法に発展していくことになる。もちろん、財源は全額国庫負担であった。

(iii) **児童手当制度**　さらに、1971年に成立した、社会手当の代表格である児童手当法に関しても、皆保険・皆年金の整備が、次の社会保障制度体系としての児童手当制度の検討につながったことが指摘されている。

このように、皆年金という政策理念は、当初、高齢者の所得保障を目的としたものであったが、同じように稼得能力を喪失した状態にある者の間の公平の確保という論理を通じて、逐次その適用領域を拡大していった。その背景には、新たな価値観としての平等に高い優位性を認めた戦後日本の社会意識の存在を指摘できるであろうし、また、制度の横並びを判断基準とする官僚の発想方法も少なからず影響したものと思われる。

いずれにせよ、皆年金の理念は、拠出制を基本とする年金制度の対象とならないような者も等しく救済するという方向に拡大・発展していった。その時々の立法担当者が自覚していたかどうかはともかく、結果として、拠出を前提とした"皆年金"から、拠出の有無を問わない"皆保障"へと政策実態は転換して行ったのである。

4　学生無年金障害者違憲判決

このような"皆保障"の思想は、40年の時を超えて再び司法の場に登場することになる。2004年3月に東京地裁で出された学生無年金障害者訴訟違憲判決（東京地判平16年3月24日、判例時報1852号3頁）がそれである。

この事件は、学生が国民年金に任意加入とされていた1981年から86年にかけて、国民年金に加入せずに障害を負った学生が、学生を強制適用から除外したのは憲法25条、14条に違反するなどと主張して、国などを相手に障害基礎年金

不支給処分の取消し及び損害賠償を求めた事案である。これに対し、東京地裁は、国には憲法14条に違反する状態を放置した立法不作為の違法があるとして、国に対し、国家賠償法に基づく損害賠償（原告１人につき各500万円）の支払いを命じた。

この判決のポイントは、次のとおりである。すなわち、基礎年金を導入した1985年の年金改正により、20歳前に障害を負った者も20歳以後に障害を受けた者と同じく障害基礎年金を受けられるようになったが、これによって、20歳以後に障害を負って年金を受給できない者と20歳前に障害を負って年金を受給できる者との差異が質的にも異なったものとなった。しかも、大学生やその父兄は経済的に余裕があるという皆年金当時の社会通念も存在しなくなったのであるから、これを是正する立法措置を講じることなく放置するのは、憲法14条の平等原則に違反する、というものである。

20歳前に障害を負った者が、改正前の１級39,800円、２級26,500円の障害福祉年金から1985年の改正後に１級64,875円、２級51,900円の障害基礎年金を受給できるようになったことをもって、合憲から違憲に変わるほどの質的差異をもたらしたと言えるのかどうかなど、この判決の論旨には疑問がないわけではない。それはともかくとして、この判決の根底には、保険料の拠出可能性の有無を問わない"皆保障"の思想がうかがえる。現に判決は、「その制度において一部の者（筆者注：20歳前の障害者）にのみ救済が与えられ、それと同様の理由から救済が必要とされる者（筆者注：学生など20歳以後の障害者）に対して何らの救済も与えられていない場合には、その制度に代わる制度において同等の救済が与えられていることが認められない限り、平等原則違反による違憲違法の問題が生ずる」と述べ、拠出制であるかどうかという年金制度の基本論よりも、結果としての救済の有無、程度が問題であるとの考え方を示している。

5　特別障害給付金支給法案

この問題は、政治の場でさらに拡大することになる。この違憲判決を受け、年金改革法成立直後の2004年６月８日、与党の年金制度改革協議会は、福祉的観点から無年金障害者の救済を図るため、議員立法で「特定障害者に対する特

別障害給付金の支給に関する法律案」を国会に提出することを合意し、同法律案は同月10日国会に提出され、同年12月に成立している。その内容は、国民年金の任意加入とされていた学生だけでなく、同じく任意加入であった被用者年金の被扶養配偶者で、障害の状態にある者に対し、1級は月額5万円、2級は4万円の特別障害給付金を支給しようというものである。

　地裁の1判決だけで、上級審の判断も待たずに、このような立法措置が合意されるに至った経緯は明らかでない。もし、参議院選挙を間近に控え、年金改革法の成立を図るための政治的配慮によるものであるとすれば、その判断には疑問が残る。人数は少ないとはいえ、障害のリスクに備えて国民年金に加入し、保険料を納めた学生がいたことは事実であり、これらの者は真面目に保険料を払っただけ損をしたと感じて年金制度に対する不信を募らせるであろう。そしてそれ以上に、年金制度に加入していなくても、困ったときには――ちなみに上記判決では、原告の生活困窮度にはまったく触れていないのだが――最後は国家が何とかしてくれるだろうという国家依存意識をより増幅させることになるのではなかろうか。ちなみに、年間130億円と見込まれる特別障害給付金の支給に要する費用は、赤字国債増発の要因となって、後の世代に転嫁されていくのである。

6　新たな所得保障体系の確立を

　以上概観したように、わが国の年金制度は、給付を受けるためには拠出を必要とする社会保険方式を建前にしながら、無所得者のような拠出能力がない者については保険料の免除を通じて、また、20歳前に障害を負った者のようにそもそも保険料を拠出するチャンスがなかった者に対しては無条件に年金を支給することによって皆年金政策を実現してきた。そして、この考え方が社会手当等の形で高齢者以外にも拡大適用され、制度によって内容に違いはあるものの、税財源によるかなり網羅的な最低所得保障制度が構築されてきたと言えよう。

　このような皆保障の政策実態がありながら、他方では、依然として、年金制度については無所得者や低所得者を含めた拠出制による皆年金の堅持を標榜し、これによって、年金の未納・未加入・免除が増大しているとするなら、これは

ど矛盾したことはない。だからこそ、基礎年金については税方式に移行すべきだとの意見が出てくることになるが、税方式すなわち賦課方式であり、高齢化が世界一急速に進むわが国では世代間の不公平を拡大させることになる。また、そもそも国民の老後の所得保障を巨額の赤字を抱える国家財政に委ねることについては、慎重であるべきだろう。

　問題は、年金制度における無所得者等の取扱いをどうするかであり、この問題を解決するために基礎年金全体を税方式に改めるというのは、本末転倒である。むしろ、拠出制の年金制度を維持しつつ、無所得者等の位置づけをどう改めるかを検討すべきであり、例えば、医療保険制度のように、被保護者は被保険者から除外し、年金額算定の際に保護期間分について国庫負担相当額を加算するという方法もあるだろうし、介護保険制度と同様に、被保護者も国民年金の保険料を負担するとした上で、年金保険料相当分を生活保護に加算するという方法も考えられる。

　さらに、拠出制を基本とする年金制度と無拠出制の各種社会手当とのあり方について、国と地方の役割分担・費用負担も含めて抜本的に見直し、"皆年金"と"皆保障"それぞれの射程範囲を明確にした上で、より包括的で体系的な所得保障のあり方を検討する必要があるのではなかろうか。

2　公的年金の一元化

1　一元化法案とは

（i）一元化法案の内容　　2007年の通常国会に被用者年金一元化法案が提出されたまま継続審議となっている。最初に、同法案の内容を簡単に紹介しよう。

　一元化法案では、まず、国共済、地共済及び私学共済の組合員・加入者である公務員等を厚生年金の適用除外とする現行の規定（厚年法6条1項2号）を削除し、これらの者にも厚生年金を適用することとした上で、新たに厚生年金の被保険者について4つの種別を設けている。具体的には、民間の事業所に使用される従来からの厚生年金の被保険者を「第1号厚生年金被保険者」、国家公務員共済組合の組合員たる被保険者を「第2号厚生年金被保険者」、地方公務

員共済組合の組合員たる被保険者を「第3号厚生年金被保険者」、そして私立学校教職員共済制度の加入者たる被保険者を「第4号厚生年金被保険者」とした。

さらに、被保険者資格、標準報酬、被保険者期間、当該期間に係る保険給付、基礎年金拠出金、保険料負担等の事務を行う「実施機関」という概念を新たに設け、4つの厚生年金の被保険者種別ごとに事務の実施機関を定めている。すなわち、第1号厚生年金被保険者については厚生労働大臣、第2号厚生年金被保険者については国家公務員共済組合及び同連合会、第3号厚生年金被保険者については地方公務員共済組合、全国市町村職員共済組合連合会及び地方公務員共済組合連合会、そして第4号厚生年金被保険者については日本私立学校振興・共済事業団（以下「私学事業団」という）が、それぞれ実施事務を行う（同法2条の5）。

年金給付については、制度が施行される平成22年4月以降、共済年金という名称は廃止され、すべての年金が厚生年金と同じ老齢厚生年金、障害厚生年金及び遺族厚生年金という名称に統一され、給付内容も、共済年金だけにある遺族年金の転給制度が廃止されるなど基本的に厚生年金と同じになる。また、保険料についても、共済年金の保険料を順次引き上げ、公務員共済は2018年、私学共済は2027年に厚生年金に統一されることになっている。

そして、費用の負担については、厚生年金に相当する給付を示すものとして新たに「厚生年金保険給付費等」という概念を設け、政府は、毎年度、各実施機関に対して厚生年金保険給付費等に相当する額の交付金を交付するとともに（同法84条の3）、各実施機関は、それぞれの標準報酬総額及び積立金額に応じた拠出金を納付するものとされている（同法84条の4、84条の5）。

(ⅱ) **実質は財政調整**　以上からわかるように、今回の法案の内容は、一元化とは言っても、従来の厚生年金、国共済、地共済及び私学共済の区分を維持し、その実施事務も従来どおりそれぞれの共済組合等が行うとした上で、厚生年金保険給付費相当分の費用について実施機関間で財政調整を行うという内容になっている。つまり、今回の一元化法案では、2階部分の報酬比例年金について、公務員等も同じ厚生年金の被保険者とすることによって「一元化」するという

形式をとりつつ、実際にはそれぞれの制度が引き続き事務を行い、厚生年金相当分の費用（基礎年金拠出金相当分も含む。）を共同で負担するという方法を採用しており、後者の点に着目すれば、その実質は「財政調整」ということになる。

2 一元化法案の問題点

このような一元化法案の問題点をいくつか挙げてみよう。

(i) **大幅な政令委任**　まず、財政調整の基準となる「厚生年金保険給付費等」の具体的範囲がほとんど政令に委ねられている。確かに、恩給も含んだ過去の共済年金の中から厚生年金に相当する給付を抜き出すのは至難の業であろうが、せめて厚生年金給付相当額の範囲の基本的考え方くらいは法律に書き込むべきであろう。

(ii) **厚生年金給付相当額の範囲**　次に、その厚生年金給付相当額の範囲が問題となる。現在の厚生年金保険法は、戦時中の1942年に労働者年金保険法として制定されており、厚生年金に相当する年金給付費を財政調整の基準に用いるということになると、労働者年金保険制度が実施された1942年4月の時点遡って、それ以降の期間に係る年金給付費を調整の対象とすることになるのだろうか。そうだとすると、例えば、1954年に発足した私学共済は、自らの制度発足以前の厚生年金給付についても負担することになるが、果たしてこれは公平といえるのだろうか。

(iii) **一元化の意味**　ここで一元化の意味を考えてみよう。一元化には、大きく「制度の一本化」と「財政調整」という2つの方法がある。前者は、分立している複数の制度を1つに統合するというものであり、一元化後には1つの制度しか存続しないことになる。これに対し、後者は、制度は分立したままに、一定範囲の費用について各制度が共同で負担するというものである。

今回の一元化法案が、制度の一本化を目指しつつ、実質的には財政調整という方法をとらざるを得なかった理由の1つは、厚生年金と各共済組合とでは、過去の年金給付内容が異なっているため、単純に制度を一本化すると却って不公平な結果になるという事情があったのではないかと思われる。

(iv) **独自給付の制度化を**　少子高齢化が急速に進む中で、年金制度の安定化

を図るためには、職域ごとに分断されることなく、なるべく多くの人々によって支えられる仕組みとすることが望ましいのは言うまでもない。この意味で、一元化自体は必要不可欠なことである。

しかし、そのことから、各制度がすべて同じ給付内容、同じ負担でなければならないということにはならない。全制度共通の給付について公平に負担をした上で、さらに保険料負担が増えてもよいからより高い年金を受給したいという保険者がある場合に、これを否定する理由はないはずである。わが国の場合、マクロ経済スライドによって、今後、公的年金の給付水準が大幅に引き下げられることを考えれば、むしろそのような独自給付を認める必要性は高くなっていく。また、独自給付を認め、各保険者の裁量の範囲を拡大することは、第Ⅲ部第3章で述べる公的年金と私的年金との融合化という観点からも積極的な意義を持つことになる。

特に、今回の一元化法案では、共済年金の職域加算部分は廃止されるものの、これに代わる公務員等の3階部分については今後の検討課題とされたままである。民間の被用者については企業年金が広く普及していることを考えれば、逆官民格差ではないかという批判は免れまい。

3　民主党案と一元化の意味

2007年夏の参院選で野党が参議院の過半数を占めるに至り、特に、民主党が国民年金も含めたすべての年金の一元化を主張しているため、今回の一元化法案の先行きを危ぶむ声が出ている。

しかし、民主党案を前提に考えたとしても、そこで言う「一元化」が「制度の一本化」なのか「財政調整」なのかという議論は避けて通れない。特に、国民年金には、現在、2階部分がないにもかかわらず、単純に制度を一本にすれば、国民年金の被保険者が被用者年金の過去給付分まで負担してしまうことになる。したがって、少なくとも一元化以前の過去期間分の年金給付費については、財政調整方式をとらざるを得ないのではなかろうか。そうだとすると、形式はともかくも、実質的には、厚生年金や各共済組合の存続を認めつつ、新たな2階部分の制度を創設するという仕組みをとるのと変わらないのではないか

と思われる。つまり、民主党案を前提にしても、制度の一本化では公平を欠くことになり、財政調整的な仕組みを取り入れざるを得ないことになる。

以上、一元化法案についていくつかの論点を紹介したが、まずは、一元化の意義やあり方について、国会で真摯な議論が行われることを期待したい。

3　パート労働者問題

1　政府案の決定

2007年3月27日、パート労働者への社会保険適用に関する政府・与党案が決定され、被用者年金一元化法案に盛り込まれた。そのポイントは、①週20時間以上勤務、月収9万8,000円以上、勤務期間1年以上の3条件すべてを満たすパート社員を対象とする、②従業員300人以下の中小企業は当面対象から除外する、③健康保険と介護保険も同じ基準で適用を拡大する、④学生については、新基準の対象外とする、ということにある。

この問題については、同年3月6日に出された社会保障審議会年金部会「パート労働者の厚生年金適用に関するワーキンググループ報告書」で多方面にわたる論点が紹介されているが、ワーキンググループの一員として検討に参加した者として特に思うところを述べてみたい。

パート労働者の取扱いについて、現在は、その所定労働時間が「当該事業所において同種の業務に従事する通常の就労者の所定労働時間及び所定労働日数のおおむね4分の3以上である」場合には、厚生年金及び健康保険の被保険者とする取扱いとなっている。

行政実務がこのような取扱いをしているのは、厚生年金や健康保険といった被用者保険制度は、そもそも「常用的使用関係」にある労働者を対象としているという考え方に基づいている。もっとも、法律上は「適用事業所に使用される七十歳未満の者」を被保険者とすると規定している（厚生年金保険法9条）だけで、4分の3などという要件はどこにも書かれておらず、このような取扱基準は、1980年の厚生省課長内かんで示されたものである。

では、なぜ今、パート労働者の適用が問題となるのか。それは、パート労働

に代表される非正規雇用が急増しているからである。このような非正規雇用は、一般的に、正規雇用に比べて賃金が低く、昨今問題となっている労働者間の所得格差をより拡大させる一因となっている。さらに、年金制度で「被用者」として扱われないとすると、老後の所得保障にまで現役時代の所得格差を引きずってしまうことになる。これらのことから、安倍内閣が政策の柱に掲げた「再チャレンジ支援」策に、パート労働者に対する厚生年金の適用拡大が盛り込まれることになった。

2 パート労働とは何か

　この問題については、まず、パート労働者とは何かを考えなければならない。というのも、パートと呼ばれている労働者でも、厚生年金の適用を受けている者が相当数いるという実態があるのである（百貨店協会の資料では、パート労働者の5割程度が厚生年金の適用を受けている）。

　しかし、結論から言えば、パートと正社員を分ける基準を一義的に決めるのは困難である。例えば、スーパーなどではパートの店長も誕生しており、両者の違いを職務内容だけに求めることはできない。他方、正社員であっても短時間勤務の場合もあるので、勤務時間だけを基準とすることもできない。ただ、正社員の場合には、転勤があるとか、自分の都合だけでは休めないといった点は共通しているようであり、ワーキンググループのヒアリングの際の「仕事に対して無限定責任を負うのが正社員である」（佐藤博樹東京大学教授）との指摘がことの本質を突いているように思われる。

　結局、パート労働者をどう定義するかについては、それぞれの制度の趣旨目的との関連で決定するしかないことになる。実際、雇用保険法では、週の労働時間が20時間以上で、1年以上雇用されることが見込まれれば被保険者とされ（雇用保険法4条1項）、また、労災保険法では、労働時間の長短を問わず、アルバイトやパートであってもその適用を受ける（労災保険法3条1項）。

3 厚年の被保険者とは何か

　(i) 完全適用説とその問題点　　では、厚生年金制度では、どのような者を対

象とすべきだろうか。これについて、労働側からは、すべての雇用労働者に厚生年金を完全適用すべきだとの意見も出された。確かに、「被用者」であれば時間の長短を問わず厚生年金の対象とするという考え方にも一理はあるが、これには次のような問題もある。

まず、例えばA会社で週15時間、自営で週15時間働いているような場合、年金の適用をどうするのかという問題がある。これについては、それぞれの労働時間に応じて適用し、それぞれ保険料も納めてもらえばよいという考え方もある（アメリカでは、そうなっているようである。）。しかし、わが国の場合は、いずれか1つの制度を適用するという考え方に立っているため、この場合もどの制度の被保険者になるかを決めなければならない。

次に、厚生年金という1つの制度の適用を受ける場合であっても、例えば週10時間しか働かない者と週40時間働く者が同じ取扱いでよいのかという問題がある。これについては、保険料は賃金の多寡に応じて支払い、年金額は保険料の多寡に応じて決まるのだから、労働時間がどうであれ、同じ厚生年金の被保険者とすべきだという考え方もありえよう。

しかし、ここで基礎年金の存在が妨げとなる。というのも、厚生年金保険料には基礎年金拠出金分も含まれているため、労働時間が短く、賃金が低い被保険者の場合、基礎年金拠出金に満たない額の保険料しか負担しないにもかかわらず、基礎年金＋報酬比例年金を受給することになってしまうのである。これに対しては、現在でも最低の標準報酬月額98,000円の者の場合はすでにそうなっているのであり（182頁参照）、被用者間で所得の再分配をするのだからよいではないかという考え方もあろう。

(ii) 第1号及び第3号との関係　しかし、ここで、第1号被保険者とのアンバランスが問題となる。第1号被保険者の場合には、毎月14,100円（2007年度）の保険料を支払い、基礎年金しか受給できないのである。自営業者と被用者がはっきり区分できた時代であればこの程度のアンバランスも容認できたであろうが、雇用形態の多様化、雇用の流動化が進む現在にあっては、そうはいかないであろう。

さらに、第3号被保険者との関係も問題となる。年収が130万円未満の被用

者の妻の場合には、月給が10万円を超えていても、自らは何ら保険料を負担することなく基礎年金を受給できるのである。

4 求められる均等処遇の確保

　以上のように、パート労働者への厚生年金の適用拡大は、いくつかの重要な点で現行制度の基本となっている考え方と抵触することになる。このことを考えると、1①の決定は、現行制度との整合性を維持しつつパート労働者を適用するためのやむを得ない選択と言えよう。

　これに対し、1②の決定は、年金制度上の問題とは無関係で、もっぱら中小企業の保険料負担増への配慮に基づいている。しかし、従業員規模で社会保険の適用を分けるのは、事業者間の公正な競争を妨げ、労働市場を歪めるだけでなく、産業全体の健全な発展を阻害することにもなる。このような分断適用は早急に廃止すべきであり、中小企業への配慮が必要ならば、むしろ税制や融資等で対応すべきであろう。

　また、1③に関しては、医療保険や介護保険について、必ずしも年金と同じ基準を用いる必然性はないように思われる。

　以上のように、パート労働者問題は、常用労働者は厚生年金、そうでない者は国民年金という二分法をとるわが国の年金制度、ひいては社会保険制度全般のあり方を根本から問い直すものであり、これを抜本的に解決するためには、基礎年金を含めた年金制度全体の体系のあり方を見直すことが必要となる。今回の決定は、この問題を正面から取り上げたことによって、わが国の社会保険制度におけるパンドラの箱を開けてしまったのかもしれない。

　最後に、パート労働者にとって、厚生年金の適用も重要ではあるが、賃金格差の是正をはじめとする正規職員との均等処遇の確保こそが求められることを忘れてはならない。

4　「保険者解体」の意義

1　はじめに

　本節では、近年の社会保障改革に関してあまり論じられてこなかったテーマである「保険者解体」を取り上げる。

　従来、保険者は、適用、資格の記録・管理、保険料の賦課・徴収、給付等の業務を自ら行うのが基本とされてきた。しかし、最近の社会保障改革では、このような保険者の業務を複数の主体が分担する仕組みが法律上の制度として導入されており、ここではこれを「保険者解体」と呼ぶことにする。これは、保険者がその事務の一部を契約によって任意に外部に委託する、いわゆるアウトソーシングとは本質を異にする。

　「保険者解体」の先鞭をつけた後期高齢者医療制度の場合には、期せずしてこれが実現されることになったようだが、社会保険庁改革法の場合には、むしろこれ自体を目的として改革が行われた。以下、この「保険者解体」の内容を明らかにするとともに、これが今後の社会保障制度のあり方に及ぼす影響を考えてみたい。

2　後期高齢者医療制度における「運営主体の解体」

　後期高齢者医療制度は、その財源たる後期高齢者支援金の性格が保険料とは考え難いこと、被保険者たる後期高齢者が負担する保険料が全体の1割に過ぎないことなどから医療保険制度とは言えず、このため法律上も後期高齢者医療制度という名称が用いられている。この意味では、この制度自体が伝統的な社会保険制度とは言えないということになるが、ここでは、この制度における「保険者解体」の内実を概観する（厳密には「運営主体の解体」と言うべきであるが、ここでは便宜上「保険者解体」と呼ぶ。）。

　後期高齢者医療制度の運営は、都道府県単位で全市町村が加入する後期高齢者医療広域連合が担うことになった。ここに至る経緯を簡単に振り返れば、当初、厚生労働省は、後期高齢者医療制度の保険者として市町村を予定していた。

しかし、市町村にしてみれば、日頃国保の運営で苦しみ、介護保険制度の創設に際して保険者を押し付けられ、その上、高齢者医療制度の運営主体になれというのではたまったものではない、というのが本音であり、国保についても、国か県が責任をもって運営して欲しいというのがかねてからの要望であった。それにもかかわらず、市町村を保険者にするという案が示されたため、市町村側はこれに強硬に反対し、結局、厚生労働省は、急遽当初案を変更して、後期高齢者医療制度の運営主体を都道府県単位の広域連合にしたという経緯がある。

さて、後期高齢者医療広域連合は、市町村を構成員とする都道府県単位の組織であるが、都道府県全域にその下部組織がある訳ではなく、主に市町村から派遣された職員で構成される広域連合事務局しか組織を持たないのが実情である。このため、法律上も、保険料徴収事務等の現業業務は広域連合の事務から除外され、広域連合は保険料の賦課、被保険者資格の管理、給付の支払い等を行い、実際の保険料の徴収、資格関係届出の受付、給付の申請受付等の事務は市町村が行うこととされている。

このような仕組みを採用したのは、当初は、市町村が運営主体になることが予定されていたが、運営責任を担う主体が広域連合になってしまったことから、業務の実施手段、つまり手足の部分がなくなってしまった。そこで、適用や保険料徴収等の現業業務は市町村がそのまま担うことにしたものと思われる。そうだとすると、後期高齢者医療制度の場合には、運営主体を都道府県単位に格上げした結果として、「保険者解体」が生じたことになる。

3 社会保険庁改革法

2006年夏の臨時国会で社会保険庁改革関連2法案が廃案となったため、新たな社会保険庁改革案の骨子が、2006年12月14日の与党年金制度改革協議会で合意された。そこには、「公的年金の運営を再構築し、国民の信頼を回復するため、社会保険庁を廃止し、解体する」と明記され、具体的には、①公的年金にかかる財政責任及び運営責任は国が担うが、②その運営に関する業務（年金の適用・保険料の徴収・記録・管理・相談・裁定・給付）は非公務員型の新たな公的法人が行い、同時に、③その運営に関する業務については、民間委託会社等へ

第Ⅰ章　年金制度の今日的課題

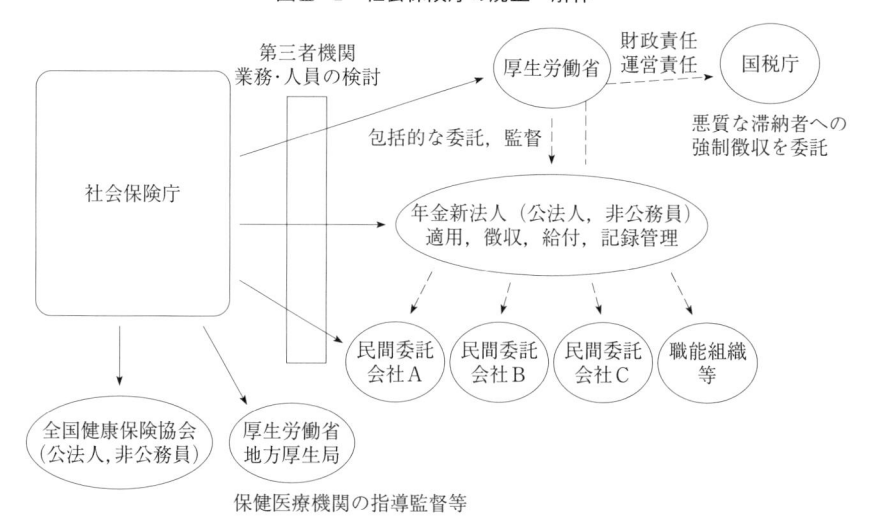

図Ⅲ-1　社会保険庁の廃止・解体

```
                第三者機関              財政責任
                業務・人員の検討    厚生労働省  運営責任    国税庁
                                              
                                包括的な委託，監督      悪質な滞納者への
    社会保険庁                                        強制徴収を委託
                          年金新法人（公法人，非公務員）
                          適用，徴収，給付，記録管理

                      民間委託  民間委託  民間委託  職能組織
                      会社A    会社B    会社C    等

  全国健康保険協会  厚生労働省
  （公法人，非公務員）地方厚生局
                   保健医療機関の指導監督等
```

のアウトソーシングを積極的に進め、④特に悪質な滞納者については、国税庁に委託して強制徴収を行うとされた。このほか、⑤社会保険庁の医療保険部門については、2008年10月に発足する全国健康保険協会が担うこと、⑥保険医療機関の指導監督等は厚生労働省と地方厚生局が担当することは、医療制度改革ですでに決まっている。これが、いわゆる社会保険庁の6分割である（2007年9月以降は、舛添厚労大臣の指示により「社会保険庁の廃止と2分割」という呼び方に変更されている。）。

　年金保険者としての社会保険庁は、①財政・運営の責任主体としての国、②業務運営主体としての新たな公法人たる日本年金機構、③業務受託者としての民間委託会社等、④悪質滞納者に対する強制徴収の受託者としての国税庁という4つに「解体」されることになる。他方、医療保険者としての社会保険庁は、①財政・運営の責任主体としての国、②業務運営主体としての全国健康保険協会のほか、③被保険者資格の確認、標準報酬月額等の決定及び保険料徴収を行う社会保険庁長官という3つに「解体」される。しかし、社会保険庁の業務は、社会保険庁「解体」後には日本年金機構が担うことになるので、年金保険と同

161

様に、③民間委託会社等と、④国税庁が一定の業務を分担することになる。

このように、保険者としての社会保険庁は、4つに分割・解体されることになった。これは、社会保険庁が引き起こした数々の不祥事によって国民の年金不信を招いたので、国民の信頼を回復するためにも、社会保険庁を廃止・解体しなければならないという政治判断に基づいている。

4 被用者年金の一元化

前述の通り、被用者年金一元化法案では、公務員及び私学共済の組合員・加入者も厚生年金に加入するとした上で、従来の厚生年金、国共済、地共済及び私学共済の区分を維持し、その実施事務も従来どおりそれぞれの共済組合等が行うこととされている。いずれ共済年金の保険料率や給付水準は厚生年金に統一され、転給等厚生年金と異なる仕組みも廃止されるにもかかわらず、年金の分野で共済組合や私学事業団という組織は存続させるという。しかも、これら存続する組織は、少なくとも2階部分の公的年金の給付設計等については何ら決定権限を持たず、ただ決められた通り保険料を徴収し、積立金の管理・運用や給付を行うだけである。これは、結局、被用者年金の一元化の結果として、共済組合や私学事業団が、保険者から単なる事務処理機関に格下げになることを意味する。

5 「保険者解体」の問題点

では、このような「保険者解体」にはどのような問題が伏在しているのであろうか。

(i) **後期高齢者医療制度の問題点** まず、後期高齢者医療広域連合の場合、保険料の徴収や各種届出の受理、給付申請の受付等は市町村が行うことになっているが、市町村間で事務処理上のモラルハザードが生じないかが問題となる。国民健康保険では、保険料の収納率について市町村間に大きな格差がある。まして、後期高齢者の保険料収納率は市町村財政に何らの影響も及ぼさないため、市町村が後期高齢者の保険料徴収に手抜きをする可能性がないとも限らない。実際には、後期高齢者に係る保険料収納率は極めて高いようなのでこの心配は

杞憂に終わりそうだが、それ以外の事務についても各市町村が手抜きをしないかどうかは問題となる。

　後期高齢者に対する健康教育、健康相談、健康診査等の保健事業についても、同様の問題がある。これらは広域連合が行うとされているが、広域連合には手足がないので、外部に委託して実施するしかない。委託先としては、市町村等の公的主体、医療機関、さらには民間の健診機関等が考えられるが、問題は、費用対効果の観点から、どの方法が最も効率的かである。ここで重要となるのは、健診内容等に大きな格差が生じないような精度管理手法の確立である。委託先によって受診率や健診内容が異なるというのでは、被保険者の健診等を受ける権利の内実に差が生じてしまう。きちんとした精度管理手法が確立されれば、どこに委託するかを、費用対効果の観点だけで評価できることになる。

　(ⅱ) **社会保険庁改革の問題点**　　社会保険庁改革では、年金保険者としての社会保険庁の業務は4つに「解体」されることになる。これらが制度設計の狙い通り機能すればよいが、うまく行かない場合に責任の押し付け合いにならないかが問題となる。

　例えば、国民年金保険料の収納率が予定通り向上しない場合、日本年金機構は努力が足りないと民間委託会社を非難するであろう。これに対し、民間委託会社は、できる限りの努力をしていると反論する。この場合、民間委託会社の努力を適正に評価する基準を設定できるかどうかがポイントとなる。国民年金保険料の収納率には地域差があり、都市部ではより困難なことが多い。さらに、収納率は景気の動向にも左右される。これら様々な要因を考慮し、しかも民間委託会社の努力を最大限引き出せるような基準が設定できれば、責任の押し付け合いはできなくなる。同様の問題は、厚生労働省と日本年金機構、国税庁との間にも生じるであろう。

　(ⅲ) **被用者年金一元化の問題点**　　この場合、共済組合や私学事業団はもはや保険者ではなく、単なる事務処理機関に過ぎない。このため、民間委託機関と同様に、これらの組織が事務を適切に処理しているかどうかが問題となり、その評価基準の設定がやはり重要となる。ただし、共済組合等にあっては職域を単位としているため、地域を単位とする後期高齢者医療制度などに比べれば保

険料の徴収等が容易であり、そこにこれらの組織を事務処理機関として特別に位置づける理由を見出すことができる。

6 「保険者解体」と新たな保険者の姿

(i) 「保険者解体」はどこまで可能か　ここで、「保険者解体」はどこまで徹底できるかを考えてみよう。各種届出の受理や給付申請の受付等を民間企業が行うことは、守秘義務等必要なルールさえ確立しておけば可能である。また、改正後の厚生年金保険法では、権力的性格を有する強制徴収でさえ、厚生労働大臣の認可を条件としてではあるが、非公務員型の公法人である日本年金機構が自ら行うことができるとされており（厚年法100条の4、100条の6）、それ以外の保険料徴収業務を民間企業に委託できることは、すでに市場化テストという形で実証済みである。ただし、いずれの場合にあっても、事務を執行する当事者間で責任の押し付け合いにならないような合理的な評価基準の設定が不可欠であると同時に、受託機関のインセンティヴを高めるような報酬支払い方法の工夫も重要となる。

　以上のように突き詰めて考えれば、財政管理や保険料の算定・賦課決定等必要最小限の権力的・管理的業務だけを行う新たな保険者の姿が浮かび上がってくる。そして、このような保険者の姿は他の社会保険分野にも応用可能と思われる。

(ii) 「保険者解体」の評価　3つの「保険者解体」を整理してみると、以下の点が明らかとなる。

　まず、後期高齢者医療制度と被用者年金一元化の場合には、それまでの制度よりも運営責任の主体をより上のレベル（市町村→都道府県）又はより広い範囲（共済年金→厚生年金）に格上げした結果として「保険者解体」が生じている。これに対し、社会保険庁改革の場合には、社会保険庁の廃止・解体という政治判断が先行し、あるべき制度運営の姿が前提にあった訳ではない。

　ただ、いずれにも共通しているのは、適用から記録・管理、保険料の賦課・徴収、給付等の業務を自ら行うことを保険者・運営主体の要件とはしていないということである。これを敷衍すれば、自ら事務の執行体制は備えていないが、

管理運営の責任だけを担う保険者というものを観念することができ、保険者のあり方をこれまで以上に柔軟に設計できるようになる。

そしてこのことは、雇用の流動化や非典型雇用の増加、さらにはニートと呼ばれる非就業者層が出現する中で、「ムラ」と「会社」という共同体意識ないしは連帯意識に支えられた場を前提として作られている現行の社会保険制度を、より政策誘導的な姿に改める可能性を拡大することにつながるのである。

5　年金問題とマスコミ・デモクラシー

1　年金記録問題の経緯

まず、年金記録問題を巡る動きを簡単に整理してみよう。

そもそも、年金の記録に不備があるのではないかという問題は、2006年から国会で取り上げられていた。2007年5月7日には、民主党が「「消えた年金」被害者補償法案」を含めた「年金信頼回復3法案」を国会に提出している。その後も、厚生労働委員会を中心にこの問題について論戦が繰り広げられていたものの、その頃はこの問題がマスコミでそれほど大きく取り上げられることはなかった。

しかし、社会保険庁改革法案が審議入りする前後から、5,000万件や1,400万件という数字がマスコミで取り上げられるようになり、これらすべてが年金記録の不備であるかのような印象を与える報道が新聞、テレビなどで頻繁に行われるようになった。これと相前後して、新聞社が行った世論調査の結果が公表され、安倍内閣の支持率が急落したこと、そしてその一因が「年金」であることが報じられた。

これを受け、与党は年金時効特例法案を急遽国会に提出し、その早期成立を図るとともに、5,000万件の記録の照合を1年以内に完了するなどの一連の対策を打ち出した。さらに、このような問題を引き起こしたのは社会保険庁であるとして、歴代の社会保険庁長官の責任を明確にする方針を明らかにしている。

言うまでもなく、年金記録問題について与野党がこのような激しい攻防を繰り広げた背景には、7月に予定されている参院選があった。そして、世論調査

を通じて、国民の関心が憲法改正よりも年金問題にあることも明らかになっていた。

2　マスコミ・デモクラシーの功罪

　以上の経緯から明らかになるのは、現在の政治に大きな影響を及ぼしているのは、世論調査という民意把握手段を持ったマスコミだということである。もし、年金記録問題がマスコミであれほど大々的に取り上げられなかったとしたら、いかに前農水大臣の自殺があったとはいえ、内閣の支持率があそこまで急落しただろうか。また、支持率の回復を狙って、政府・与党が年金記録問題対策をあれほど迅速に講じただろうか。

　ここでは、このように新聞やテレビなどのマスコミ報道を通じて世論が形成され、同時に、世論調査等を通じて随時民意が把握され、それらの結果が政治や行政に大きな影響を及ぼす意思決定システムを、マスコミ・デモクラシーと呼ぶこととし、その功罪を考えてみたい。

　第一に、選挙を直前に控えた時期のマスコミ・デモクラシーは大きな問題解決力を発揮することがあるし、マスコミの方でもそれを認識した上で報道や世論調査を行うことがある。その典型例が年金時効特例法案である。同法案は、総理の指示により、党内手続を省略して3日で作成して国会に提出され、提出から4日で衆議院を通過した。時効の不適用という前代未聞の手法が今後どのような問題を引き起こすのか不透明な部分はあるものの、これによって、年金の記録に不備があった場合でも、何十年も前にさかのぼって救済されることになった。

　第二に、しかし、マスコミ・デモクラシーは、正確性を欠きやすい。年金記録問題では、5,000万件といった数字が1人歩きしたため、テレビや新聞を見ていた人々のほとんどが、自分の年金はちゃんと記録されているのだろうかという不安にかられたに違いない。しかし、5,000万件の中には、基礎年金番号導入前に死亡した人の「統合する必要のない番号」も含まれているなど、かなり多目の数字となっているはずである。影響力が大きいだけに、何にもまして正確な報道が求められる。

第三に、マスコミ・デモクラシーは、予想外の、しかも甚大な影響を及ぼすことがある。今回の年金記録問題によって、人々が自分の年金記録の重要性を再認識し、多くの人が自ら記録の確認を行う必要性を認識するようになったのは、よい影響である。だが、今回の問題によって、人々の年金制度に対する不信が決定的なものになったとすれば、年金制度にとって取り返しのつかない影響を及ぼしたことになる。せめて、1年後に判明する5,000万件の記録照合の結果を、政府はもちろんのこと、マスコミもきちんと報道し、実際にどの程度の記録不備があったのか、その結果からして年金制度は信頼に耐えうるものかどうかを人々が再度判断できるようにして欲しい。

　第四に、マスコミ・デモクラシーは、ときとして、民意を納得させるためのスケープ・ゴートを必要とする。確かに今回の問題は、社会保険庁の杜撰な事務処理に起因する。したがって、二度とこのようなことが起きないように社会保険庁を解体するという論理は、その適否はさておいても、まだ理解できる。しかし、さらに与党は、歴代社会保険庁長官の「責任」を追及するという。だが、どのような「責任」を追及しようというのだろうか。「法的責任」であれば、長官を名指しする前に、まず事実関係を明らかにしなければなるまい。「政治的責任」というのであれば、社会保険庁長官よりもむしろその当時の大臣の責任が問われることになろう。これら以外の「道義的責任」というのであれば、それは民意を納得させるための政治的スケープ・ゴートでしかない。

3　コムスン問題

　年金記録問題に引き続き、コムスンの指定取消問題が起きた。訪問介護最大手の同社に対し、厚生労働省が新規指定及び更新の打ち切りを決めたところ、同社は、同じグループ内の連結子会社にすべての事業を譲渡すると発表したのである。

　当初、厚生労働省は、現行の介護保険法はこのような指定逃れに対応できる仕組みとはなっていないため、譲渡先がグループ企業であったとしても、法的には容認せざるを得ないという方針だったようだ。しかし、世論などの強い批判を受けて方針を転換し、「強い行政指導」として、事業譲渡を凍結するよう

要請した。結局、親会社のグッドウィルグループは、介護事業をグループ外の企業に譲渡し、介護事業から全面撤退することになった。

ここでもマスコミ・デモクラシーが力を発揮した。法律上対応できない問題であれば、必要な法改正をして対応できるようにするのが本筋のはずだ。しかし、世論が納得しないからといって、これまでさんざんその恣意性が批判されてきた「行政指導」により、しかも自治事務である知事の指定に関し、事業譲渡の凍結を要請するというのでは、「法治国家」は名ばかりのものとなる。ここでは、グッドウィルグループが企業の「社会的責任」の名の下でスケープ・ゴートとなった。

4　中立的審議会の創設を

現代社会におけるマス・デモクラシー（大衆民主主義）の功罪について議論されるようになって久しい。2007年5月から6月にかけて立て続けに起きた2つの出来事は、マス・デモクラシー社会におけるマスコミ・デモクラシーの力の大きさを改めて見せつけた。それだけに、今後とも与野党は、マスコミを自らに有利に利用しようと躍起になるだろう。

しかし、年金問題は、百年単位の営みであり、その時々の政争の具とされるのにはなじまない。スウェーデンの年金改革の際に行われたように、超党派の議員などで構成される中立的な年金審議会の創設を真剣に考えるべきではなかろうか。

1）　2007年7月の参議院選挙における民主党「マニフェスト」政策各論による。
2）　2006年度末現在、国民年金への未加入者は18万人、保険料未納者322万人、同免除者320万人、計660万人となっており、第1号被保険者の31％に達している。
3）　1950年10月16日付け勧告「社会保障制度に関する勧告」及び1953年12月10日付け答申「年金制度の整備改革に関する件」
4）　1958年6月14日付け答申「国民年金制度に関する基本方策について」
5）　今井一男「社会保障制度審議会の思い出」『国民年金20年秘史』（日本国民年金協会、1980年）75頁。
6）　堀勝洋「国民保険──年金、失業給付、傷病給付」『先進諸国の社会保障①　イギリス』（東京大学出版会、1999年）138頁。

第1章　年金制度の今日的課題

7）　国民年金委員とは、社会保障制度審議会とは別に厚生省で国民年金制度の創設を検討するため、1957年5月に設けられた厚相の私的諮問機関のこと。
8）　小山進次郎「国民年金制度創設の舞台裏」前掲書（注5）52-53頁。
9）　坂本龍彦『児童扶養手当法特別児童扶養等の支給に関する法律の解釈と運用』（中央法規、1987年）3頁。
10）　坂本・前掲書（注9）183頁。
11）　坂元貞一郎『児童手当法の解説』（社会保険研究所、1972年）13-14頁。

第2章

社会保険料と租税に関する考察
――社会保険料の対価性を中心として――

1　はじめに

　本章は、租税との対比において社会保険料の特質、特にその対価性の意義を明らかにすることを狙いとしている。社会保険料は、本来、被保険者に係る保険給付財源の調達を役割としていた。しかし、近年の社会保障改革における、老人保健制度を嚆矢とする制度間調整の導入、さらには介護保険制度における第2号被保険者制度などによって、被保険者の受益とは直接的な関係がない負担、ないしは受益との関係が極めて薄い負担も社会保険料として賦課徴収されるようになっている。このような社会保険料概念の拡散は、2006年の医療制度改革で創設された高齢者医療制度において一層推進されようとしている。

　そもそも、租税は非対価性をその特質とするのに対し、社会保険料は給付との対価性を特質とすると言われてきた。しかし、近年におけるこのような社会保険料概念の拡散は、対価的給付のない社会保険料負担を一般化しつつあり、これをその非対価性に着目して、「社会保険料の租税化」を呼ぶことにする。このような「社会保険料の租税化」は、対価性をメルクマールとする社会保険料と租税との区分を曖昧にすることになる。他方、社会全体の動きに目を転じれば、政治の世界のみならず、経済界や労働界も、社会保障の財源として租税の割合を高めるべきことを主張し、さらには消費税の社会保障目的税化を求めている[12]。いわば、「社会保険料の租税化」という制度的現実と、「社会保障財源の租税化」という政治的要求が、メビウスの輪のように互いに交わることなく並存している。

このような状況をどのように理解すべきであろうか。この問いに答えるため、本章では、まず、近年における社会保障改革の動向を概観した上で、社会保険料の特質とされる対価性がどの程度制度化されているのかを詳細に検討して租税と社会保険料の相違を考察し、最後に今後の課題を論じたい。

2　社会保障負担を取り巻く状況

1　国家予算と社会保障——一般歳出の半分を占める社会保障予算——

　まず、社会保障関係支出が国家予算の中に占める割合をみてみよう。一般会計歳出から国債費、地方交付税交付金等を除いた一般歳出の中で社会保障関係費が占める割合をみると、1980年度は26.7％であったものが、1990年度は32.8％、2000年度には34.9％と、高齢化の進行とともに急速に増大してきている。2011年に国・地方の基礎的財政収支（プライマリー・バランス）を黒字化することを目標に編成された2007年度予算でも、一般会計が4.0％の伸びとなるなかで、社会保障関係費の伸びは2.8％に抑えられたものの、それが一般歳出に占める割合は45.0％と半分近くに達している。

　この社会保障関係費の中で最もウェイトが大きいのは、医療、年金、介護などの社会保険に要する費用であり、2007年度予算では、社会保障関係費21兆1,409億円のうちの8割を占めるに至っている。つまり、本来、被保険者や事業主の社会保険料を主たる財源とすべき社会保険制度に対して国庫が最も多く投入されていることになる。ちなみに、社会保険制度の中では、医療8.4兆円、年金7.0兆円、介護1.9兆円の順となっている。

2　社会保障各制度の状況

　次に、社会保障改革の状況を、費用負担との関わりで整理してみよう。
　(i)　年金改革
　(a)　基礎年金国庫負担割合の1/2への引上げ
　年金制度については、2004年に歴史的な改革が行われた。この改革では、将来の現役世代の保険料負担を軽減するため、保険料水準固定方式とセットでマ

クロ経済スライドを導入することにより、被保険者数の減少及び平均寿命の伸びに応じて自動的に年金水準を引き下げる仕組みが導入された。同時に、従来1／3となっていた基礎年金の国庫負担割合を1／2に引き上げることが法定された（国年法85条1項）。

(b) 目途が立たない引上げ財源

しかし、これを実現するためには、2.8兆円（2005年度価格）の追加財源が必要となり、この財源をいかに確保するかが問題となった。このため、2004年改正法附則で経過措置を設けている。まず、2004年度は基礎年金給付費の1／3に定額（57.6億円）を加えた額とし（同附則13条2項）、さらに2005年度及び2006年度については「所要の税制上の措置を講じた上で、別に法律で定めるところにより、国庫負担の割合を適切な水準へ引き上げる」とした上で（同附則15条）、国庫負担割合を1／2に引き上げる「特定年度」については、「社会保障に関する制度全般の改革の動向その他の事情を勘案し、所要の安定した財源を確保する税制の抜本的な改革を行った上で、平成21年度までの間のいずれかの年度」とすると規定している（同附則16条）。このように、基礎年金の国庫負担割合の1／2への引上げについては、2009年度までと法定されたものの、いつ、どのような財源をもってこれに充てるのかは、先送りされたままとなっている。

(ii) 国民年金改善法

(a) 国民年金制度の枠を超えた滞納対策

2007年7月には、保険料の滞納が制度の根幹を揺るがしかねない国民年金事業の運営の改善を図るため、「国民年金事業等の運営の改善のための国民年金法等の一部を改正する法律」（以下「国民年金改善法」という。）が成立した。この法律には、国民年金制度の枠を超えた保険料滞納対策が盛り込まれている。

具体的には、クレジットカードによる保険料納付の制度化など国民年金法の枠内での保険料納付促進対策だけでなく、国民健康保険法など他の社会保険各法に及ぶ保険料滞納者対策が盛り込まれている。すなわち、国民健康保険の被保険者証の有効期間を定めるに際し、国民年金保険料を滞納している世帯に対しては、通常より短い期間の被保険者証が発行できるようにすること（国保法9条10項）、保険医療機関や介護事業者の開設者等について、医療保険料や介護

保険料だけでなく、年金保険料を滞納していることを指定の欠格事由とすること（健保法65条3項、介保法70条2項等）、さらには、社会保険料や労働保険料の滞納を社会保険労務士の登録拒否事由にすること（社労士法14条の7）が規定されている。

(b) 「社会保険」概念の拡張

このように国民年金制度の枠を超えた滞納者対策が可能な理由は必ずしも明らかではない。言うまでもなく、租税については、憲法上、国民に納税の義務が課されており、納税の義務を果たさない者が一定のペナルティを課されたとしても、それは憲法の容認するところであろう。これに対し、社会保険料については、このような憲法上の義務はないにもかかわらず、国民年金制度の枠を超えた滞納対策が可能なのはなぜであろうか。

まず、滞納という重要な法律上の義務違反行為があれば、他の法律においてこれにペナルティを課すことは可能だとする形式的論理が考えられる。しかし、これは、それぞれの法制度の実質を無視したあまりに形式的な議論のように思われる（これが通用するなら、例えば、交通違反も保険医療機関の指定の欠格事由にできることになる）。

次に、「皆年金・皆保険」を社会保険制度全体を通じた理念と捉え、個々の制度の枠を超えた上位概念として「社会保険」なるものを観念し、社会保険の分野では、年金保険、医療保険といった制度の別を問わず保険料滞納に対するペナルティを課すことができるという考え方もあるのかもしれない。しかし、社会保険の概念をここまで広げると、社会保険料は、個別の制度との関連性を失い、給付と負担のけん連性がない租税、特に社会保障目的税に限りなく近づくことになる。

(iii) **医療制度改革**

(a) 医療費の大幅な抑制

医療保険制度にあっては、低所得者が多く加入する国民健康保険（公費1／2、内訳は国43％、都道府県7％）や政府管掌健康保険（国庫負担率、原則13％）に対してかねてより多額の公費が投入されてきた。

2006年6月には、医療費適正化を総合的に推進し、超高齢社会を展望した新

たな医療保険制度体系を実現することなどを目的に、医療制度改革法（正式には、「健康保険法等の一部を改正する法律」及び「良質な医療を提供する体制の確立を図るための医療法等の一部を改正する法律」からなっている。）が成立した。

　この法案の作成過程では、今後の高齢化をにらみつつ、どの程度、どのような手段を用いて将来の医療費を抑制するかが最大の争点となった。具体的には、経済財政諮問会議の場において、民間議員を中心に、2006年度現在28.3兆円の医療給付費について、そのままでは2025年の時点で56兆円に達するが、患者負担の引上げや保険免責制の導入などにより、これを25％カットした42兆円程度に抑制すべきことが主張された。結局、政府案では14％カットの48兆円程度まで抑制することで落ち着いたが、それでもなお、この目標を達成するためには、血の滲むような努力が求められることになる。

(b) 高齢者医療負担金の創設

　本章との関係で注目されるのは、新たに創設された高齢者医療制度である。

　この高齢者医療制度は、65歳～74歳の高齢者を対象とする前期高齢者医療制度と、75歳以上の高齢者を対象とする後期高齢者医療制度とに分かれる。

①前期高齢者医療制度

　前期高齢者医療制度については、「国民の共同連帯の理念等に基づき、前期高齢者に係る保険者間の費用負担の調整」を行うと規定され（高齢者医療確保法1条）、前期高齢者を国保・被用者保険という従来の制度に加入させたまま、その偏在による保険者間の負担の不均衡を調整する財政調整であることが明らかにされている。

　具体的には、前期高齢者の加入割合に係る保険者間の負担の不均衡を調整するため、各保険者は社会保険診療報酬支払基金（以下「支払基金」という。）に前期高齢者納付金を納付し（同法36条）、これを財源として、支払基金が保険者に対して前期高齢者交付金を交付する（同法32条）。そして、前期高齢者納付金の額は、各保険者がその加入者数に応じて等しく負担するとされている（同法38条）。

②後期高齢者医療制度

　後期高齢者医療制度は、同じく「国民の共同連帯の理念等に基づ」くものの、

都道府県単位で全市町村が加入する広域連合が運営主体となり（同法48条）、その財源は、公費1／2（国4／12、都道府県1／12、市町村1／12）（同法93条～98条）、高齢者の保険料1／10とし、残りの4／10は、支払基金が広域連合に交付する後期高齢者交付金をもって充てるとされている（同法100条）。この後期高齢者交付金の財源とするため、各保険者は支払基金に後期高齢者支援金を納付する（同法118条）。この後期高齢者支援金の額は、前期高齢者納付金と同じく、原則として、各保険者がその加入者数に応じて負担するとされているが、医療費適正化のための特定健康診査の目標達成状況等を勘案して、90／100から110／100の範囲で加算減算できるとされている（同法120条）。

このように、高齢者医療制度にあっては、前期高齢者納付金及び後期高齢者支援金という新たな負担金が導入されることになった。ここでは、この負担金の性格が保険料なのか、受益者負担金なのか、それともそれ以外の負担金なのか、さらに、前期高齢者納付金と後期高齢者支援金とでその性格がどのように違うのか、といった点が問題となる。

(iv) **介護保険改革**

(a) 改革の趣旨

介護保険制度は、公費1／2（国1／4、都道府県1／8、市町村1／8）、65歳以上の第1号被保険者と40歳から64歳までの第2号被保険者の保険料1／2という財源構成になっている。この制度については、2005年6月に制度施行後5年目の見直しのための改正が行われ、急速に伸びる介護保険給付費に対応するため、①予防重視型システムへの転換、②施設入所者に係る食費及び居住費の保険給付外化、③地域密着型サービスの創設等新たなサービス体系の確立、④事業者規制の見直し等によるサービスの質の向上、⑤負担のあり方・制度運営の見直しといった改正が行われた。

(b) 保険料の使用範囲の拡大

本章との関連で注目すべきは、新たに被保険者が要介護状態となることの予防等を行う介護予防事業を創設し、これを公費並びに第1号及び第2号被保険者の保険料で賄うことにしたことである（介護保険法115条の38、122条の2～126条）。これは、要介護認定を受けていない被保険者であっても介護予防サービ

スが受けられるという点で被保険者の受益可能性を拡大するとともに、介護保険料を保険給付以外のサービスにも使用できるようにしたという点で、保険料の使用範囲を拡大したという意義を有する。同様に、介護予防ケアマネジメント、総合相談・支援、包括的・継続的マネジメント、虐待防止・権利擁護などを行う包括的支援事業についても、公費及び第1号被保険者の保険料（第2号被保険者は負担しない。）で賄うこととして（介護保険法115条の38、122条の2～124条）、被保険者の受益可能性及び保険料の使用範囲の拡大が図られた。

(v) 社会福祉改革—措置から契約へ— 戦後一貫して「措置制度」の下で行政庁の一方的な権限行使を基本に運営されてきた社会福祉制度も、大きな転換期を迎えている。1997年には児童福祉法が改正され、保護者が保育所を選択できる仕組みが導入された。もっとも、保育所入所の法律関係について、行政側は、この改正によって措置から契約へと法的性格が変わったと説明しているが、学説では、利用決定自体は行政処分であると解する説が有力である。[13]

また、1997年には介護保険法が成立し（施行は2000年4月）、従来老人福祉として行われてきた介護の措置を保険制度として独立させ、新たに保険料財源を導入するとともに、利用者との関係を措置から契約に基づくサービスに改めた。

2000年には、社会福祉基礎構造改革の名の下に、社会福祉事業法等の改正が行われ、新たに支援費制度を導入することによって、障害福祉の分野でも、財源は公費のままで、利用者との関係を措置から契約に転換する改正が行われた（施行は2003年4月）。

さらに、2005年10月には、障害者自立支援法が成立している。この法律は、支援費制度の導入によって生じた福祉サービスに係る予算不足を解消し、障害福祉と介護保険の統合の道筋をつけることを狙いとしており、その内容は、身体・知的・精神の3障害の実施主体を市町村に一元化し、障害福祉サービス体系を見直すとともに、補助金を負担金化して予算不足問題を解消し、併せて利用者負担を応能負担から定率1割の応益負担に改めるというものである。

これらの社会福祉改革に共通しているのは、理念としての自立支援であり、手段としての契約による利用者の選択権の確立である。このため、児童福祉法以外の改革では、行政処分としての措置制度を契約構成に改めており、さらに

障害者自立支援法にいたっては、公費を財源とする社会福祉分野における費用負担の基本原則とされてきた応能負担原則を応益負担に転換している[14]。

3　租税と社会保険料に関する考察

1　租税と社会保険料の相違

　ここで、租税と社会保険料の異同を整理してみよう[15]。両者は、公共目的のために強制的に賦課・徴収されるという点では共通であるが、仔細に検討するといくつかの点で基本的な相違がみられる。

　(i)　**公共性**　　租税の本来の機能は、公共サービスを提供するための資金の調達にあるとされる[16]のに対し、社会保険料の本来的機能は、当該保険制度の加入者に対する保険給付のための資金の調達にある。ここで、社会保険制度の加入者に対し保険給付を行うことが公共サービスなのかが問題となる。

　消費の非排除性、非競合性という公共財のメルクマールを用いれば、医療サービスや介護サービスはこれには該当しないことになる。しかし、社会の安定や福祉の向上のために国家が提供するに値すると国民が考えるという意味で、つまり価値財として、年金も含めた社会保険給付が準公共財に含まれると考えることはできる。この場合、逆選択や情報の非対称性の理論がその合理性を基礎付けることになる[17]。

　(ii)　**対価性**　　公共サービスは国民一般を対象とし、社会保障、教育、防衛、公共事業、外交等内容も多岐にわたるため、その財源としての租税は特別の給付に対する反対給付という性質をもたない（非対価性[18]）。これに対し、社会保険の場合には、特定範囲の加入者を対象に、年金、医療、介護等の給付を行うことから、一定の給付に対する反対給付という性質（対価性）をもつと考えられている。学説も、社会保険の特色ないしはメリットとして、保険料の拠出を要件として給付がなされ（対価性）、給付に拠出期間や拠出額が反映されること（緩い等価性[19]）、給付と保険料負担との間に双務関係ないし対価関係が存在し、これが被保険者等の受給権を基礎づけるため、保険料の支払い実績が給付に反映する等の帰結が導かれること、社会保険給付の対価的性格から、拠出義務を

履行していなければ受給権を認めないという1対1の対応関係が原則として貫かれていること[21]をあげている。

　しかし、これらの特色がわが国の社会保険制度において実際にどの程度制度化されているのかが厳密に検証されたわけではない。さらに、1980年代以降順次導入された制度間調整や保険料概念の拡散により、社会保険料の概念は大きく揺らぎつつある。

　(iii) **所得再分配機能**　租税を通じた所得の再分配は、憲法が暗黙の前提とするところであり、租税の第二の機能と言われている[22]。社会保障制度も、最低生活の保障ないしは生活上の不測のリスクに備えるという機能を果たすため、所得の再分配をその主要な役割としている。ここで問題となるのは、何が適正な分配状態かであるが、これに答えるためには、個々人がいくら負担したかだけでなく、どの程度受益したかが明らかにならなければならない。

　租税の場合には、公共サービスの広範性ゆえに、個々人の受益の程度を明らかにすることは困難である。これに対し、社会保険制度にあっては、社会保険料負担の額も給付額も明確であるため、個々人の受益と負担の関係を特定することができ、したがって、個々の社会保険制度がどの程度所得再分配機能を有しているかを明らかにすることもできる。

　(iv) **決定主体**　また、社会保険料にあっては、その決定主体が必ずしも国家（地方公共団体も含む。）とは限らない点に特色がある。社会保険の母国とされるドイツ、フランスでは、国家とは別の法的主体である金庫（Kasse, Caisse）が給付と負担の決定主体となっているのに対し、わが国の場合には、1922年の健康保険法制定当時から、政管健保すなわち国営保険方式が原則とされてきた[23]。それでもなお、健保組合や共済組合のような国家とは別の運営主体が存在し、独自に保険料率等を決定しているのは、租税と異なる点である。

　本章では、以上のような租税と社会保険料に関する相違の中で、対価性と所得再分配機能に焦点を当てて検討を行うことにする。すなわち、租税＝非対価性、社会保険料＝対価性という図式が現実の制度の中でどの程度妥当しているのか、また、所得再分配は社会保険制度においてどの程度機能しているのかを定性的に明らかにしてみたい。

2 社会保険と社会福祉の比較

さて、社会保障制度には、社会保険料を財源とする社会保険制度のほか、租税を財源とする社会福祉制度がある。両者の財源に着目して、それぞれ社会保険方式、税方式と呼ぶこともできる。

この社会保険方式か税方式かという問題は、かつて介護保険制度の創設に際し大きな争点となった。当時、関係の審議会等からは、社会保険方式のメリットとして、制度に対する貢献が給付に反映されるという点で受益と負担の関係が最も明確であること[24]や、給付の権利性が強いこと、負担と給付の対応関係が明確でわかりやすいことが主張された[25]。

また、2006年に出された政府の「社会保障のあり方に関する懇談会」報告書[26]においても、わが国の福祉社会は、自助、共助、公助の適切な組み合わせによって形づくられるとした上で、「共助のシステムとしては、国民の参加意識や権利意識を確保する観点からは、負担の見返りとしての受給権を保障する仕組みとして、国民に分かりやすく負担についての合意が得やすい社会保険方式を基本とすべきである」と述べられている。

租税が公共サービス全般を賄うためのものである以上、給付と負担が対応関係をもち得ないことは当然である。では逆に、社会保険制度にあっては、給付と負担の明確な対応関係はどの程度存在するのだろうか。

社会保険と社会扶助（社会福祉）に関する詳細な検討を行った先行研究[27]では、この問題について、保険原理と扶助原理を対比させ、前者は、等価交換原理や個人的公平性原理に基づく貢献原則（貢献に応じた給付）と応益負担原則（受益に応じた負担）を基盤とするのに対し、後者は、実質的公平性原理や社会的妥当性原理に基づく必要原則（必要に応じた給付）と応能負担原則（能力に応じた負担）を基盤とすると述べられている[28]。これを援用すると、社会保険における対価性とは、給付面では貢献原則として、負担面では応益負担として発現することになる。

3 社会保険制度と貢献原則・応益負担

そこで、年金、医療及び介護の各社会保険制度について、貢献原則と応益負

担原則がどの程度制度化されているのかを検討する。その際、貢献原則を場合分けして、各社会保険制度において、保険料の拠出を給付の受給要件としている（以下これを「拠出原則」という。）かどうか、また、保険給付の内容が保険料の拠出に対応したものとなっている（以下これを「比例原則」という。）かどうかを検討する。さらに、社会保険制度においては給付の受益可能性を定性的に観念することができるので、給付との関係において保険料負担が応能負担か、応益負担かを考えることにする。

また、患者の一部負担や利用者負担に関しても、サービスの受益の程度に応じて負担する応益負担と、負担能力に応じて負担する応能負担を区別することができること、応能負担は、それが保険料負担であれ利用者負担であれ、多少なりとも所得再分配機能をもっていることを前提に、以下の検討を行うことにする。

なお、労働保険（労働者災害補償保険及び雇用保険）も保険料を主な財源としているが、これは労働者のみを対象とする制度であり、労災保険における事業主の無過失責任のように労働保険としての独自性を有していることから、ここでの検討対象からは除外する。

(i) 年金制度
(a) 受給要件
①被用者年金

社会保険制度の中でも、拠出原則が比較的制度化されているのは、年金制度である。まず、厚生年金の場合、保険給付を受けるためには、老齢厚生年金については25年以上の保険料納付期間が必要とされ（厚年法42条）、障害厚生年金及び遺族厚生年金については、原則として、保険料納付期間が被保険者期間の2／3以上であることが要件とされている（厚年法47条、58条）。

②基礎年金

老齢基礎年金についても、25年以上の保険料納付期間（保険料免除期間も含む。）が必要とされ（国年法26条）、障害基礎年金及び遺族基礎年金については、原則として、保険料納付期間が被保険者期間の2／3以上あることが要件とされており（同法30条、37条）、いずれも拠出原則が受給要件に取り入れられている。

なお、20歳前に障害となった者については、年金制度に加入していなくても20歳に達した時点で障害基礎年金が支給されるが（同法30条の４）、これは、年金制度に加入できる可能性がなかった20歳未満の者に対しては、そもそも拠出原則が適用できないことから、必要原則を優先させたものである。

(b) 保険給付
①被用者年金
次に、保険給付の内容であるが、報酬比例部分を支給する老齢厚生年金の年金額算定方式の基本的考え方は、「平均標準報酬×拠出期間×支給乗率」で表されるので（厚年法43条）、拠出期間が長く、報酬が高い方が年金額も高くなる。この考え方は、他の被用者年金制度でも同様であり（国家公務員共済組合法77条等）、ここでは比例原則が貫徹されている。

②基礎年金
老齢基礎年金の場合には、20歳から60歳までの40年間すべて保険料を納付してはじめて満額の基礎年金が受給できるフル・ペンション方式をとっており、年金額算定の基本的考え方は、「基礎年金額×保険料納付済期間／480月」で表される（国年法27条）。基礎年金は定額年金のため、報酬の多寡は反映されないものの、拠出期間が長い方が年金額も高くなるので、比例原則が生かされている。例えば、保険料の拠出期間40年間のうち30年しか保険料を払っていなかった者は、基礎年金月額6.6万円の3／4に当たる4.95万円しか受給できないことになる。

ただし、基礎年金はフル・ペンション方式をとっているため、20歳前から働き始めた場合のように40年を超える拠出期間があっても老齢基礎年金額には反映されないが、この40年を越える部分については、定額部分も含めて老齢厚生年金に加算される（厚年法昭和60年改正法附則59条2項）。

③障害年金・遺族年金
障害年金や遺族年金の場合には、必ずしも比例原則は妥当しない。まず、障害基礎年金にあっては、例えば加入して1か月後のように拠出期間が40年より短くて障害になった場合でも、満額（フル・ペンション）の障害基礎年金が支給される（もちろん、所定の保険料納付は必要であるが）（国年法33条）。これは、障害

という不測の事態に備えるため、必要原則を比例原則に優先させたものであり、遺族基礎年金も同様の考えに立っている（同法38条）。

　他方、被用者年金の場合には、フル・ペンションという考えをとっていないため、加入期間が短い場合にはこれを300月（25年）とみなして障害厚生年金や遺族厚生年金の額を計算することによって、必要原則を実現している（厚年法50条後段、60条後段）。ただし、25年を超えて加入している場合には、原則どおり比例原則が適用され、その加入実績に応じた年金額となる。

（c）　保険料負担

①被用者年金

　被用者年金の場合、保険料額は報酬（給与及び賞与）に保険料率を乗じた額となり（厚年法81条2項等）、報酬が高くなれば保険料額も高くなるので、一見応能負担のようにみえる。しかし、被用者年金にあっては、報酬に比例して年金額も高くなるので、基本的には応益負担と考えるべきである。ただし、厚生年金の保険料には基礎年金分（定額部分）も含まれており、定額部分と報酬比例部分の比率いかんによって、どの程度所得再分配的要素があるか、すなわち応能負担的要素があるかが決まってくる。

　例えば、最も低い標準報酬月額（98,000円）の場合、月々の保険料負担額は98,000円×146.42／1000[29]＝14,349円となるが、この額は、厚生年金制度が基礎年金勘定に拠出する基礎年金拠出金に係る保険料相当額（月額）15,968円（2007年度）[30]を下回っている。それにもかかわらず、この報酬等級の者は基礎年金6.6万円に加えて、報酬比例部分として老齢厚生年金を少なくとも98,000円×5.481／1000×40年＝21,486円／月受給できることになり、報酬の低い層に対してはかなりの程度所得再分配がなされていることが分かる。

　また、第3号被保険者については、第2号被保険者全体でその分の保険料をまとめて負担するため、第3号被保険者本人は保険料を負担しなくても基礎年金を受給できる仕組みとなっており、これによって単身世帯から有配偶者世帯に所得再分配が行われることになる。

　このように、被用者年金では、一定の範囲で所得再分配が機能しており、その限りにおいて、定率保険料も応能負担としての性格を有していることになる。

なお、厚生年金の場合、保険料賦課及び年金額算定の基礎となる標準報酬月額及び標準賞与にそれぞれ上限（標準報酬月額は62万円、標準賞与は150万円）が設けられており、所得再分配に一定の限定が加えられている。

(ii)基礎年金

基礎年金は、定額の応益保険料（2007年度14,100円／月）（国年法87条3項）に定額年金となっているため、所得再分配機能はない。もちろん、保険料の負担能力がない低所得者等に対しては保険料負担が免除され（同法89条、90条、90条の2）、免除期間に関しては国庫負担相当分が年金額として支給されるが（同法27条）、これは、免除期間分について国庫負担による所得再分配が行われていることを意味する。

(d) 小　括

年金制度にあっては、社会保険の原則通り、年金給付の受給要件に拠出原則が組み込まれている。また、年金額については、老齢という予測可能なリスクについては比例原則に基づき、障害や死亡（遺族）という予測不可能なリスクについては必要原則に基づき額が算定される仕組みとなっている。

保険料負担についても、社会保険の原則である応益負担が基本となっているが、被用者年金制度では、所得再分配がなされている範囲で応能負担としての性格も併有している。

そもそも公的年金においては、私的年金とは異なり、個人単位で保険料額と保険給付の確率的期待値が等しくなければならないという給付反対給付均等の原則の適用がなく、必要原則が給付設計に反映されるのがその特色の1つとされてきた。さらに、財政方式が積立方式から賦課方式へと移行するにつれて、世代間での受益と負担も均衡を失するようになって行く。したがって、わが国のように修正賦課方式をとる公的年金制度にあっては、世代を超えた給付と負担の等価性を前提として応益負担か応能負担かを論じることにおのずと限界があると言えよう。

ただし、2004年の年金改革において、自動的に年金水準が引き下げられ、世代間の収支が均等する方向へと制度が改正されたことによって、公的年金制度全体としては、世代間の受益と負担が均衡する方向へとシフトすることになっ

た。

(ii) **医療保険制度**

(a) 受給要件

医療保険制度にあっては、保険料納付は受給要件とされていない。健康保険では、被用者は適用事業所に使用されることによって資格を取得し（健保法35条）、国民健康保険では、市町村に住所を有することによって被保険者資格を取得する（国保法5条）。したがって、いずれの制度においても拠出原則は受給要件とされておらず、保険料の滞納は保険給付の段階での問題とされている。

(b) 保険給付

次に、保険給付の内容についてであるが、被用者保険（健保・共済）、国民健康保険ともに、保険料拠出期間の長短にかかわらず、給付率は一定（原則、高齢者9割、乳幼児8割、一般7割）であり（健保法74条、国保法42条等）、比例原則はとられていない。これは、疾病、負傷という医療リスクが、その発生において予測不可能（発生の予測不可能性）なだけでなく、その治療にいくらかかるかわからないという意味でも予測不可能である（負担の予測不可能性）ため、必要原則を基本に据えたものと考えられる。

もっとも、必要原則を徹底すれば、患者負担は無料ないし低い定額負担の方が望ましいことになるが、現行の医療保険各法は定率負担をとり[31]、医療サービスの受益に応じて負担を求めるという形で応益負担の仕組みとした上で、高額療養費制度[32]によって患者負担に上限を設けている。

ただし、高額療養費制度については、高所得者ほど自己負担限度額が高くなっているので、この点では応能負担、すなわち所得再分配的要素が組み込まれている。さらに、2000年の医療保険改革で、高額療養費の対象とならない医療費の1％相当分を高額療養費とは別に負担する医療費定率負担の仕組みが導入された。これは応益負担の一種であり、この範囲があまりに拡大すると、高額な医療費負担をカバーするという高額療養費制度の趣旨を没却することになる。

なお、被用者保険における傷病手当金や出産手当金といった現金給付については、被保険者の標準報酬日額を基準に支給額を算出するとされており（健康保険法99条、100条及び102条）、ここでは比例原則が生かされている。

(c) 保険料負担
①被用者保険

保険料負担をみると、健康保険等の被用者保険では、年金と同じく、保険料額は報酬に保険料率を乗じた額とされている(健保法156条)。しかし、医療保険にあっては、年金と異なり、拠出実績とは無関係に給付内容が決定され、保険料がいくら高くても同じ医療給付しか受けられないため、定率の保険料負担は、応能負担として機能することになる。

また、健康保険の場合、保険料賦課の基礎となる標準報酬月額及び標準賞与の上限(標準報酬月額は121万円、標準賞与は540万円)が厚生年金(標準報酬月額は62万円、標準賞与は150万円)よりも高く設定されており、この点でも年金制度より所得再分配機能が強くなっている。

②国民健康保険

国民健康保険は、被用者以外のものが被保険者となり、これには農業者、自営業者のほか、無職者、年金受給者等多様な者が含まれる[33]ことから、保険料は応能割と応益割の組合せで算定される。応能割としては、被保険者の所得に着目した所得割と資産に着目した資産割があり、応益割としては、被保険者単位で負担する被保険者均等割と世帯単位で負担する世帯別平等割がある。市町村は、実情に応じてそれらの4つを組み合わせて保険料を設定することになる[34](国保法80条、同法施行令29条の7及び地方税法703条の4)。

ここでは、応益割の前提となる受益の程度について、個々の被保険者ないし世帯は医療保険制度から平等に受益するという考え方が前提となっている。その理由として、行政解釈では、「国保においては、医療保険という事業の性質上、納税義務者個々の受益の限度を測定して課税することは意味をもたない。このため保険税においては受益の考え方を抽象化、標準化して、課税に当たってはこの抽象的標準的な受益の程度を応益負担原則の形でとり入れ……ている」と説明されているが[35]、なぜ個々の受益の限度を測定することが意味をもたないのかは明らかにされていない。この点については、むしろ、理論上は過去の医療費の消費実績を基に個人の受益の度合いを算出することは可能だが、過去の受益実績が将来の受益と必ずしも一致するわけではなく(これまで健康でま

表Ⅲ-1　国民健康保険料（税）の賦課内訳

応能割	所得割
	資産割
応益割	被保険者均等割
	世帯別平等割

ったく医者にかからなかった者が、突然、重篤な病気に罹る場合を想起せよ。）、このような発生及び負担の予測不可能性という医療リスクの特性にその根拠を求めるべきであろう。

国民健康保険の場合、このように応能割と応益割の組み合わせで保険料が算定されるので、所得再分配機能は被用者保険よりも弱くなっている。なお、法律上、応能割と応益割の比率は50：50が原則とされているが、実際には、応能割が6割程度となっており、所得再分配に重点をおいた運用がなされている。

(d)　保険料滞納の取扱い

医療保険で問題となるのは、保険料の滞納である。被用者保険の場合には、保険料が源泉控除される（健保法167条）ので滞納はほとんど生じないが、国民健康保険の場合には、源泉控除ができないため、どうしても滞納が発生する[36]。同じく保険料の滞納が問題となっている国民年金の場合には、比例原則に基づき、滞納した期間分は年金額が減額される[37]のに対し、医療保険の場合には、必要原則を基本としているので、保険料を滞納しても保険給付の水準は変わらない。加えて、実務上、滞納によって歳入不足が生じないよう、保険料率の算定に際し、予め見込まれる保険料収納率を前提に、滞納見込み分だけ賦課総額を膨らませるという作業が行われる。例えば、収納率が90％の場合には、11％ほど膨らませた賦課総額を基に保険料率を計算するのである。これでは、まじめに保険料を払っている者が滞納者分の保険料も負担することになり、被保険者のモラルハザードにつながることになる。

このため、1986年の法改正で被保険者資格証明書制度が導入された。これは、特別の事情がないにもかかわらず保険料を滞納している、いわゆる悪質滞納者

第2章　社会保険料と租税に関する考察

に対して、市町村が被保険者証に替えて被保険者資格証明書を交付するという制度であり（国保法9条3項～6項）、これによって、保険給付の支払方法を、現物給付方式から、医療機関の窓口で滞納者がいったん医療費の全額を支払い、後に保険者から払い戻しを受ける償還払い方式に変更する（同法36条1項、53条1項、54条の2）。その上で、市町村は、滞納者に対して保険給付の差し止めを行い、さらには保険給付の額から滞納保険料を控除することができるのである（同法63条の3）。これによって、悪質滞納者に対しては必要原則を後退させ、部分的にではあるが比例原則を導入したことになる。

(e) 小　括

以上のように、医療保険制度にあっては、拠出原則が受給要件とはされておらず、必要原則が基本とされている。また、医療給付についても、疾病、負傷という医療リスクの特性にかんがみ、必要原則が基本とされているが、被用者保険の現金給付だけは比例原則が採用されている。

また、保険料負担については、健康保険等の被用者保険では、定率の応能負担による所得再分配が行われているのに対し、国民健康保険では、応能割と応益割の組み合わせで保険料が算定され、被用者保険よりも弱い所得再分配となっている。さらに、国民健康保険の悪質滞納者に対しては、部分的にではあるが比例原則が導入されている[38]。

全体として、医療保険制度にあっては、給付と負担の両面で二重に所得再分配機能が働く仕組みとなっており、特に、被用者の医療保険制度の方が、保険料の応能負担を中心として、所得再分配効果が高い仕組みとなっている。

(iii) **介護保険制度**

(a) 受給要件

介護保険の場合、保険給付を受けるためには、要支援又は要介護（以下両者を合わせて「要介護」という。）の認定を受けることが必要とされ（介護保険法19条）、被保険者資格と受給資格が分離されている点に特徴がある。被保険者資格については、国民健康保険と同様、市町村に住所を有することのみが要件とされ（同法9条）、拠出原則と結びつけられているわけではない。

なお、保険料の滞納は、医療保険制度と同様、保険給付の段階での問題とさ

れているが、支払い方法の変更に止まらず、給付水準も変更される点が異なっている。

(b) 保険給付

①第1号被保険者

医療保険制度と同様、保険料拠出期間の長短にかかわらず給付率は一定（9割）とされており（同法41条等）、比例原則はとられていない。介護リスクの場合、発生の予測不可能性だけでなく、負担の予測不可能性もある点は医療リスクと同じであるが、さらに、いったん要介護状態になると介護期間が長期に及ぶという特性がある[39]。他方、65歳以上の高齢者に占める要介護認定者の比率は16％程度であり[40]、医療保険制度に比べればリスクの発生確率ははるかに低くなっている[41]。このように、介護リスクには、いったん発生すると長期にわたる重い負担となるものの、その発生確率は低いという特性がある。

介護保険にあっても、定率給付とした上で、高額介護サービス費制度によって利用者負担に上限を設定している[42]。高額介護サービス費に係る自己負担限度額の格差は、医療保険の高額療養費ほど大きくはないが、施設給付について居住費及び食費を保険給付の対象外とする改正が2005年に行われ、その結果、低所得者と一般の利用者負担の格差は改正前よりも拡大することになった[43]。ただし、介護というリスクの場合には、1月に数百万円を超えるような膨大な費用負担が生じることはないので、医療保険よりも所得再分配効果は限定されることになる[44]。

以上のように、介護保険制度は、発生確率の低い介護リスクを対象に、必要原則を基本とした制度構成をとっており、その結果、第1号被保険者相互間では、健康な高齢者から要介護状態にある高齢者への所得再分配という機能を果たしていることになる。

②第2号被保険者

第2号被保険者の場合には、保険給付の対象が、加齢に伴って生ずる心身の変化に起因する疾病（特定疾病）による要介護状態に限定されている（同法7条3項）。このように給付の対象が限定されているのは、「初老期痴呆などのような、処遇上高齢者と同様の取扱いを行うことが適切であり、かつ、既存の障害

第2章　社会保険料と租税に関する考察

者施策では適切な処遇を提供することが困難なケースについては、65歳未満の者でも、世代間連帯の観点から一定の負担をすることを踏まえ、特例的に介護保険から給付すべきである」[45]り、また、「保険料を納付するからには何らかの給付があることが最低条件ではないかという考え方[46]」に基づいている。すなわち、特定疾病に対する介護給付の必要性という給付面の理由と、保険料を負担する以上受益可能性が必要だという負担面の両方の理由による。

　第2号被保険者の場合も、保険料拠出期間の長短にかかわらず給付率は一定（9割）であり、高額介護サービス費制度によって利用者負担に上限が設定されている。ただし、第2号被保険者の場合、要介護認定を受けた者の比率は1％以下と極めて小さくなっており[47]、受益可能性といってもほとんど観念的なものになっている。したがって、第2号被保険者の保険料負担は、「社会的扶養や世代間連帯の考え方[48]」に立った、負担金的な性格が強いものと考えられる。

(c)　保険料負担
①第1号被保険者

　介護保険の保険料負担は、所得段階別定額保険料と呼ばれる仕組みをとっている（介護保険法129条2項、同法施行令38条）。これは、第1号被保険者の「所得形態が様々であることから、負担能力とは関係なく受益があることに基づき定額とする方式（応益保険料）を基本に、負担能力に応じて所得の一定割合とする方式（応能保険料）を加味[49]」したものである。具体的には、市町村ごとにその介護給付費を賄うに足る第1号被保険者1人当たりの保険料基準額（第2期（2003年度から2005年度まで）の全国平均で3,293円／月）を算出し、所得の多寡に応じて、これに2／4から6／4までの5つに区分された割合を乗じて5段階の保険料額を決定する。

　このように、介護保険料の場合には、応益負担を基本としつつ、応能負担的要素をある程度取り入れることによって、弱いながらも所得再分配機能をもたせている。ただ、リスクの発生確率が低い介護に対する給付ということを考えると、実際にはかなり所得再分配的要素が強いものになっている。

　この所得段階別定額保険料は、保険料が月3,000円程度と他の社会保険制度に比べてかなり低いからこそできる仕組みである。したがって、今後、介護保

険料の水準が引き上げられれば、応能負担的要素を強めることが必要となろう。介護保険料については、従来から、2／4から6／4の各区分のウェイトを変更したり、5段階から6段階に区分を増やしたりして、低所得者の保険料負担を軽減し、高所得者により多くの保険料負担を求めることが認められてきたが（同法施行令38条、39条）、2005年の改正に際しては、下から2番目の区分をより細分化して、低所得者に対するきめ細かな保険料設定を可能にする改正が行われた（同法施行令38条の改正）。

②第2号被保険者

第2号被保険者に係る保険料負担の仕組みは、難解である。第2号被保険者は、「市町村の区域内に住所を有する40歳以上65歳未満の医療保険加入者」（介護保険法9条2号）とされ、第1号被保険者と同じく居住市町村の被保険者となるものの、保険料については、市町村は第2号被保険者からは徴収せず、支払基金が市町村に対して交付する介護給付費交付金をもって充てるとされている（同法129条4項、125条1項）。そして、介護給付費交付金は、支払基金が医療保険者から徴収する介護給付費納付金（以下「介護納付金」という。）をもって充て、医療保険者は、介護納付金の納付に充てるため、その加入者から保険料を徴収する義務を負うという仕組みになっている（同法150条）。

このように、第2号被保険者の介護保険料については、いわばその属する医療保険者がまとめて負担する仕組みがとられており、このため、各医療保険者は介護納付金分も含めて保険料を徴収する（健保法155条、国保法76条1項）。このような仕組みにした理由としては、確実かつ効率的に保険料を徴収するためという実務的な説明に加えて、介護保険制度の創設によって、医療保険者はそれまで老人医療として負担していた負担分を免れてその分受益することになり、ひいてはその加入者も受益することになるので、医療保険者加入者を介護保険の被保険者として保険料を負担させたのだという、受益者負担的な説明もなされている。

この第2号被保険者の介護納付金については、各医療保険制度において、一般の医療保険料と同じルールに則って保険料を賦課することになるため、被用者保険にあっては定率の応能負担として、国保にあっては応能負担と応益負担

第2章　社会保険料と租税に関する考察

の組合せとして、賦課されることになる。

(d)　保険料滞納の取扱い

　介護保険制度にあっては、滞納者に対して国民健康保険よりも厳しい仕組みが導入されている。まず、要介護認定を受けた第1号被保険者が保険料を滞納している場合には、保険給付の支払い方法を償還払い方式に切り替え、さらに保険料を納付しない場合には保険給付を差し止め、保険給付から滞納保険料を控除することができる（同法66条、67条）。ここまでは、国民健康保険の被保険者資格証明書制度と同じである。

　さらに、保険料の滞納が続き、保険料徴収権が2年の消滅時効で消滅してしまった場合、介護保険では、時効消滅した期間に応じて給付率を9割から7割に引き下げ、さらに高額介護サービス費は支給しないとされている（同法69条）。国民健康保険では、時効消滅した保険料は欠損不能金として帳簿から抹消してしまうだけなのに比べると、格段に厳しい仕組みになっている。このような仕組みを導入した理由としては、強制加入の社会保険制度として、負担の公平が強く求められることが挙げられている[52]が、それは介護保険に限ったことではない。むしろ、介護の場合にはリスクの発生確率が医療よりもはるかに低いため、保険料納付のインセンティブが働きにくいという事情を考慮したものと思われる。

　また、介護保険制度では、第2号被保険者の保険料滞納に対しても、ペナルティが課されている。すなわち、第2号被保険者が保険料を滞納している場合には、第1号被保険者と同様、保険給付の支払い方法を償還払い方式に切り替え、保険給付を差し止めることができるのである。ただし、保険給付からの滞納保険料の控除及び保険料徴収権が時効消滅した場合の給付率の引下げ等の措置は認められていない（同法68条、69条）。この保険料滞納が問題となるのは、実際上、第2号被保険者たる国民健康保険の被保険者である。

　ここで、国民健康保険の保険料を滞納した者が、なぜ介護保険制度から保険給付差し止め等のペナルティを受けるのかが問題となる。これについては、第2号被保険者の国民健康保険料の中には介護納付金分も含んでいるので、国民健康保険料の滞納を介護保険料の滞納として捉えたとの説明がなされている[53]。

しかし、国民健康保険料として賦課している以上、介護納付金分を含んでいるとしても、それはあくまで国民健康保険料であり、この説明にはかなりの無理がある。ただ、国民健康保険の保険者は、保険料滞納の有無にかかわらず、第2号被保険者1人当たり負担額にその属する第2号被保険者数を乗じた額を介護納付金として納付しなければならないため（介護保険法152条、153条）、滞納保険料のうち介護保険分として観念されるものは国民健康保険制度の負担となってしまう。第2号被保険者の保険料滞納に対するペナルティは、このような国民健康保険制度への負担転嫁を極力防止するため、介護納付金分を含むという保険料の実質に着目して、比例原則を制度化したものであろう。しかし、国民健康保険の被保険者の保険給付に充てるという保険料の本来的目的からは、疑問が残る仕組みである。

(e) 小 括

以上のように、介護保険制度にあっては、医療保険と同様、保険料納付が受給要件とはされておらず、また、必要原則に基づく定率給付が基本となっている。さらに、発生確率が低いという介護リスクの特性上、第1号被保険者相互間では、健康な高齢者から要介護高齢者への所得再分配として機能している。他方、第2号被保険者の場合には、保険給付の対象を特定疾病に限定したため、受益可能性はほとんど観念化し、その保険料負担は単なる負担金的な性格を強め、実質的には第1号被保険者に対する一方的な所得移転と化している。

また、第1号被保険者の保険料については、所得段階別定額保険料という独自の仕組みをとり、応益負担を基本としつつ、弱い所得再分配機能をもたせている。他方、第2号被保険者については、その属する医療保険者がまとめて負担する仕組みになっているため、被用者保険にあっては定率の応能負担として、国民健康保険にあっては応能負担と応益負担の組合せとして賦課されている。

さらに、保険料の悪質滞納者に対しては、給付率を引き下げるなど国民健康保険よりも厳しい仕組みが導入され、比例原則がより徹底されている。これは、リスクの発生確率が低いという介護リスクの特性を考慮したことによるものであろう。

介護保険制度全体としては、介護というリスクの特性から、所得再分配機能

表Ⅲ-2　各社会保険制度における保険原理の制度化の状況

	年金保険			医療保険				介護保険			
	被用者年金		基礎年金		健保		国保	第1号被保険者		第2号被保険者	
受給要件	○				×			×			
保険給付	老齢 ○	障害・遺族 ×	老齢 ○	障害・遺族 ×	医療給付 ×	現金給付 ○	一般 × 滞納 △	一般 ×	滞納 △	一般 ×	滞納 △
利用者負担	—				△			△			
保険料負担	△		○		×		△	△		×	

が強く働く結果となっており、特に、第2号被保険者の保険料負担は、ほとんど対価性のない負担金と化している。

　ちなみに、介護のような発生確率の低いリスクが社会保険制度の対象として適当かどうかについては異論があったところである。それにもかかわらず社会保険方式が採用されたのは、税方式の下では国家の財政規律によって財源が制約され、急増する介護需要に対応したサービスの普及が期待できないためであった[54]。

　(iv)　**全体的評価**　　以上の検証結果をまとめると、表Ⅲ-2の通りとなる。
　ここで○は、保険原理の発現形態である拠出原則、比例原則又は応益負担が基本となっている場合を、×は、これとは反対に、扶助原理の発現形態としての必要原則又は応能負担が基本となっている場合を表し、△は、両者の中間的場合を表している。もちろん、実際の制度では、例えば被用者年金の障害・遺族年金の場合には、加入期間が短いと必要原則が適用され、それが300月を超えると比例原則が適用されるといったように、拠出原則や比例原則と必要原則とが複雑に組み合わされており、○、×、△のいずれかに正確に割り切れるものではない。しかし、ここでは、各社会保険制度の基本的性質がどうなっているかを鳥瞰するため、あえて主要な性質を取り出して整理した。
　この表を見ると、給付面における拠出原理や比例原理、負担面における応益負担という保険原理が貫徹されているのは、基礎年金制度、しかもそのうちの

老齢年金についてだけということが明らかとなる。医療保険や介護保険にあっては、むしろ必要原則を中心に制度が構成され、必要原則を基本とする社会福祉とそれほど変わらない仕組みになっている。

さらに、被用者という同質な被保険者を対象とする健康保険にあっては、必要原則と応能負担が制度構成の基本とされ、健康保険制度は、健康な者から病気の者に対する所得再分配のための制度と化している。これに比べれば、多様な被保険者を対象とする国民健康保険の方がより対価的な保険制度的構成となっている。

次に、所得再分配の程度については、介護リスクの発生確率の低さ故に、介護保険制度が最も強くなっていると言えよう。特に第2号被保険者の保険料負担は、対価性のない租税負担に近いものになっている。そして、このことが逆に、悪質滞納者に対する保険給付率の引下げという形で比例原則を制度化させることにつながっているのである。

4 まとめと今後の課題

1 社会保障改革における傾向的特色

最後に、以上の検討結果を改めて整理してみよう。まず、近年の社会保障改革にみられる傾向的特色としては、社会保障給付費の抑制、社会保障財源の租税化そして社会保険料の租税化が挙げられる。他方、社会福祉分野において措置から契約への改革が行われたことにより、社会保険制度と社会福祉制度は、サービス供給の面で近似性をもつようになるだけでなく、負担の面でも同質性を有するようになった。

(i) **社会保障給付の抑制** 近年の社会保障改革にあっては、その持続可能性を確保するため、財源が社会保険料か公費かにかかわらず、社会保障給付費をいかに抑制し、将来の国民負担をいかに低く抑えるかが最大の課題とされている。すでに、年金制度における年金水準の自動的引下げ、医療保険制度や介護保険制度における患者・利用者負担の引上げなどにより、将来の社会保障給付費は大幅に抑制される見込みとなっている。2006年5月に政府が公表した「社

第 2 章 社会保険料と租税に関する考察

表Ⅲ-3 社会保障の給付と負担の見通し（2006年5月、厚生労働省推計）

		2006年度（平成18）		2011年度（平成23）		2015年度（平成27）		(参考)2025年度（平成37）	
		兆円	%	兆円	%	兆円	%	兆円	%
社会保障給付費		89.8（91.0）	23.9（24.2）	105（110）	24.2（25.3）	116（126）	25.3（27.4）	141（162）	26.1（30.0）
	年金	47.4（47.3）	12.6（12.6）	54（56）	12.5（12.9）	59（64）	12.8（13.8）	65（75）	12.0（13.8）
	医療	27.5（28.5）	7.3（7.6）	32（34）	7.5（8.0）	37（40）	8.0（8.7）	48（56）	8.8（10.3）
	福祉等	14.9（15.2）	4.0（4.1）	18（20）	4.2（4.5）	21（23）	4.5（4.9）	28（32）	5.3（5.8）
	うち介護	6.6（6.9）	1.8（1.8）	9（10）	2.0（2.3）	10（12）	2.3（2.7）	17（20）	3.1（3.7）
社会保障に係る負担		82.8（84.3）	22.0（22.4）	101（105）	23.3（24.3）	114（121）	24.8（26.3）	143（165）	26.5（30.5）
	保険料負担	54.0（54.8）	14.4（14.6）	65（67）	14.9（15.4）	73（77）	15.9（16.6）	—	—
	公費負担	28.8（29.5）	7.7（7.8）	36（38）	8.4（8.9）	41（45）	8.9（9.7）	—	—
国民所得		375.6	—	433	—	461	—	540	—

注：1) %は対国民所得。額は、各年度の名目額（将来の額は現在価格ではない）。
　　2) 公費は、2009年度に基礎年金国庫負担割合が1/2に引き上げられたものとしている。
　　3) カッコ外の数値は改革反映、カッコ内の数値は改革前のもの。
　　4) 経済前提はAケース。

会保障の給付と負担の見通し」によると、2006年と2025年を比較して、高齢化率は20.5%から28.7%へと1.4倍増加するのに対し、社会保障給付費の対国民所得比は23.9%から26.1%へと1.1倍増加するにすぎない。これは、2004年の年金改革による10兆円規模の給付抑制効果に加え、2005年の介護保険改革で3兆円、さらに今回の医療制度改革で8兆円の適正化効果を見込んだ結果であり、全体として、2025年時点で21兆円ほど社会保障給付費が縮減すると見込まれている。

しかし、このことは同時に、年金制度にあっては老後の所得保障水準の低下、医療保険や介護保険制度にあっては公的給付範囲の縮小につながり、所得保障やリスク分散といった社会保障の基本的役割の低下を意味する。

(ii) **社会保障財源の租税化**　同時に、社会保障の財源を公費に求める傾向が強まっている。その代表例は、基礎年金国庫負担割合の引き上げであるが、介護保険制度も公費負担割合は5割とされ、新たに創設される後期高齢者医療制度においても公費は5割とされている。このように、高齢者を対象とする制度について公費負担割合を高くする理由としては、高齢者の保険料負担能力が必要な給付費を賄うのには足りないことが挙げられる。

ただ、社会保障財源の多くを公費に依存するということは、保険料財源を中心とするはずの社会保険制度が国家の財政規律に従属する可能性を拡大することを意味し[55]、これは、社会保障政策が財政政策に支配されることにつながる。

(iii) **社会保険料の租税化**　わが国では、これまでも、分立する社会保険制度間の財政調整が行われてきた[56]。老人保健制度（1983年）[57]、退職者医療制度（1984年）、基礎年金制度（1986年）、被用者年金制度間調整制度（1990年）がそれである。また、前述のように、介護保険制度における第2号被保険者の保険料はその対価的性格を薄め、負担金的性格のものとなっている。さらに、今回の医療制度改革において新たに高齢者医療負担金が導入されたことにより、同一保険者の加入者のために拠出するという社会保険料の本来的意義がこれまで以上に薄れ、非対価性を強めつつあるという意味で、社会保険料の租税化が一層進行していると言えよう[58]。

さらに、国民年金改善法では、対価性を前提としない一般的な社会保険料概念に基づくと思われる国民年金の保険料納付対策が講じられており、この面でも社会保険料は租税に近づきつつある。

(iv) **社会福祉サービスと社会保険サービスの同質化**　社会福祉分野における措置から契約への改革は、社会保険制度と社会福祉制度のサービス供給面における制度的相違を喪失させた。すなわち、これによって、福祉サービス利用の決定方法が市町村による行政処分から契約に変わったというだけでなく、その根底にある理念が供給主体中心から利用者本位に転換されている。これは、利用者による自由なサービス選択が基本となるという点で、社会福祉サービスの利用構造が医療や介護といった社会保険に基づくサービスの利用構造と同質化したことを意味する。

この社会福祉サービスと社会保険サービスの同質化は、障害者自立支援法でさらに徹底された。介護保険認定審査会に対応する市町村審査会の設置、在宅・施設を通じた障害程度区分の認定、ケアマネジメントの導入、そして定率1割負担といった障害者自立支援法の制度構成は、介護保険のそれをほとんど模倣しており、障害福祉サービスと介護保険との統合に向けた制度的準備はすでに整ったと言ってよい。[59)]

前節で検討したように、社会保険制度＝社会保険料＝保険原理＝貢献原則（給付面）＝応益負担（負担面）vs. 社会福祉制度＝公費財源＝扶助原理＝必要原則（給付面）＝応能負担（負担面）という基本原理の相違は、制度的現実の下ではすでにかなりの程度融合しており、これに措置から契約へという社会福祉分野の改革が加わることにより、社会保険料か租税かという財源の種類はサービスの利用構造に影響しないことが明らかとされた。加えて、社会保険料の租税化が進むことにより、社会保険料と租税の相違はより曖昧なものとなる。しかし同時に、このことは、社会保障制度のあり方として検討課題にあがっている社会保障制度の総合化や一体的見直しといった課題の解決に幅広い選択肢を与えることにもなる。

2 社会保険料の意義

これまでの検討によって、対価性という社会保険の特色は現実の制度においては必ずしも妥当せず、完全な形で対価性が貫かれているのは、基礎年金制度の中の老齢年金だけであることが明らかとなった。医療保険や介護保険にあっては、そのリスク特性に対応して、むしろ社会福祉の特色とされる必要原則を基本に給付が構成されており、保険料負担についても、被用者保険をその典型として、応能負担が基本となっている。このような結果を前提に、改めて租税と対比させつつ、社会保険の意義を考えてみよう。

(i) **対価性の存在根拠**　まず、社会保険の特質とされてきた対価性が完全な形で貫かれているのは老齢年金だけである理由を考えてみよう。

医療保険制度の場合、特定の被用者を対象とする限定的な制度として発足した当初から、発生及び負担の両面において予測不可能性が高いという医療リス

クの特性を反映し、必要原則を基本とする制度構成がとられてきた。したがって、医療保障制度における社会保険の意義は、職域ないし地域を基盤とする連帯意識に基づき、疾病や負傷という事故が発生した場合に保険給付という形で必要な所得再分配を行うことにあったと考えることができる。

　他方、老齢年金は、予測可能で、かつ、ほとんどの被保険者が受益する老齢というリスクを対象としていることから、所得再分配よりも長生きリスクの分散に重点が置かれ、保険原理を基本とした制度構成がとられてきたものと思われる。このように、それぞれの制度発足当初から、その対象とするリスク特性の違いが、医療保険制度と年金制度の制度構成における対価性の組み込み方の相違をもたらしたものと考えることができる。

　さらに、年金制度の場合、わが国のみならず多くの先進国において、積立方式によってスタートしたものの、第二次世界大戦後のインフレなどによって積立方式は修正を余儀なくされ、やがて高齢化や少子化が顕在化するに及んで、積立方式から賦課方式へ、さらには給付建てから拠出建てへと転換されていく。このような財政方式の展開過程は、拠出と給付の等価性を喪失させる過程でもあるのだが、年金額の算定式は制度創設当初のものを引き継いできたため、見かけ上給付と負担の対価性が維持されてきた。

　(ii) **基礎年金の税方式化**　昨今、社会保険の特色たる対価性を唯一備えている老齢基礎年金に関して、各界からその税方式化を主張する意見が出されるという皮肉な状況が生まれている。これらの主張の根底には、老後の所得保障については、対価性に象徴される個人的公平性原理よりも実質的公平性原理を優先させ、無年金者や低年金者をなくして必要な年金給付を行うべきだとする考え方があるものと思われる。

　しかし、税方式年金に関しては、給付水準は低くなり、ミーンズ・テストが要件とされ、経過措置が難しいなどの制度的問題が指摘できるほか、高齢化が急速に進むわが国の場合には、世代間の公平性をいかに確保するかという困難な問題が伴う。また、すでに被保護世帯の半数近くを高齢者が占めている中で、基礎年金よりも給付水準が高い生活保護との関係をどう整理するかも課題となる。

スティグマのない老後の所得保障を実現するためには、年金制度に関しては社会保険方式を維持しつつ、ドイツと同様に、社会福祉制度の一環として、公費を財源とする、子どもへの求償がない新たな高齢者の最低所得保障制度を設け、高齢者が死亡した場合にはその相続財産に求償できるようにする方が、より合理的、かつ、現実的ではないかと思われる（第Ⅰ部第**3**章第3節参照）。

　(iii)　**対価性の2つの意味**　　これまで、社会保険料＝対価性という図式が社会保険制度において必ずしも妥当しないと述べてきたが、これは個人の受益との関係における対価性であることに留意しなければならない。すなわち、個人の負担が受益との関係で対価性をもたなくても、保険者としては、加入者の保険料を年金、医療等特定の給付のために使用しているという意味で対価性を保持しており、他制度の給付に充てられる拠出金等を除けば、「受益と負担の関係が明確である」という社会保険制度の特徴は、依然として存在している。「個人としての受益」と「制度としての受益」という概念を用いれば、個人としての受益という観点からは必ずしも対価性はないが、制度としての受益という観点からは対価性があると言い換えることもできる。

　なお、介護保険における保険料の使用範囲の拡大は、個人としての受益可能性を拡大し、介護保険制度を多少なりとも保険原理に近づけるための試みと捉えることもできよう。

　(iv)　**目的税との相違**　　「制度としての受益」という概念は、目的税との相違という問題を顕在化させる。目的税とは、特定の経費に充てる目的で課される租税をいい、自動車取得税や軽油引取税などがあるが、新たに消費税を社会保障の目的税とすべきだとの意見が各方面から出されている。

　目的税は、強制的に賦課・徴収した金銭を特定の目的に使用することから、その目的が何らかの「制度」である場合には、「制度としての受益」があると観念することができ、この場合には、目的税と社会保険料は同じ機能を果たすことになる。しかし、目的税、特に消費税を目的税とした場合には、個人の納税記録を給付に結びつけることができないため、納税額や納税期間に応じて年金額を決定したり、滞納者に対して給付率を引き下げたりすることはできない。ちなみに、税方式年金をとっている国々では、一定期間国内に居住していたこ

とを年金の受給要件としているが、これは居住期間を税の拠出実績として評価するというよりも、国家とのある程度のつながりを求めるということにその趣旨がある（第Ⅱ部第2章参照）。

　他方、社会保険料の場合には、被保険者ないしその被扶養者という形で受益者が限定される点にその基本的特性があり、しかも、保険者が保険料の徴収と保険給付を一体的に行うことから、個々人の保険料納付と保険給付を結び付けることが可能であり、この負担と給付の関連付けが制度の前提となっている。したがって、年金、医療、介護のいずれの社会保険制度にあっても、それが対価性と呼べるほどのものかどうかはともかく、何らかの形で負担と給付の関連性が制度に組み込まれている。

　このように、目的税と社会保険料は、具体的な制度論のレベルにおいては違いがあり、いずれが望ましいかは、その制度のあり方として、個人の拠出実績を何らかの形で給付に反映させることが適当かどうかという判断にかかってくることになる。その判断に際しては、当該制度の趣旨・目的（どのようなリスクを対象とするのか、何のための給付か）、給付の水準・内容（最低保障水準か、これを超える水準か、定額給付か、所得比例給付か）、対象者の一般性（対象者が一般的か、限定的か）、負担のあり方（どの程度所得再分配機能を持たせるのか）などを総合的に勘案することが必要となろう。

(v) 拠出金等の根拠

(a) これまでの拠出金の根拠

　さらに、租税との関係だけでなく、近年とみに多用されるようになっている拠出金等をどう考えるかも問題となる。というのも、老人保健拠出金などの拠出金は、その保険者の被保険者等に対する保険給付のためではなく、他の制度の支出に充てられるため、一般の保険料のように被保険者にとっての対価性はなく、さらに、「制度としての受益」があるとも考えにくいからである。

　老人保健拠出金、退職者拠出金及び基礎年金拠出金については、それぞれ二重加入方式による共同事業、修正された保険者概念、制度の一本化という制度的仕組みにより負担の根拠を正当化できるが、被用者年金制度間費用負担調整制度については、これを合理化できる制度的理由は明らかではない[63]。では、今

回の医療制度改革で導入された高齢者医療負担金については、どのように考えるべきであろうか。

(b) 高齢者医療負担金の根拠

①前期高齢者納付金

まず、前期高齢者医療制度にあっては、二重加入方式をとっていることから（高齢者医療確保法 7 条 3 項、32条）、前期高齢者医療を全保険者の共同事業と観念しつつ、国民の共同連帯等の理念に基づきその費用を公平に負担するという、老人保健制度と同様の共同事業方式によっているものと考えることができる。したがって、前期高齢者納付金は、前期高齢者の医療費に係る共同事業のための負担金ということになろう。

②後期高齢者支援金

他方、後期高齢者支援金の負担根拠については、政府によれば、まず、従来、老人医療費を負担してきた医療保険の保険者にとって、後期高齢者医療制度の創設により後期高齢者に対する医療給付を免れ、さらには、後期高齢者を被保険者にしないでよいことになるので、これらの者に対する医療給付費を免れるという意味で、受益に対する負担という性格があると説明されている。[64]

しかし、この説明では、個人としての医療保険の加入者がなぜ後期高齢者支援金を負担するのかについての直接的説明になっておらず（健康保険等の医療保険制度の加入者は、後期高齢者医療制度の被保険者ではないので、後期高齢者の医療費を負担する制度的理由はないはずである。）、そもそも、制度改正前後の状態を比較して、ある制度の受益の有無を論じること自体に疑問がある。したがって、強いて後期高齢者支援金の根拠を求めるとすれば、後期高齢者の医療費については、社会連帯の考え方に基づき、国民全体で支え合うべきであるという考え方に行き着くことになり、そうだとすると、後期高齢者支援金は、準公共財としての後期高齢者医療に係る負担金と考えるべきことになりそうである。[65]

しかし、そう考えるためには、後期高齢者支援金について、特定健康診査等の目標達成状況等を勘案して、90／100から110／100の範囲で加算減算できるとされていることをどう理解するかがネックとなる。というのも、第一に、社会連帯に基づく負担金という概念にこのような加算減算措置がなじむのかとい

う問題がある。第二に、40歳以上の者に対する特定健康診査等の結果が直ちに75歳以上の後期高齢者の医療費の多寡に影響するわけではなく、一般的には20～30年後にその影響が現れるものと思われ、したがって、今の後期高齢者の医療費の多寡と特定健康診査等との因果関係を明らかにしようとしても、それは不可能と言うしかないからである。それにもかかわらず、この加減措置を前提に後期高齢者支援金を説明しようとすれば、国民皆保険体制の下で75歳以上の後期高齢者医療を支えるための、国民の共同連帯等の理念に基づく、40歳～74歳の加入者に対する保険者の健診努力に応じた負担金という不合理なものになってしまう。

(vi) 民主的統制の問題

(a) 社会保険料と租税法律主義――旭川市国民健康保険料事件最高裁判決

租税であれ、社会保険料であれ、強制的な金銭の賦課徴収に対して民主的なコントロールを及ぼすことは、財政民主主義の基本的な要請である。このため、租税については租税法律主義（憲法84条）の適用が求められるが、社会保険料についてもその適用があるかが問題となる。

国民健康保険料を定めた旭川市国民健康保険条例が租税法律主義に違反するかどうかが争われた事件で、最高裁判所（最大判平成18.3.1、民集60巻2号587頁、判例時報1923号11頁）は、社会保険としての目的及び性質は「保険事故により生ずる個人の経済的損害を加入者相互において分担す」ることにあり、保険料は、「被保険者において保険給付を受け得ることに対する反対給付として徴収されるものである」として、「国又は地方公共団体が、課税権に基づき、……特別の給付に対する反対給付としてではなく、一定の要件に該当するすべての者に対して課する」租税とは性質が異なるので、国民健康保険料に憲法84条の規定が直接に適用されることはないと判示した。[66]

このように、最高裁判決は、社会保険料としての国民健康保険料の特質を、保険給付を受け得ることに対する反対給付性又は「保険料と保険給付を受け得る地位とのけん連性」に見出しているようである。しかし、前述のように、国民健康保険にあっては、保険料納付は給付の受給要件とはされず、悪質滞納者についてだけ負担と給付の関連性が制度化されており、また、保険給付の内容

も、保険料拠出に比例するものとはなっていない。したがって、判決で言う反対給付性ないしけん連性とは、一般的に、社会保険においては保険料を拠出するから保険給付が受けられるという程度の観念的なものとしてか、又は前述の「制度としての受益」という意味での対価性として理解するしかないように思われる。

この問題については、むしろ、滝井裁判官の補足意見にあるように、保険料の反対給付性ないしけん連性（滝井裁判官は、「対価性」という言葉を用いている。）だけでなく、保険集団の民主的統制手段としての保険者自治による民主的なコントロールの程度・内容も考慮に入れた方がより説得力を増すであろう。[67]

(b) 拠出金と租税法律主義

ところで、現行法上、老人保健拠出金や退職者医療拠出金、基礎年金拠出金といった制度間調整のための負担に係る拠出金の額は、法律でなく政省令で定められている（老人保健法55条、国保法81条の4、国年法94条の3等）。これらのうち基礎年金拠出金以外は被保険者にとって直接的な対価性はなく、また、保険者の自治による民主的コントロールも期待できないことから、租税法律主義を厳密に解すれば、これら拠出金の拠出率は法律で定めるべきことになる。

この点に関連し、医療制度改革法の審議の際、後期高齢者支援金は、料率が法律で明確に規定されていないので、租税法律主義に反するのではないかが問題となった。これに対し、政府は、「後期高齢者支援金については、……後期高齢者の医療費は、国民皆保険の下、国民全体で支え合うべきという社会連帯の精神に基づき、被用者保険及び国保の各保険者が、法律の規定に基づき、その被保険者から徴収する保険料により負担するものであり、税で賄うべきものとは考えておらず、租税法律主義に反するものではない」と答弁している。[68] この答弁の要点は、後期高齢者支援金は保険者が保険料として徴収するものなので税ではないということにあり、これではトートロジーでしかない。

この問題については、むしろ、対価性のないこれら拠出金・負担金には租税法律主義の趣旨が及ぶものの、法律上、その使途が制度目的との関連で合理的な範囲に限定され、かつ、拠出金の算定方法が詳細に規定されて拠出金負担の内容が観念的かつ一義的に明確になっているような場合には、租税法律主義が

203

許容する個別的委任の範囲内にあると解することができるのではなかろうか[69]。ちなみに、介護保険料や高齢者医療負担金の算定方法については、それぞれの法律で詳細に規定しており、さらに、医療制度改革による改正後の健康保険法では、保険料の額を、①保険給付、保健事業、福祉事業等に充てられる基本保険料、②高齢者医療負担金（前期高齢者納付金及び後期高齢者支援金）に充てられる特定保険料、③介護保険の第2号保険者が負担する介護納付金に充てられる介護保険料の3種に分け、使途別の区分を明確にしている（健保法156条、160条）。

(vii) **国家財政からの自立** 以上のほか、社会保険料と租税の相違として、国家による財政規律の問題がある。すなわち、租税の場合には、それが目的税であっても、国家の一般的な財政規律に服することになるのに対し、社会保険の母国ドイツ、フランスでは、社会保険制度の歴史は国家財政からの自立の歴史であり[70]、現在でも金庫独自の財政的自律はある程度維持されているのである。

しかし、わが国の場合には、これまでも社会保険制度における国家財政からの自立が確立されてきたとは言えず、むしろ社会保険制度は国家による国民の生活保障のための手段として位置付けられてきた[71]。加えて、わが国のように、皆保険・皆年金を社会保障政策の基本にすえる場合には、2002年の医療保険改革における給付率の統一や、昨今の年金制度の一元化に関する議論にみられるように、特定の職域ないしは地域における自治よりも、国家による全国民を通じた社会的公平の実現に高い政策的価値が置かれることになり、より一層社会保険制度の財政的自律性は失われていくことになる。

ただし、介護保険制度の施行によって介護サービスの供給量が飛躍的に増大したことが証明しているように[72]、財源をすべて公費に依存する制度よりも、社会保険料を財源とする制度の方が国家の財政規律に服する程度は相対的に緩やかであり、介護保険制度創設の目的の1つはそこにあった。

この点に関連し、省庁再編によって、経済財政諮問会議が個別の制度に対して関与を行うシステムが制度化され、社会保険制度もその例外ではなくなっている。社会保険制度に対して17兆円近い国庫負担が支出されているだけでなく、社会保障給付費が国家予算を上回るような規模になってくると[73]、財源の種類いかんにかかわらず、国家が制度のあり方に関与せざるを得なくなってくるのは

当然であろう。ただし、それだけに、経済財政諮問会議がどのようなメンバーによって構成され、どのような基本的立場に立って議論を行うのかが重要となる。

3 今後の課題

(i) 社会保障改革の根底にある国家観の転換　これまでの検討の結果、社会保険料と租税の相違は必ずしも絶対的なものではなく、租税、特に目的税との比較では、両者の区分はかなり相対的であること、それにもかかわらず、給付と負担の関連性に社会保険料の特徴があることが明らかとなった。

そもそも、社会保険制度は、私的な相互扶助組織が国家によって公的な存在として承認されたものであり[74]、その根底には当事者間の合意の存在を見出すことができる。この意味で、その沿革からしても、社会保険の方が契約的構成に親和的であると言えよう。

他方、租税の場合、その根拠については利益説と義務説の対立がある。これは、租税を公共サービスに対する報償と考えるか否かだけでなく、社会契約説の立場に立つ啓蒙思想家達によって主張された、国家を個人間の契約によって成立したものと考える個人主義的な国家観に立つか、19世紀後期のドイツの国家観と結びついて主張された、個人を超越した有機体主義的国家観に立つかという国家観の問題にまでさかのぼる[75]。

わが国の行政法体系はドイツを淵源としており[76]、したがって行政処分を制度的基盤とする社会福祉の制度原理もドイツ法を継受したものと思料される。そうだとすれば、社会福祉制度の基本をなす措置制度の根底にある国家観も、租税の根拠としての義務説と同じく、個人を超越した国家観に立っていることになる。

このように考えると、サービスの利用方式を措置から契約へ、利用者負担を応能負担から応益負担へと改める一連の社会福祉改革は、単に給付と負担の仕組みを改めるというだけでなく、その根底にある国家観の転換を伴っていると考えることができる。これに、公的給付範囲の縮小を狙いとした医療保険改革や介護保険改革を考え合せると、近年の社会保障改革の背景には、国家が財の

公正な分配を担い、社会的公平の実現を図るというこれまでのパターナリスティックな国家観から、契約に基礎を置いた個人主義的な国家観への転換があると観念することができ、さらにはリバタリアニズム的な最小国家を目指そうという意図すら感じられる。

　(ii)　**今後の課題**　このように、近年の社会保障改革は、社会保障のパラダイムの転換をもたらす可能性を多分に含んでおり、したがって、このような改革を評価するためにも、社会保障法制度のあり方を原点に立ち返って考えることが必要となっている。

　そのためには、まず、社会保障制度の基本的役割をどう考えるかが重要となる。昨今、日本社会における格差の拡大が指摘される中で、「小さな政府か、大きな政府か」という標語で表される国家の役割の問題は、本来自由に委ねられた個人の生活領域に、社会保障を通じて国家がどこまで関与し、個人の生活上のリスクに関して、どの程度まで所得再分配を中心とする社会的公平の実現を図るべきかという問題に置き換えることができ、これは、そのよって立つ国家観をどう考えるかという思想的問題と表裏一体の関係にある。

　次に、皆保険・皆年金を維持するために社会保険の役割が拡大する結果、社会保険料と租税の区分が相対化してきている。このことによって、逆説的ではあるが、社会保障の給付と負担のあり方を税制と一体的に考える可能性がかえって広がることにもなる。すでに、2000年の児童手当の対象年齢の引上げに際し、扶養控除の加算措置の廃止によって財源を捻出する改正が行われており、基礎年金の国庫負担割合の1／2への段階的引上げに際しては、公的年金等控除の廃止により財源が捻出されるなど、税制と一体になった社会保障改革が行われつつある。今後は、租税と社会保険料を一体的に捉えた上で、社会保障と税制を総合化した、国民の生活保障という観点に立った新たな政策体系の確立が課題となる。

　さらに、被用者の世界にあっては、終身雇用の崩壊、雇用の流動化、非典型雇用やフリーターの増加が進み、また、非被用者の世界でも、ニートと呼ばれる非就業層が出現している。他方、地域社会に目を転じれば、高齢化と過疎化、さらには人口減少によって地域社会の基盤喪失が現実のものとなっている。現

在の社会保険制度は、「ムラ」と「会社」という共同体意識に支えられた場を前提として作られているが[77]、このような社会実態の変化は、制度の前提となっている社会構造と現実の社会実態との乖離を拡大することになる。社会保険制度の基礎に連帯意識の存在を認識し、他人の受益可能性を自己のそれと同一視し得るような意識と解するとしても[78]、このような社会実態の急速な変化は、連帯意識を共有しうる保険集団のあり方を大きく変容させることになる。保険集団の基盤を「ムラ」と「会社」に依存することはもはや困難となりつつあり、それぞれの制度目的と現実の社会実態に即した政策誘導的な保険集団構成の方が連帯意識を醸成しやすくなっているようにも思われる。

例えば、今回の医療制度改革では、都道府県単位での保険者の再編・統合を進め、政管健保については、国とは切り離した全国単位の公法人を設立して都道府県ごとの保険料率を設定するとともに、都道府県単位での地域型健康保険組合の設立を認めるとしているが[79]、これをさらに進めれば、ドイツで導入された保険者選択制[80]にみられるように、個人が選択できる、効率性を基盤とした保険集団の構築が、いずれ現実の課題となるかもしれない。

他方、年金制度にあっては、公的年金を拠出建て年金に改めて被保険者に運用リスクなどの負担を転嫁するという政策選択をしない限り、年金制度が賦課方式的要素を強めるほど制度の永続性が不可欠となり、制度運営に関する国家の役割が強まっていくことになる。

12) 経済同友会は、2007年4月に「活力ある経済社会を支える社会保障制度改革」と題する政策提言を発表し、消費税を年金目的税化して新基礎年金に充てるべきことを主張している。また、日本労働組合総連合（連合）は、2002年10月に「21世紀社会保障ビジョン」を発表し、基礎年金は税方式に転換し、その財源の一部は目的間接税（消費税）で賄うべきとしている。さらに、民主党は、かつて（2004年当時）は、年金目的消費税などを財源とした最低保障年金の創設を主張していたが、現在は、歳出削減などにより必要な財源を捻出すべきとの主張に変えたようである。さらに、政府の経済財政諮問会議でも、2007年10月25日の会議では、基礎年金の税方式年金化も含めた議論が行われている。
13) 西村健一郎『社会保障法』（有斐閣、2003年）453頁、加藤智章他『社会保障法〔第3版〕』（有斐閣、2007年）262頁（前田雅子執筆）等。
14) この法律の問題点については、堤修三「障害者自立支援法案の立法政策的検討」社会

保険旬報 No. 2256（2005年）6-13頁。なお、2007年9月25日の自民党と公明党の連立政権合意では、70〜74歳の患者負担引上げの凍結などのほか、障害者自立支援法の抜本的な見直しも合意されている。
15) 江口隆裕『社会保障の基本原理を考える』（有斐閣、1996年）148頁以下参照。
16) 租税の意義については、金子宏『租税法（第11版）』（弘文堂、2006年）1-12頁。
17) 金子能宏「少子高齢社会の社会保障財政」ジュリスト No. 1282（2005年）14-15頁。
18) 金子・前掲書（注16）10頁。
19) 堀勝洋『社会保障法総論〔第2版〕』（東京大学出版会、2004年）45頁。
20) 岩村正彦『社会保障法Ⅰ』（弘文堂、2001年）113頁。
21) 加藤智章他『社会保障法〔第2版〕』（有斐閣、2003年）19頁（菊池馨実執筆）。
22) 金子・前掲（注16）5頁。
23) 江口・前掲（注15）59頁以下参照。
24) 1994年3月28日付け高齢社会福祉ビジョン懇談会（厚生省の私的懇談会）報告書「21世紀福祉ビジョン」9頁。
25) 1995年7月4日付け社会保障制度審議会勧告「社会保障体制の再構築——安心して暮らせる21世紀の社会を目指して」第2章第2節2及び1995年7月26日付け老人保健福祉審議会「新たな高齢者介護システムの確立について（中間報告）」第2参照。
26) 同懇談会は、社会保障制度全般について、税、保険料等の負担と給付の在り方を含め、一体的な見直しを行う必要があるとして、2004年7月、内閣官房長官の下に設置され、2006年5月「今後の社会保障の在り方について」と題する報告書を取りまとめた。
27) 堀勝洋『現代社会保障・社会福祉の基本問題——21世紀へのパラダイム転換』（ミネルヴァ書房、1997年）79頁以下。
28) もちろん、堀も、現実の制度にあっては、両者の原理のウェイトのかけ方いかんで制度の内容は違ってくることを認めている。堀・前掲書（注19）82頁参照。
29) 2006年9月から2007年8月までの期間に係る保険料率を用いた（厚年法81条4項）。
30) 厚生労働省年金局数理課『厚生年金・国民年金平成16年財政再計算結果』247頁。
31) 健保法施行以降、被用者本人は10割給付だったが、1957年から定額負担（外来初診時100円、入院1日30円）が導入されるようになった。さらに、1984年には1割の定率負担に改められ、1997年には2割、2003年には3割の負担となった。
　また、70歳以上の高齢者の場合、1972年に福祉の措置として老人医療無料化が実施されたが、1983年の老人保健法の施行によって定額負担が導入された。その後、国家財政及び医療保険財政の悪化とともに負担額は引き上げられ、2001年には上限付きの1割負担に、2002年には上限なしの1割（高所得者2割）負担に改められた。
32) 2007年4月現在、高額療養費の自己負担限度額（月額）は、70歳未満の場合、上位所得者（月収53万円以上）150,000円＋（医療費−500,000円）×1％、一般80,100円＋（医療費−267,000円）×1％、低所得者（住民税非課税）35,400円となっている。また、70歳以上の高齢者の場合、現役並み所得者（月収28万円以上）80,100円＋（医療費−267,000円）×1％、一般44,400円、低所得者（住民税非課税）24,600円又は15,000円となっている。

第 2 章　社会保険料と租税に関する考察

33）　市町村国保の場合、被保険者の年齢構成が高齢化するだけでなく、無所得世帯の占める割合が1990年の19.2%から2000年には25.4%に増加するなど、被保険者の内実は年々保険料徴収の困難さを増加させる実態になっている。
34）　ただし、少なくとも応能割と応益割から、それぞれ所得割と被保険者均等割は選択しなければならない。
35）　厚生省保険局国民健康保険課編『平成4年度版・国民健康保険基礎講座』（社会保険実務研究所、1993年）642頁。
36）　市町村国保の保険料収納率は年々低下の傾向にあったが、2005年度に90.15%と10年ぶりに0.06%上昇した。
37）　したがって、国民年金の保険料未納は、短期的には保険料増加につながるが、長期的には保険料への影響はそれほど大きいものではない。厚生省年金局数理課『厚生年金・国民年金数理レポート（1999年財政再計算結果）』（法研、2000年）224頁以下。
38）　岩村・前掲書（注20）128頁では、国民保険料と給付の対価性の証左として、資格証明書の取扱いを挙げているが、これは限定的な対価性の発露と考えるべきであろう。
39）　65歳以上の寝たきり者を寝たきり期間別にみると、3年以上が48.7%、1年以上3年未満が24.3%となっている（内閣府『平成13年版高齢社会白書』）。
40）　2006年3月末現在、第1号被保険者（2,588万人）に対する要介護認定者数（432万人）の割合は、16.1%となっている（厚生労働省、第2回介護保険事業運営懇談会資料（2007年3月26日））。
41）　病気にかかったり、怪我をしたりしたことがない者は皆無であるという意味で、疾病、負傷というリスクの発生確率は100%とみなすことができよう。
42）　2007年4月現在、高額介護サービス費の自己負担限度額（月額）は、一般37,200円、市町村民税非課税世帯24,600円、生活保護の被保護者15,000円等となっている。
43）　例えば、特別養護老人ホーム入所者の1か月当たり利用者負担額は、利用者負担第1段階の低所得者が2.5万円から3.5万円に1万円上がるのに対し、利用者負担第4段階の一般の者は5.6万円から10.4万円へと倍近く上がることになる。
44）　2004年度において健保組合が支払った医療費のうち、1か月の医療費が1,000万円以上のものは89件、500万円以上のものは2,462件であった（2005年7月21日健保連発表「平成16年度高額レセプト上位の概要」）。
45）　厚生省高齢者介護対策本部事務局監修『高齢者介護保険制度の創設について——国民の議論を深めるために』（ぎょうせい、1996年）45頁。
46）　遠藤浩・神田裕二「介護保険法案の作成をめぐって」法制研究66巻4号（2000年）456頁。
47）　要介護認定を受けた第2号被保険者の数は、2000年度から2002年度までの3年間で32万人であり、これは2002年度の第2号被保険者数4,265万人の0.7%にすぎない。
48）　厚生省高齢者介護対策本部事務局・前掲書（注45）45頁。
49）　厚生省高齢者介護対策本部事務局・前掲書（注45）46頁。
50）　厚生省高齢者介護対策本部事務局・前掲書（注45）48頁。
51）　遠藤他・前掲論文（注46）421頁。

第Ⅲ部　変貌する日本の年金

52）　遠藤他・前掲論文（注46）426頁。
53）　遠藤他・前掲論文（注46）427頁。
54）　高齢社会福祉ビジョン懇談会・前掲（注24）では、年金、医療、福祉等の給付構造を5：4：1から、5：3：2に引上げ、高齢者介護や雇用、子育て等の対策の充実の必要性を訴えていた。
55）　社会保険制度の歴史が財務行政と財政からの自立の歴史であったことについては、宮島洋「社会保障の改革　1行政からの自立」2004年2月23日付け日本経済新聞参照。
56）　社会保障制度間調整の構造と問題点については、江口隆裕「社会保障の財政」『講座社会保障法第1巻　21世紀の社会保障法』（法律文化社、2001年）157頁以下参照。
57）　（　）内は、実施年度を表す。
58）　保険者間の共同事業として位置づけられた老人保健拠出金に対してさえ、なぜ自分達が拠出した保険料が他の制度のために使用されるのだという不満が、特に健保組合から出され、これが新たな高齢者医療制度創設の1つのきっかけとなった。
59）　介護保険の被保険者の範囲の拡大問題については、介護保険法改正法附則2条に訓示規定がおかれ、平成21年度を目途として所要の措置を講ずるものとされた。
60）　ドイツの2004年の年金改革については、Hans Ludwig Flecken「大陸欧州の年金制度改革とわが国への示唆～ドイツ・フランスの改革」年金と経済第23巻4号（2005年）128-139頁及び田中耕太郎「ドイツの年金改革」社会保障法第20号（2005年）19-33頁。
61）　江口・前掲書（注15）113-114頁及び191-92頁。
62）　金子・前掲書（注16）16頁。
63）　江口・前掲書（注15）186-188頁、202-203頁、江口・前掲論文（注56）157-160頁。
64）　平成18年4月21日、衆議院厚生労働委員会での三井辨雄委員の質問に対する水田政府参考人の答弁。
65）　水田政府参考人・前掲答弁（注64）及び平成18年5月30日、参議院厚生労働委員会での朝日俊弘委員の質問に対する水田政府参考人の答弁参照。
66）　本判決の評釈としては、碓井光明、法学教室309号（2006年）19頁以下、鈴木敦士、法律のひろば59巻7号（2006年）74頁以下、菊池馨実、季刊社会保障研究42巻3号（2006年）304頁以下、倉田聡、判例時報1944号（2006年）180頁以下などがある。
67）　江口・前掲書（注15）199頁。
68）　平成18年5月22日、参議院本会議での山本孝議員の質疑に対する川崎厚生労働大臣の答弁。
69）　江口・前掲書（注15）200頁。金子・前掲書（注16）81頁では、課税要件に関する定めを政省令に委任するのはそれが具体的・個別的委任であれば許されるとするが、本文で述べたような要件を満たす場合には、これと同視できるのではなかろうか。
70）　宮島・前掲論文（注55）。
71）　江口・前掲書（注15）201-202頁。
72）　介護保険制度施行直後の2000年5月と4年後の2004年5月の時点を比較すると、サービス事業者数は、在宅3本柱といわれる、訪問介護で1.7倍、通所介護で1.8倍、短期入所生活介護で1.2倍増加している。グループホームに至っては9.4倍も増加した。

73) 2003年度の社会保障給付費は84兆2,668億円で、同年度の一般会計予算81兆7,891億円を2.5兆円上回っている。
74) ドイツについては倉田聡『医療保険の基本構造——ドイツ疾病保険制度史研究』（北海道大学図書刊行会、1997年）58頁及び木下秀雄『ビスマルク労働者保険法成立史』（有斐閣、1997年）17頁、フランスについては伊奈川秀和『フランスに学ぶ社会保障改革』（中央法規・2000年）64頁、加藤智章「フランス社会保障制度の構造とその特徴」北大法学論集35巻3・4合併号（1984年）465頁、471頁。
75) 橋本徹「第4章 租税の根拠」『租税法講座第1巻 租税法基礎理論』（ぎょうせい、1974年）117頁以下。
76) 塩野宏『行政法Ⅰ〔第四版〕』（有斐閣、2005年）18頁。
77) 江口・前掲書（注15）204頁。
78) 江口・前掲書（注15）204頁。
79) 全国一本の政管健保が実質的な公平を欠くものであることについては、江口・前掲書（注15）112頁、健保と国保を都道府県単位に再編すれば、制度間の公平が図れることについては、同書114頁参照。
80) ドイツの医療保険改革については、松本勝明『ドイツ社会保障論1——医療保険』（信山社、2003年）。

第3章

公的年金と私的年金の融合化と国家・個人の新たなリスク分担

1 はじめに

　本章では、主に1990年代後半以降行われてきた諸外国の年金改革における公的年金と私的年金の融合化とでも呼ぶべき新たな傾向的特色を明らかにした上で、公的年金に関する国家と個人のリスク負担のあり方を検討し、わが国の公的年金制度における今後の課題を提示するとともに、年金制度における国家の役割について考えたい。そのため、まず、諸外国における年金改革に共通する特色を明らかにすることから始めたい。

2　諸外国の年金改革——公的年金と私的年金の融合化——

　近年、諸外国の年金制度にあっては、公的年金と私的年金の伝統的区分を覆すような改革が相次いでおり、これを「公的年金と私的年金の融合化」と呼ぶことにする。これは、さらに「私的年金の公的年金への組入れ」と「公的年金の私的年金化」に分けることができる。

1　私的年金の公的年金への組入れ

　まず、公的年金と私的年金の垣根を一部取り払い、私的年金を公的年金の枠組に取り込む「私的年金の公的年金への組入れ」からみてみよう。
　(i) 厚生年金基金制度　まず、1965年に創設されたわが国の厚生年金基金制

度がある。これは、すでに企業が行っていた退職一時金や企業年金と厚生年金との調整を図るため、企業年金たる厚生年金基金が公的年金たる厚生年金の報酬比例部分を政府に代わって支給すること（代行給付）を認め、これに独自の上乗せ部分を加えたものを企業年金として支給する制度である。

　この制度は、企業年金と公的年金の調整を公的年金たる厚生年金の側で行ったものであり[81]、私的年金の一部を公的年金制度に組み入れたものと捉えることができる。この制度によって、企業側は、代行給付として調整された分だけ企業年金の負担を軽減できることになった。

　(ii) **イギリスの職域年金の適用除外制度**　同様の仕組みは、すでにイギリスに存在した。1961年の段階制年金（GP）創設の際、一定の要件を満たす職域年金の適用除外（contract out）が認められていたのである[82]。1975年の報酬比例年金制度（SERPS）導入の際にも、一定の要件を満たす職域年金又は個人年金の適用除外が認められ、さらに、1986年の改革では、国が保険料の一部を助成してまで適格個人年金への加入を推奨した[83]。その結果、イギリスの公的年金に係る負担は、他の国に比べ極めて低い水準で推移している。

2　公的年金の私的年金化

　諸外国では、公的年金に私的年金を組み入れるだけでなく、それまで公的年金の基本的属性とされていたものを放棄し、公的年金自体を私的年金化する「公的年金の私的年金化」が相次いでいる。以下、代表的な改革を概観する。

　(i) **チ リ**　1980年にチリで行われた年金改革は、スウェーデンで開発された観念上の拠出建て年金のさきがけと位置づけることのできる画期的なものであった。改革前の制度は、他の多くの国と同様、賦課方式による給付建ての所得比例年金であったが、この改革では、これを個人勘定の積立方式による拠出建て年金に改めた。具体的には、加入者がその責任において運用会社及び運用方法を選択し、65歳になった時点で積立金を元手に加入者が民間保険から終身又は有期の年金を購入するという確定拠出型の年金に改めたのである。さらに、加入者が年金受給年齢に達しないで死亡した場合には、積立金が遺族年金として支給され、遺族年金受給者もいない場合には、その他の親族に積立金が

返還される(第Ⅱ部第**3**章参照)。

このように、改革後のチリの年金制度は、個人勘定の下、運用リスクだけでなく、長生きリスクも個人が負担する、私的年金としての性格が極めて強い仕組みとなった。公的年金の特色として残っているのは、強制加入であることと、全額国庫負担による最低保障年金があることだけである。

(ii) スウェーデン　スウェーデンでは、1998年の改革前は、賦課方式による給付建ての定額年金(基礎年金)と修正賦課方式による給付建ての所得比例年金(付加年金)の2階建て年金であったが、この改革により、老齢、障害、遺族のうち、老齢年金のみに年金制度を特化させ、定額年金を廃止して所得比例年金に一本化した。その上で、18.5％の拠出保険料のうち16％を観念上の確定拠出年金(NDC分)に、2.5％を積立方式による拠出建て年金(積立分)に充て、観念上の確定拠出年金及び積立方式による拠出建て年金はそれぞれ個人勘定で管理することとした。NDC分については1人当たり名目賃金上昇率をみなし運用利回りとして用い、積立分については加入者が運用機関及びファンドを選択して市場で運用することになる[84](第Ⅰ部第**2**章第**5**節参照)。

ここでは、この改革について、以下の2点を指摘しておきたい。第一に、年金制度を老齢年金に特化させ、しかも観念上の確定拠出年金と積立方式による拠出建て年金の積立金を個人勘定化したことにより、拠出と給付の均等性という私的年金的な性格を強めたものであること、第二に、加入者の責任で運用方法を選択し、それが個々人の年金額に反映するという積立方式による拠出建て年金の仕組みは、確定拠出型年金の導入そのものであることである。

ただし、強制加入年金であること及び全額国庫負担による最低保障年金があることに加え、加入者が死亡した場合にはその個人口座の年金資金は同じ世代の生存者に配分され、世代内扶養に回されるという点で、チリに比べれば公的年金としての性格が残っている。

(iii) ポーランド　ポーランドでは、改革前は、賦課方式に基づく老齢年金、障害・遺族年金、疾病給付及び労災を対象とする包括的社会保険制度があった。1999年の改革で、これを老齢年金とそれ以外の社会保険に区分するとともに、老齢年金については、スウェーデンと同様、観念上の確定拠出年金(NDC)が

導入されている[85]。具体的には、拠出保険料19.52%のうち12.22%を第一の柱である観念上の確定拠出年金に、7.3%を第二の柱である積立方式による拠出建て年金に充て、さらに、第三の柱として任意加入の積立方式による拠出建て年金が導入された。観念上の確定拠出年金及び積立方式による拠出建て年金は個人勘定で管理し、観念上の確定拠出年金については、みなし運用利回りとして総賃金上昇率を用いるが、積立方式による拠出建て年金については加入者の責任で運用会社及びファンドを選択する。なお、第一及び第二の柱から受給する年金が一定額を下回るときには、国庫負担による最低保障年金が支給される（第Ⅱ部第4章第5節参照）。

この改革の意義及び公的年金としての性格は、スウェーデンの年金改革とほぼ同じであるが、第二の柱である積立方式による拠出建て年金にあっては、加入者が自給率に自ら私的年金を購入するという点が違っている。また、ポーランドの特色として、みなし運用利回りに総賃金上昇率を用いたことから、大幅な人口減少が見込まれる同国の場合、将来の年金水準は急激に低下するであろうこと、他方、第二の柱である積立方式による拠出建て年金の運用利回りについては最低運用利回りを保証する制度が設けられていることが挙げられる。

(ⅳ) イギリス　イギリスは、1999年の改革で、適用除外の対象に任意加入の拠出建て年金（ステークホルダー年金）を追加することによって、私的年金の公的年金への組入れをさらに拡大した。これは、報酬比例年金に代わるものとして、個人による任意加入の確定拠出年金を認めただけでなく、非被用者にもこの制度を適用すること[86]により、公的年金の対象範囲を任意加入の非被用者にも拡大したのである。この意味で、この改革は、強制加入という公的年金の枠組みすら変質させている。ただし、この改革では、所得扶助の一環として、高齢者のための最低所得保障制度を創設していることに留意しなければならない。

さらに、2003年に導入された「年金クレジット」では、基礎国家年金を超える貯蓄を行った者に対し、国が貯蓄額に応じた金銭給付を支給する仕組みを導入した。これは、公的年金を貯蓄で補う個人の努力を国家が支援するものである[87]。

(ⅴ) ドイツ　ドイツでは、従来、賦課方式による給付建ての所得比例年金

が実施されていた。しかし、2001年の改革では、保険料（当時19.5％）のこれ以上の引上げは若い世代に受け入れられないとして、年金額算定式に「持続性ファクター」を導入し、保険料負担者に対する年金受給者の比率が高まれば給付水準が下がる仕組みを組み入れるとともに、国庫助成付きの任意加入・拠出建ての企業年金及び個人年金（リースター年金）を導入した。その目的は、公的年金の給付水準引下げ分を自助努力で補いつつ、積立方式への誘導を図ることにあった。これは、公的年金の主要な役割である給付の実質価値の維持を私的年金に委ねただけでなく、任意加入の拠出建て企業年金や個人年金に国が助成を行うという点でも、公的年金と私的年金の区分を流動化させるものであった。

3　各国の改革に共通する傾向的特色

　以上、諸外国における代表的な年金改革をみてきたが、これらの改革に共通する傾向的特色を取り出すと、次のように整理できる。

　(ⅰ)　**老齢年金への特化**　チリ、スウェーデン及びポーランドでは、年金制度を老齢年金に特化させ、障害年金、遺族年金とは別建ての制度にしている。しかも、それは、老齢年金の個人勘定化ないしは拠出建て年金化の前提として行われている。

　そもそも、年金制度が対象とするリスクのうち、老齢年金が対象とするリスクと、障害年金及び遺族年金が対象とするリスクとでは、その特性が違っている。老齢年金にあってはリスクの発生（一定年齢への到達）が予見可能であるのに対し、障害年金及び遺族年金にあっては、障害の発生や被保険者の死亡（遺族）というリスクの発生を予見することは困難であり、したがって逆選択の問題も生じにくい（第Ⅰ部第1章第1節参照）。また、老齢年金の場合には、長生きリスクや運用リスク、さらには高齢化のリスクの影響を大きく受けるのに対し、障害年金や遺族年金の場合には、これらの影響は限定的である。

　(ⅱ)　**給付建てから拠出建てへ**　チリをはじめ、スウェーデン、ポーランド、イギリス、ドイツと本章で取り上げたすべての国において、何らかの形で給付建てから拠出建てへの転換が行われている（第Ⅱ部第4章第4節第5節参照）。これは、従来政府が負担していた運用リスクを加入者に転嫁し、給付の実質価値

を維持するという伝統的な公的年金の中心的役割を放棄することを意味する。

(iii) **個人勘定化** チリ、スウェーデン及びポーランドでは公的年金の個人勘定化が行われた。また、イギリスやドイツのように公的年金への個人年金の組入れを認める場合も、実質的には個人勘定化とみなすことができる。

ただし、個人勘定化といっても、加入者が死亡した際の積立金残額を他の加入者に配分すれば、同一世代内での連帯としての長生きリスクの分散機能は残ることになる。

(iv) **加入者による選択** 本来、私的年金の特色であったはずの自己選択・自己決定という要素が広く公的年金に導入され始めている。チリ、スウェーデン及びポーランドでは、運用方法の選択だけでなく、受給開始年齢を変えて給付水準を変更することもできる。これは、運用リスクだけでなく高齢期の就労可能性や長生きリスク、そしてそれらとの見返りとしての年金給付水準を加入者の選択に委ねることを意味する。

他方、イギリスの場合には、運用成績によって年金水準を左右できる拠出建て年金を公的年金に組み入れただけでなく、公的年金の適用を受けるかどうかを個人の選択にかからしめた。さらにドイツでは、引き下げられた公的年金の補完を一般的な形で企業年金や個人年金に委ねている。

これら改革の背景には、これまでの給付建て年金のままでは、少子高齢化の急速な進展等に伴う保険料負担の急増や、経済のグローバル化による市場収益率の変動リスクの拡大に対応できないという危機意識がある。さらに、個人勘定化や加入者による選択範囲の拡大にみられるように、自己責任ないしは自己選択の契機を強めようとする傾向も見て取れる。なお、個別の事情として、体制変革等に伴う社会経済環境の急激な変化に対応できるようにすること（ポーランド）や、公的年金の守備範囲は小さくすべきだという思想に基づいて従来から制度が構築されてきたこと（イギリス）が挙げられる。

4 リスク転嫁の観点からの改革の評価

従来、公的年金制度は、国家ないし保険者が様々なリスクから個人を保護し、高齢期の所得保障を行うことを基本的な役割としていた。しかし、上述の改革

は、それまで国家等が引き受けてきたリスクを次のような形で個人に転嫁するものであった。

(i) **長生きリスク** 長生きリスクには、ある個人が平均寿命よりも長生きするという「個人としての長生きリスク」と、ある世代がそれ以前の世代よりも長生きするという「世代としての長生きリスク」がある（第Ⅰ部第**2**章第1節参照）。

(a) 個人としての長生きリスク

個人は自らの寿命を知りえないため、個人としての長生きリスクは個人の負担になじまない。このため、依然として、多くの国でこのリスクは公的年金が引き受けている。これは、終身年金という給付形態をとっているかどうかで判断できるが、チリとポーランドの積立方式による拠出建て年金にあっては、受給年齢に到達した時点で民間保険から年金を購入するものとされ、個人としての長生きリスクの負担はこの時点で民間保険に転嫁されることになった。

(b) 世代としての長生きリスク

先進諸国の年金制度が抱える最大の課題の1つが、給付設計時から年金受給時までの間に受給者の平均余命が伸びる、世代としての長生きリスクへの対応である。これは、少子化と相まって、少子高齢化のリスクとして現れることとなる。

(ii) **少子高齢化のリスク** 平均余命が伸びる長寿化と、出生率が低下する少子化とが相まって生じる少子高齢化は、給付設計時に見込んだ以上の年金給付費の増加をもたらし、これまで、多くの国において保険料負担の引上げや給付水準の引下げ・支給開始年齢の引上げ等の負担増・給付減の改革を余儀なくさせてきた。このため、スウェーデンとポーランドでは観念上の拠出建て年金の導入に合わせて「自動安定化装置」や「みなし運用利回り＝総賃金上昇率」という調整装置を用いることにより、また、ドイツでは「持続性ファクター」を導入することにより、少子高齢化のリスクを年金受給世代に転嫁することにした。これは、従来、現役世代と年金受給世代が等しく負担していた少子高齢化のリスクを年金受給世代の負担に特化させるものである。

(iii) **運用リスク** これまで、給付建て年金にあっては、国家ないしは保険

者が一定の予定利率を前提とした年金水準を保障することにより、実際の運用利回りが予定利率を下回った場合の運用リスクを引き受けていた。しかし、本章で取り上げた5か国において、何らかの形で取り入れられた拠出建て年金は、運用リスクを被保険者や受給者に転嫁するものである。これは同時に、スライド制等による年金給付の実質価値の維持という伝統的な公的年金の役割の放棄をも意味する。

さらに、チリの年金改革やスウェーデンの積立方式による拠出建て年金、ポーランドの積立方式による拠出建て年金にあっては、被保険者が運用機関や運用方法を選択するという形で直接に運用リスクを引き受けることになった。イギリスの拠出建て年金（ステークホルダー年金）やドイツのリースター年金もこの範疇に含まれる。

3　公的年金制度とリスク負担

ここで、長生きリスク、少子化リスク及び運用リスクという公的年金制度が抱える3つのリスクは、そもそも誰が負担すべきなのかを整理しておきたい（第Ⅰ部第2章第1節参照）。

1　長生きリスク

(i)　**個人としての長生きリスク**　個人としての長生きリスクは、個々人の負担にはなじまず、年金制度がこれを担わざるを得ないことは明らかである。ただ、このリスクは、終身年金という形で私的年金が担うことも可能であり、これを公的年金と私的年金のいずれが担うべきかは、私的年金も含めた年金体系全体のあり方をどう考えるかにかかってくる。

(ii)　**世代としての長生きリスク**　世代としての長生きリスクは、平均余命の伸長によって年金給付費が当初の見込み以上に増大するという形で具体化する。長生きによる受給期間の長期化という利益を享受するのは年金受給者であり、したがって、受益者たる年金受給者がこれを負担するのが合理的ということになる。

2 少子化リスク

　少子高齢化のリスクとは、少子高齢化によって保険料負担者に対する年金受給者の比率が中長期的に増大するリスクを言う。少子高齢化の要因のうち世代としての長生きリスクについては前述したので、ここでは少子化リスクについて考える。

　少子化とは出生率の低下であり、これは、女性がそのパートナーとしての男性とともに、従前より子どもを生まなくなることを意味する。少子化の要因をどう考えるかはともかく、世代という観点からみれば、後の世代の方が、世代全体としてより子どもを生まないという選択をしたものと考えることができ、年金制度が世代と世代の支え合いを基本とする以上、生まない選択（ないしはより少ない子どもを生む選択）をした世代がそのリスクを引き受けるのが合理的である。

　具体的には、生まない選択をした世代が年金受給者になった時点で生じる、子どもを生まなかった結果としての現役世代の減少、その結果としての1人当たり保険料の増加については、それに相当する給付水準の引下げという形で年金受給世代が負担すべきことになる。

3 運用リスク

　運用リスクとは、経済のグローバル化によって一層増幅した市場収益率の変動リスクである。グローバルな資本市場の下では、国家もプレイヤーの一人でしかなく、国がその収益率を確定的に予測し、これに基づいて確定給付型の年金給付を設計するのは不可能である。仮に、国が運用リスクを負うとすれば、それは国民の最終的な危険負担者として[89]ということになろう。

　国が見込んだ収益率にマイナスの乖離が生じた場合に、年金制度の枠内で対応しようとすれば、給付減か負担増という形で受給者又は被保険者に負担を転嫁することになる。他方、年金制度の枠を超えた最終的な危険負担者として対応しようとすれば、当初見込みとの乖離による財源不足分は租税で補塡することになる。このように考えると、いずれの選択を行うにせよ、最終的には、受給者・被保険者または国民としての個人に負担が転嫁されることになる以上、

公的年金にあっても、被保険者が運用のあり方を選択できるようにすべきだという考え方が説得力を持ってくる。これは、加入者による選択肢の拡大という観点からも、基礎付けられる。

4 日本の動向とその評価

1 2004年年金改革の評価

　以上のようなリスク負担の考え方を基本にしつつ、わが国の2004年改革を評価してみよう。この改革では、給付建てを維持しつつ、保険料水準固定方式とセットでマクロ経済スライドを導入し、スライド調整率で全体の給付水準を自動的に調整するという方法を選択した。これは、負担の上限を設定することにより、年金水準の確保よりも現役世代の負担増への配慮を優先したという意味で、スウェーデンやポーランド、ドイツと共通の発想に立っている。

　この改革では、スライド調整率に平均寿命の伸び分（0.3%）と被保険者数の減少分（0.6%）を組み込んでいる。これらの具体的数値が各世代の寄与分にどの程度正確に対応するのかは不明だが、世代としての長生きリスクと少子化リスクを年金受給世代の給付水準の引下げに転嫁したという方向は、妥当なものである。

　問題は、運用リスクである。2004年の改革でも給付建て年金を維持しており、また、公的年金と私的年金のあり方に関しては、両者の融合化を進めるどころか、厚生年金基金の代行返上を認めることによって、公的年金と私的年金の分化を進めようとしているようにみえる。

　上述のように、最終的にリスクを負担する者が決定も行うべきだと考えれば、わが国の年金制度における今後の課題は、公的年金運用において被保険者の選択ないしは参加の契機をいかに導入するかということになろう。

2 可能な選択肢

　ここで、本章で取り上げた諸外国における改革は、果たしてわが国において選択可能かどうかを検討してみよう。

まず、完全賦課方式を取っていないわが国の場合、チリのように給付建て年金から拠出建て年金に公的年金の給付設計を全面的に転換するという選択肢については、現在のところその必要性は低く、また、運用リスクを全面的に被保険者・受給者に転嫁することについては、理論的には採りうる選択肢だとしても、投資教育の不十分さなどその前提条件に欠けているため、これを実施に移すのは現実的ではない。

　次に、スウェーデンやポーランドのように、公的年金の一部を積立方式による拠出建て年金に充て、個人勘定の下で加入者による運用機関等の選択を認める方法については、同じく賦課方式から積立方式への転換の必要性がどこまであるかという問題はあるものの、その折衷的性格からして、チリ方式よりは、修正賦課方式を取るわが国に適合的であるように思える。

　さらに、ドイツやイギリスのように企業年金等の私的年金を公的年金に組み入れる方法については、わが国でも厚生年金基金という実績があったことを考えれば、十分に可能な選択肢と言えよう。ただし、この場合、厚生年金基金のような公的年金の代行方式ではなく、一定の要件を満たす企業年金等の適用除外（contract out）を認める方式が適当である。そこで、以下、この方式について検討を行う。

5　公的年金と私的年金の区分

　まず、わが国における公的年金と私的年金の区分を改めて整理してみよう。

1　公的年金と私的年金に関する政府見解

　公的年金と私的年金の区分に関する政府の見解をみると、古くは、①強制加入であること、②所得再分配機能を果たすため拠出と給付が厳密には対応していないこと、③国庫負担があること、④給付の実質価値の維持等幅のある財政運営が可能なこと、があげられていた。また、最近では、①強制加入、②給付の実質価値の維持、③終身年金、④国庫負担や後世代保険料の存在、があげられている。

ここで確認しておかなければならないのは、これら政府の見解は、公的年金の姿として、強制加入を前提に、所得再分配といった社会政策的な考慮が加えられた、将来にわたってその実質価値が維持される確定給付型の年金を前提としていたということである。

2 私的年金の種類

ところで、私的年金は、その性質に応じてこれを3つの種類に分けることができる。第一に、個人年金がある。これは、生命保険会社等と個人の契約に基づく年金であり、典型的な私的年金である。第二に、自社年金がある。これは、企業の年金規定や就業規則等に基づき企業が（元）従業員に対して支給する年金であり、企業の従業員という一定の集団を対象とする点で個人年金と区別され、他方、年金に関する特別の法律に基づかないという点で狭義の企業年金と区別される。第三に、確定拠出年金法、確定給付企業年金法等年金に関する特別の法律に基づき支給される年金があり、ここでは、これを準公的年金と呼ぶことにする。このうち被用者を対象とするのが狭義の企業年金であり、厚生年金基金、確定給付企業年金、確定拠出年金（企業型）、石炭鉱業年金基金及び経過的な存在としての適格退職年金がある。また、非被用者を対象とする準公的年金としては、国民年金基金、確定拠出年金（個人型）及び農業者年金基金があり、ここでは、これらを自営業者年金と総称する。

- 私的年金 { 個人年金 / 自社年金 / 準公的年金 { 企業年金（狭義） } 企業年金（広義） / 自営業者年金 }

3 私的年金の発展過程

(i) わが国にける私的年金の発展過程　ここで、わが国における私的年金の発展過程を概観しておこう。高度経済成長が始まる1960年頃、わが国では、自己管理方式の自社年金制度もある程度普及をみていたが、これには何ら税制上の措置はなく、法的保護も乏しかった[93]。その後、1962年の法人税法及び所得税法の一部改正により適格退職年金制度が創設されたことによって、自社年金か

ら適格退職年金への移行、退職一時金の年金化、新規の年金制度の実施等に弾みがつき、企業年金が普及し始めた。さらに、1965年には厚生年金保険法が改正され、1966年から厚生年金基金制度が実施された。それ以降、1980年代までは、厚生年金基金と適格退職年金を柱として、企業年金は発展してきた。

やがて1990年代に入ると、金融の世界にも規制緩和の波が押し寄せるようになる。1996年には、政府の6大改革の一環として金融システム改革が提唱され、年金運用の世界でも、5：3：3：2規制の完全撤廃（1997年）、財投協力義務の廃止（1998年）、従来運用と運用拡大の区分の完全撤廃（1999年）などの規制緩和が進められることになる。同時に、経済のグローバル化による企業間競争の激化、リストラ等による雇用の流動化、アジア通貨危機（1997年）に端を発する金融危機、そしてマイナスの経済成長・運用利回りといった社会経済環境の急激な変化とともに、終身雇用制や企業の永続性、そして一定の予定利回りの実現といった給付建て年金の前提となっていた諸条件が崩壊し始め、退職給付に係る新会計基準の導入（2000年）がこれに追い討ちをかけた。

このような環境の変化に対応するため、2000年には確定拠出年金法案が、翌2001年には確定給付企業年金法案がそれぞれ国会に提出され、ともに2001年6月に成立をみた。これによって、企業年金の世界に確定拠出年金（企業型）と確定給付企業年金が新たに登場するとともに、厚生年金基金の代行返上が制度化され、適格退職年金は2011年度末に廃止されることになった。

また、自営業等の非被用者の世界でも、1991年に国民年金基金制度が創設され、さらに確定拠出年金法によって確定拠出年金（個人型）が登場した。

以上のように、純粋な私的年金たる自社年金からスタートした企業年金は、次第に必要な法的規制と保護の枠組を獲得して公的な色彩を強めながら、その対象範囲を拡大するとともに、種類も多様なものとなってきた。また、従来個人年金しかなかった自営業者等の分野にも、公的な枠組に基づく自営業年金が登場することになった。

(ⅱ) **自社年金の「制度化」**　　次に、企業年金に関する最近の動きを見てみよう。企業間競争の激化、リストラ等による雇用の流動化やマイナスの経済成長・運用利回りは、企業年金にも大きな打撃を与えた。このため、企業年金の

解散や厚生年金基金の代行返上が相次ぎ、公的年金と私的年金が再び分化する傾向をみせるとともに、存続した企業年金にあっても、給付水準の引下げが行われることになる。この場合、特に問題となるのが、受給者への年金減額や支給打切である。というのも、現役の従業員の場合には、年金減額や支給打切に対し、雇用関係を前提に労使交渉等でその意見を主張することができるのに対し、年金受給者の場合には、すでに退職していることから、そのような形で企業に対しその意見を主張することができないからである。

この問題は、訴訟の場でも争われており、自社年金に関し年金減額や打切りが争われた主な判決としては、以下のものがある。

> ①名古屋学院事件（名古屋高判平成7年7月19日、労判700号95頁）：労使の拠出による非積立型の年金制度を廃止する就業規則の変更が、拠出金相当額の返還等の代償措置及び学校の財政窮迫状態等を考慮して有効とされた事例
> ②幸福銀行（年金減額）事件（大阪地判平成10年4月13日、判タ987号207頁）：退職金規定上の規定額の3倍程度の水準の無拠出制の退職年金を規定額に減額した措置が、年金通知書に記載された事情変更条項に基づくものとして有効とされた事例
> ③幸福銀行（年金打切）事件（大阪地判平成12年12月20日、判タ1081号189頁）：退職金規定額通りの退職年金の支給打切が違法であり、無効とされた事例
> ④松下電器産業年金減額（大津）事件（大阪高判平成18年11月28日、判時1973号75頁）：給付利率を2％引き下げる措置（9.5％～7.5％→7.5％～5.5％）が、福祉年金規定の事情変更条項に基づくものとして有効とされた事例
> ⑤松下電器産業年金減額（大阪）事件（大阪高判平成18年11月28日、判時1973号62頁）：事案の内容及び判旨は上記大津事件に同じ。
> ⑥早稲田大学年金減額事件（東京地判平成19年1月26日）：年金受給額を一律7％～35％減額する年金規則の改定が、規則に減額の根拠条項がないことなどを理由に無効とされた事例

準公的年金たる企業年金の場合には、年金減額に係る規約の変更手続等を法定し、さらには厚生労働大臣の承認にかからしめることにより、受給者の手続上の利益を保護できるが、私的年金たる自社年金の場合には何ら制度的な手当はなく、純粋な契約解釈の問題となる。注目すべきは、この自社年金に関する紛争において、一部の受給者の同意がなくても、年金規約の解釈という手法を用いて、年金支給額の減額や打切りを適法と解する判例が出ていることである

(上記①、②、④及び⑤の判例)。さらに、有力な学説も、「制度的契約」という概念を用い、私的契約である自社年金について、統一性・画一性を理由に、賃金の後払い的部分を超える部分について年金受給者に対する一方的な給付額の減額を認める法理を主張している[97]。

このように、わが国の判例及び学説は、自社年金という企業と従業員個人との契約に基づく私的年金について、企業の財政状況や受給権者が受ける不利益の内容・程度などを勘案しつつ、契約当事者たる個人の意思を基本とする意思主義を修正し、自社年金を「制度化」しようとしているかのようにみえる。企業年金が私的年金から準公的年金へと発展してきた経緯は前述の通りだが、残された私的年金である自社年金についても、給付内容が具体的に確定したはずの年金受給権、その背後にある契約当事者としての個人の意思よりも、制度の持続可能性を優先させる「制度化」が進みつつあるのである。

4　公的年金と私的年金の区分

さて、公的年金と私的年金の区分に関する前述の政府見解がどの程度妥当するかを改めて検討してみよう。ここでは、公的年金と私的年金の区分を、①強制加入、②所得再分配機能、③国庫負担、④給付の実質価値の維持の4点に整理する。

(ⅰ)　強制加入

(a)　「法律による強制」と「内部規範による強制」

まず、強制加入かどうかが公的年金と私的年金の分水嶺であると言われる。しかし、広義の企業年金の場合にも、被用者は企業と一定の雇用関係が生じれば就業規則等で定められた企業年金に当然に加入することになり、「加入しない自由」は持っていない。法律によって適用関係が決められる「法律による強制」に対し、これを「内部規範による強制」と呼ぶことにする。前者の場合には、個人が被用者か自営業等の非被用者かを選択すると厚生年金か国民年金かが決定されてしまうのに対し、後者の場合には、個人が就労する企業を選択すると企業年金の加入関係も決定されてしまうのである。規範の種類こそ違っているが、個人に年金を選択する自由がないという意味では同じである。

(b) 医療保険とは異なる強制加入の根拠

　さらに、同じ社会保険であっても、年金保険と医療保険とでは、強制加入の根拠付けが異なることにも留意が必要である。医療保険にあっては、任意加入のままだといわゆる「逆選択」が生じ、ハイリスク・グループが集中的に加入することになるため、強制加入でなければ公的制度は成り立たないとされている。

　これに対し、年金制度の場合は、少なくとも老齢年金については逆選択が生じる余地はない。というのも、年金制度は「拠出に応じた給付」を基本としており、老齢期に近づいてから慌てて加入しても、加入期間に応じた年金額しか受給できないからである[98]。例えば、10年間しか保険料拠出期間がない場合には、基礎年金であれば、満額の基礎年金の1／4の額しか受給できない。したがって、老齢年金を強制加入にすることの根拠は、「逆選択」にではなく、賦課方式の下で保険料負担者を確保し、世代間の負担の公平を確保することに見出すことになりそうである。

　しかし、実はこれも強制加入の根拠とはならない。というのも、保険料未納者の場合、将来的にはその給付も減少することから、保険料の未納が基礎年金に与える影響については、短期的には拠出金単価は上昇するものの、将来的には基礎年金給付費が減少するため、拠出金単価はそれほど上昇しないことが明らかとされているのである[99]。結局、老齢年金を強制加入にする根拠については、低額年金者ないしは無年金者が生活保護を受給し、それが公費負担＝租税負担という形で現役世代の負担に転嫁されるのを防止することに求めざるを得なくなる。

　なお、障害年金や遺族年金については、生活保障の必要性を勘案し、一定の保険料納付要件を満たしていれば、加入期間が短期間であっても一定額の年金が支給される[100]ため、老齢年金と同じ議論は当てはまらない。そもそも、障害や死亡（遺族）というリスクに関しては、逆選択自体を想定しにくく[101]、逆選択を強制加入の根拠にすることはできない。

　(ⅱ) 所得再分配機能　　一般に、所得再分配は社会保障の主要な機能とされているが、前章で検討したとおり、年金制度にあっては、この機能はそれ程大き

第Ⅲ部　変貌する日本の年金

表Ⅲ-4　公的年金と私的年金を区分するメルクマール

	個人年金	自社年金	企業年金	自営業者年金	基礎年金	厚生年金
強制加入	×	○	○	×	○	○
所得再分配	×	×	×	×	×	△
国庫負担	×	×	×	×	○	×
給付の実質価値の維持	×	×	×	×	×	×

な役割を果たしているわけではない。

　まず、基礎年金の場合には、定額保険料・定額年金であるため、基本的に所得再分配機能はない。保険料の負担能力がない低所得者等に対しては保険料納付が免除され、免除期間については国庫負担相当分が年金額に反映されるが、これは、国庫負担による所得再分配効果と考えるべきである。

　次に、被用者年金の場合、保険料額も年金額も報酬（給与及び賞与）に一定率を乗じて算出されるので、基本的に所得再分配機能はない。しかし、厚生年金の保険料には基礎年金拠出金分（定額部分）が含まれており、これによって、報酬の低い者に対してはかなりの程度所得再分配がなされている。また、第3号被保険者に対しても、単身世帯から有配偶世帯へという形で所得再分配が行われている。

　しかし、これらの場合以外には所得再分配機能は働かず、そういった意味では、年金制度における所得再分配機能は限定的なものと考えることができる。

　(iii)　**給付の実質価値の維持**　　従来、公的年金の主要な機能として考えられてきたのが、年金給付の実質価値の維持である。しかし、今回のマクロ経済スライドの導入によって、当分の間、この機能は停止された。基礎年金及び被用者年金ともに、少なくとも給付水準調整期間中は、給付の実質価値の維持という公的年金の機能は働かないことになる。

　ちなみに、厚生年金のモデル年金の推移を見ても、1985年改正の際に所得代替率が69%に設定されたものの、1994年の改正で68%へ、2000年の改正では手取り総報酬比で59%へ、と引き下げられてきており、2004年の改正ではこれが50%まで引き下げられることになった。このように、実際には、2004年改正以前

から、給付の実質価値の維持という機能が堅持されてきたわけではなかった。

(ⅳ) 小括　以上を整理すると表Ⅲ-4の通りとなり、公的年金と企業年金（広義）を区分する決定的なメルクマールは、国庫負担の有無と所得再分配機能だけになる。しかし、基礎年金の保険料部分には所得再分配機能がなく、また、厚生年金には国庫負担がないことを考えれば、これらが公的年金の決定的なメルクマールと言えるかどうかは疑わしい。

6　わが国の年金制度における今後の課題

1　企業年金の公的年金への組入れ

　公的年金と私的年金の関係については、両者はトレード・オフの関係にあり、ニコラス・バー（Nicholas Barr）教授によれば、私的年金が充実すると、長期的には公的年金の支出を減少させることができることが指摘されている[102]。さらに、わが国の場合、2004年の改革の結果、給付の実質価値の維持という公的年金の機能は停止され、両者の性格はより接近したものとなった。

　また、年金制度における強制加入の根拠を考えると、公的年金制度おいて、多大なコストをかけて強制徴収等を行うことにどこまで意味があるのかは疑問である。問題の本質はむしろ、未加入や滞納の結果生じる低年金や無年金問題をどうするかということにある。

　さらに、私的年金が積立方式を基本とすることを考えれば、後代世代への負担転嫁をなくすという意味では、賦課方式を基本とする公的年金制度より私的年金の方が望ましいとも言える。問題は、私的年金の財政的不安定性であるが、これについては私的年金に対しても財政検証を義務付けるなど必要な規制を行えばよいのであり、準公的年金としての狭義の企業年金の発展の過程が示すように、それは十分に可能である。

　このように考えれば、ドイツやイギリスのように、企業年金の公的年金への組入れを認めること、すなわち一定の要件を満たす企業年金等に加入している者については公的年金の適用除外を認めることは、現実的な検討課題となる。これによって、公的年金の保険料負担を抑制できるだけでなく、運用も含めた

被保険者の選択肢を拡大することにもなる。

2 老齢年金と障害・遺族年金の制度的分化

2004年の改革では、障害年金や遺族年金にもマクロ経済スライドを適用している。しかし、老齢年金とこれらの年金とではリスク特性が異なり、長生きリスクや少子化リスクを障害・遺族年金受給者に転嫁することが適当かどうかは疑問である。今後、マクロ経済スライドの効果が目に見えて大きくなってくると、この問題はより顕在化してこよう。また、企業年金の適用除外を制度化するためにも、障害・遺族年金は別建ての制度とする方が望ましい。

このように考えると、公的年金制度を老齢年金に特化し、障害年金や遺族年金については別の制度として構成するのも有力な選択肢となる。その場合、障害年金については、医療保険の傷病手当金との統合が考えられるし、遺族年金については、そもそも、女性の就労が一般的なものになれば、その必要性自体が失われて行くことになる。

3 高齢者の最低所得保障制度の創設

公的年金制度の強制加入の根拠を低額年金者ないしは無年金者の発生防止に求めざるを得ないことは前述した。しかし、現実には、国民年金の未納・未加入は改善せず、低年金・無年金者の増大が懸念されている。他方、生活保護に目を転じると、第Ⅰ部第3章第2節で述べたように、高齢単身世帯の生活扶助基準は、ほとんどの地域で基礎年金よりも高くなっており、生活保護制度は高齢者の所得保障制度と化しているという実態がある。

このような問題を解決するためには、生活保護も含めた高齢者の最低所得保障のあり方を抜本的に見直すことが必要となる（第Ⅰ部第3章第3節参照）。これによって高齢者の最低所得保障制度が確立されれば、公的年金制度にあっては、自己責任を基盤とした老後の所得保障にその役割を特化することが可能となり、企業年金の公的年金への組入れ等の制度的選択肢も拡大しやすくなる。

7　年金制度と国家の役割

　最後に、各国において公的年金制度がこのように多様な変貌を遂げるなかで、国家の役割はどのように変化していくのかを考えたい[103]。

1　バー教授の見解
　まず、公的年金と私的年金の関係に関するニコラス・バー教授の見解[104]を紹介しておこう。両者の関係について、教授は以下の3点を指摘している。
　第一に、私的年金と公的年金のトレード・オフ関係であり、私的年金が充実すれば、長期的には公的年金の支出を減少させることができる。第二に、効率的な政府の必要性は、公私の年金に共通であり、政府の財政的無分別はインフレを招き、私的年金の安定性をも損なうことになる。また、政府の規制が非効率であれば、金融市場は貯蓄を効率的で生産的な投資に回すことができなくなる。第三に、公的年金については、財政的及び政治的な持続可能性を維持できる政府の統治能力が必要だが、私的年金についても金融市場を効率的に規制できる政府の能力が必要となる。以上3点を指摘した上で、同教授は、各国の実情に応じた政策選択の必要性を説いている。
　第Ⅰ部第2章第5節で述べたように、積立方式と賦課方式の本質的差異は、積立方式は、保険料資産によって市場運用による収益獲得を目指すのに対し、賦課方式は、非市場運用による収益獲得、すなわち国全体の経済成長による収益の獲得を目指すのとほぼ同義ということになる。私的年金は、積立方式が原則である以上、市場運用による収益獲得を目指しており、したがって、この意味でも、公的年金と私的年金は同質性を有することになる。

2　国家の役割の変化
　（i）わが国の状況　　わが国の場合には、本章で取り上げた国々ほど公的年金と私的年金の融合化は進んでいないものの、伝統的な公的年金の特色が堅持されているわけでもない。まず、給付の実質価値の維持という点については、

231

2004年改革では、個人勘定化とまではいかないものの、現役世代の負担増への配慮を優先し、世代間での収支均等を制度的に考慮した。そのために、給付の実質価値の維持という公的年金制度の主要な役割を放棄し、年金給付水準については所得代替率50％まで低下することを制度的に容認した。

　他方、私的年金の分野では、厚生年金基金の代行返上によって公的年金と私的年金が再び分化する傾向をみせる反面、純粋な私的年金たる自社年金については、「制度化」に向けた判例の積み重ねがみられる。

　(ii) **国家的課題としての年金制度**　ちなみに、公的年金と私的年金の融合化が、公的年金の意義の低下を意味するものではない。むしろ、前述の国々では、年金問題が高度かつ重要な政治問題となり、年金制度を維持できるかどうかが政権の命運を決めるまでになったため、困難な社会経済環境の下でいかにその持続可能性を確保するかという観点から、抜本的な改革が模索され、実行されたのである。そしてその背景には、私的扶養の限界を超える長寿化や家族形態・扶養意識の変化があった。

　(iii) **年金制度に関する国家の役割の変化**　言うまでもなく、年金制度に関する国家の役割や責任は、その国の長寿化・少子化の状況、家族の形態や意識、経済状況や生活水準、年金以外の所得保障システムの有無、国家の財政状況等様々な要因によって変化する。

　そういった前提を留保したとしても、ここで取り上げた国々では、国家の責任が、年金給付に対する直接的・確定的なものから、間接的・不確定的なものへと移行するという共通の傾向がみられた。その原因は、いずれの国々も、国家の枠組を超えた経済のグローバル化の進展による経済リスクの拡大、予想を超える高齢化のリスクの顕在化といった社会経済環境の激変に対応せざるを得なかったからであり、この点では、わが国が置かれている状況も同じである。

　これに、積立方式と賦課方式の財政学的相対性という観点を付加すると、効率的な経済運営や効率的な金融市場の創出が国家の重要な役割となり、国内市場だけでなく、グローバルな市場も視野に入れた適切な対応が求められることになる。さらに進んで、国家が年金制度のリスク負担に耐え切れず、これを個人に転嫁せざるを得なくなるのであれば、私的年金を政策的に明確に位置付け、

その発展に必要な条件を整備するとともに、公的年金においても個人の選択の自由を拡大することが必要となる。

しかし同時に、これまで公的年金に留保されていた高齢期における所得保障が国家の重要な役割であることに変わりはない。ただ、それを給付建ての公的年金という、これまでは当然と思われてきた所得保障システムの下で担うだけでなく、公的年金と私的年金の融合化、さらには拠出建て年金といった多様な選択肢の中から選べるようになったのである。

また、このように年金制度に対する国家の責任が間接的・不確定的なものとなればなるほど、政策決定過程に関する説明責任が求められるようになる。いわば、結果責任から過程責任・説明責任への移行である。そして、後者を全うするためには、徹底した情報開示をはじめとする政策決定過程の透明化と、政策決定過程への若年層から高齢層までの重層的な参加が鍵になる。

3　最後に

以上、諸外国における新たな傾向を有する改革を素材に、わが国の年金制度において可能な選択肢と、年金制度における国家の役割の変化を検討した。2004年の改革は、これまでにない画期的なものであるが、わが国を取り巻く国際環境は不安定度を増し、下がり続ける出生率や予測不可能な経済環境など、年金制度を巡る状況には予断を許さない厳しいものがある。ここで取り上げた5か国のうち、今後人口減少が見込まれているのは、ドイツとポーランドの2か国だけであり、それ以外の国々にあっては、人口の増加が見込まれるにもかかわらず、前述のような大胆な改革を行っている。

超高齢社会の下で人口減少が現実のものとなったわが国の場合、2004年改革の前提条件と社会経済実態の乖離状況如何によっては、これらの国々以上に大胆な改革が必要となることを銘記しなければならない。

81）　厚生省年金局企業年金課監修『厚生年金基金制度の解説』（社会保険法規研究会、1968年）30頁以下。
82）　堀勝洋「第6章　国民保険」『先進諸国の社会保障①　イギリス』（東京大学出版会、

1999年）132頁。
83) 厚生年金基金連合会『海外の年金制度』（東洋経済新報社、1999年）234頁以下及び藤森克彦「英国ブレア政権の年金制度改革の背景とその内容」年金と経済20巻5号（2002年）22頁以下、嵩さやか『年金制度と国家の役割　英仏の比較法的研究』（東大出版会、2006年）123頁以下。
84) 井上誠一『高福祉・高負担国家スウェーデンの分析』（中央法規、2003年）271頁以下。
85) 藤森克彦「ポーランドの年金制度改革①～終」週刊社会保障 No.2346-No.2349、2005年。
86) 藤森・前掲（注83）26頁。
87) 嵩・前掲書（注83）153-155頁。
88) 有森美木「ドイツの年金改革」『先進5か国の年金改革と日本』（丸善プラネット、2005年）51-53頁。
89) 江口・前掲書（注15）206頁以下参照。
90) わが国の公的年金における段階保険料方式は、積立方式と賦課方式の組み合せとされている。厚生労働省年金局数理課・前掲書（注30）124-125頁。
91) 長尾立子『わが国の公的年金制度』（日本国民年金協会、1979年）25-26頁。
92) 厚生省年金局『21世紀の年金を「選択」する（平成9年度版年金白書）』（社会保険研究所、1998年）13-15頁。
93) 厚生省年金局企業年金課監修『厚生年金基金制度の解説』（社会保険法規研究会、1968年）11頁によると、400～500社が自社年金を有していたという。
94) ピーク時（1996年度末）に1,883あった厚生年金基金は、446基金が解散し、855基金が代行返上を行うなどにより、649基金に減少した（2007年5月1日現在）。
95) 厚生年金基金のうち給付削減を実施したのは4割の760基金に達し、受給者（退職者）に対する年金を減額した基金は累計で44基金となっている（2005年8月25日付け日本経済新聞）。
96) 確定給付企業年金法では、受給権者も対象として給付減額を行う場合には、加入員の2／3以上の同意に加え、受給権者の2／3以上の同意を得ることなどを要件とした上で、厚生労働大臣による規約の変更の承認が必要としている（同法6条、5条1項5号、施行令4条2項、施行規則5条、6条）。これに関連し、年金給付の減額等を行うための確定給付企業年金規約の変更を申請したところ、厚生労働大臣がこれを不承認としたため、企業がその取消しを求めたが、給付額を減額することにつきやむを得ないと認められる事情はないとして請求が棄却された事例がある（NTT企業年金減額事件（東京地判平成19年7月6日））。
97) 松下電器産業年金減額（大津）事件第一審（大津地判平成16年12月6日）における内田貴東京大学教授（当時）の鑑定意見参照。
98) ここでは、受給資格期間（25年）の問題は、捨象している。
99) 厚生省年金局数理課・前掲書（注37）224-232頁。
100) 基礎年金の場合には、満額の障害（遺族）基礎年金が支給され、厚生年金の場合には、加入期間が短ければこれを300月（25年）とみなして障害（遺族）厚生年金の額が計算さ

れる。
101) 障害年金を受給するために自ら事故を起こし、遺族年金を受給するために自殺するという事例は聞いたことがない。仮にこのような事例があったとしても、障害年金は支給されない（国年法69条、厚年法73条等）。
102) Nicholas BARR, "The truth About Pension Reform", International Monetary Fund, 2001, http://www.imf.org/external/pubs/ft/fandd/2001/09/barr.htm
103) 嵩・前掲書（注83）313頁以下では、生存権、自由、連帯という3つの法理念を軸に、年金制度における国家の役割を規範的観点から分析している。
104) BARR, op. cit.

初 出 一 覧

> 第Ⅱ部　変貌する世界の年金

第1章　フランスの年金改革
　　　「フランスにおける社会保障負担のあり方に関する研究」『社会保障負担のあり方に関する研究平成14年度研究報告書』国立社会保障・人口問題研究所、127-143頁、2003.3
　　　「フランスの年金制度——日本との比較を中心に」一橋大学経済研究所、PIE（特定領域研究「世代間利害調整」プロジェクト）Discussion Paper、No. 154、2003.6
　　　「フランスの年金改革——年金改革に関する2003年8月21日の法律」一橋大学経済研究所、PIE（特定領域研究「世代間利害調整」プロジェクト）Discussion Paper、No. 216、2004.6
　　　「フランスの補足年金制度——その改革に向けた歩み」一橋大学経済研究所、PIE（特定領域研究「世代間利害調整」プロジェクト）Discussion Paper、No. 272、2005.4

第2章　NZ・オーストラリアの税方式年金
　　　「税方式年金の批判的検討——NZ・オーストラリアの税方式年金を踏まえて」年金と経済、第22巻第5号、90-95頁、2004.2

第3章　チリの年金改革
　　　「チリ「年金民営化」の歴史的意義」企業年金、第26巻第1号、36-39頁、2007.1

第4章　諸外国における年金改革
　　　「諸外国における年金改革——その史的発展過程の分析」年金と経済、第24巻第3号、4-10頁、2005.10

第Ⅲ部　変貌する日本の年金

第1章　年金制度の今日的課題
　　　　「皆年金法理の再検討——新たな所得保障体系確立のために」週刊社会保障 No.2304、46-49頁、2004.10
　　　　「公的年金の一元化」週刊社会保障 No.2447、48-49頁、2007.9
　　　　「パート労働者問題」週刊社会保障 No.2428、38-39頁、2007.4
　　　　「「保険者解体」の意義」共済新報48巻2号、3-7頁、2007.2
　　　　「保険者解体」週刊社会保障 No.2419、30-31頁、2007.2
　　　　「年金問題とマスコミ・デモクラシー」週刊社会保障 No.2437、30-31頁、2007.6

第2章　社会保険料と租税に関する考察
　　　　「社会保険料の租税化」週刊社会保障 No.2390、24-25頁、2006.7
　　　　「社会保険料と租税に関する一考察——社会保険の対価性を中心として」『筑波大学法科大学院創設記念・企業法学専攻創設15周年記念　融合する法律学　下巻』信山社、595-639頁、2006.11

第3章　公的年金と私的年金の融合化と国家・個人の新たなリスク分担
　　　　「公的年金と私的年金の融合化と国家の役割」日本年金学会誌、第25巻、83-92頁、2006.3
　　　　「強制加入の根拠」週刊社会保障 No.2410、24-25頁、2006.12
　　　　「少子高齢社会における公的年金制度のあり方——公的年金と私的年金の新たなリスク分担」（山口新一郎賞受賞作品）年金と経済、第25巻第1号、49-57頁、2007.1

索　引

あ　行

旭川市国民健康保険料事件最高裁判決　202
アメリカ　4, 11, 26, 35, 131, 138, 139
　　──の企業年金　35, 133
新たな高齢者所得保障制度　56, 58
新たな最低所得保障制度　59
イギリス　4, 10, 15, 35, 133, 134, 146, 213,
　　215-217, 219, 222, 229
遺族基礎年金　11-12, 24, 182
遺族給付　11
遺族年金　5
イタリア　38, 130-131, 133-135, 139
一元化の意味　153
一元化法案　151, 153
一時金　7
逸失利益性　12
一般社会拠出金　72, 74, 76, 79-80
一般制度　66, 81
　　──の改革　92
医療制度改革　173
医療保険制度　184-187
運営主体の解体　159
運用リスク　15, 18, 19, 218-221
ARRCO　97, 99
　　──の保険料率　102
AGIRC　97
応益負担　176, 180, 193
　　──原則　179
応益保険料　183
応益割　185
応能負担　176, 179-180, 193
　　──原則　179
応能割　185
オーストラリア　9, 26, 35, 111, 113-119, 130,
　　134
　　──の年金制度　113
オランダ　9

か　行

介護保険改革　175
介護保険制度　187-193
介護予防事業　175
介護リスク　188, 192
皆年金　145
　　──の理論的根拠　146
皆保障　148-151
格差縮小方式　47
学生無年金障害者違憲判決　148
学生無年金障害者問題　24
確定給付企業年金　224
確定給付年金　33
確定拠出年金　34, 224
カナダ　26, 130-132
加入者による選択　217
寡婦年金　8, 12
完全定額年金　9
完全適用説　157
観念上の確定拠出年金　36, 38, 214
観念上の拠出建て年金　6, 36-38, 128, 130,
　　134-137, 138
幹部職員退職年金制度総連合　97
企業年金　8, 223, 229
　　──の公的年金への組入れ　229
基礎制度　65, 66, 70
基礎年金　27-30, 180-183, 193
　　──国庫負担割合の1／2への引上げ　171
　　──国庫負担割合の引上げ　23
　　──の大幅引上げ　53
　　──の改定経緯　50-53
　　──の水準　49
　　──の税方式化　198
基本権　12
義務説　205
逆選択　227
給付乗率の引下げ　21

239

索　引

給付水準の引下げ　21
給付建て　35, 216
　　——から拠出建てへの転換　216
　　——年金　33, 131, 133, 138
給付の実質価値の維持　228
狭義の企業年金　223
強制加入　226
　　——の根拠　227, 229
居住要件　118
拠出・受給期間比率　89, 107
拠出期間の延長　88
拠出金　80, 200
　　——と租税法律主義　203
　　——の根拠　200
拠出原則　180, 193
拠出者間の連帯　69, 73
拠出制年金　24
拠出建て　35, 216
　　——公的年金　133
　　——年金　34, 133, 138
拠出比例定額年金　9
金　庫　67, 178
均等処遇の確保　158
金融システム改革　224
経過措置　118
　　——の問題　28
経済との調和可能性　137
高額介護サービス費制度　189
高額療養費制度　184
後期高齢者医療広域連合　160
後期高齢者医療制度　159, 162, 174-175
後期高齢者支援金　201, 203
公共サービス　177
公共性　177
貢献原則　179-180
厚生年金基金　8, 212, 224
厚生年金給付相当額　153
公的年金制度の持続可能性　138
公的年金と私的年金　222, 226
　　——の融合化　212
公的年金の一元化　151
公的年金の拠出建て年金化　138
公的年金の私的年金化　213

公的扶助　3
公務員制度の改革　94
高齢化　43
　　——のリスク　19
高齢者医療負担金　174, 201
高齢者の最低所得保障制度　230
高齢者の最低生活水準　48
高齢者連帯手当　68
国営保険方式　178
国民年金改善法　172
国民年金の空洞化　145
国民連帯基金　68
個人勘定化　214, 217
個人勘定の拠出建て年金　131
個人勘定の積立方式　123, 128
個人主義的な国家観　205
個人としての受益　199
個人としての長生きリスク　16, 218-219
個人年金　223
国家観の転換　205
国家財政からの自立　204
子の扶助義務　42-43
混合方式　31

さ　行

財政規律　204
財政調整　73-74, 152, 153
最低限度の生活　48
最低年金水準の保障　88
最低保障年金　137
　　——制度の創設　137
自営業者年金　223
支援費制度　176
支給開始年齢　4, 22, 71
事業主負担　27, 125
資産割　185
自社年金　223
　　——の「制度化」　224-226
市場運用給付建て　38
市場運用拠出建て　38
持続性ファクター　140, 216
自治の原則　69

索　引

私的年金　223, 231
　　——の公的年金への組入れ　212
私的扶養　42
　　——の限界　43
自動安定化装置　135, 140
自動財政均衡メカニズム　38
児童手当　148
児童扶養手当　147
支分権　12
死　亡　5
　　——一時金　7, 12
社会契約　69, 87
社会手当　3, 24, 147
社会福祉改革　176, 205
社会福祉基礎構造改革　176
社会福祉サービスと社会保険サービスの同質化　196
社会福祉制度　179
社会扶助　179
「社会保険」概念の拡張　173
社会保険制度　179
社会保険庁「解体」　161
社会保険庁改革　163
　　——法　160
社会保険庁の6分割　161
社会保険方式　24-26, 179
社会保険料　80, 106, 170, 177, 200
　　——概念の拡散　170
　　——と租税法律主義　202
　　——の意義　197
　　——の租税化　170, 196
社会保障改革　171, 205
社会保障給付の抑制　194
社会保障財源の租税化　170, 196
社会保障債務返済拠出金　72, 79, 80
社会保障目的税　26, 74, 106
社会保障予算法　80
終身年金　8
従来型の給付水準引下げ方式　136
受給要件　26, 180, 184, 187
ジュペ・プラン　72, 80
準公的年金　223
障　害　5

　　——基礎年金　149, 181
　　——者自立支援法　176, 197
　　——手当金　4, 8
　　——年金　4-5, 11
　　——福祉年金　24, 149
　　——補足手当　69
上限なし定額年金　10
少子化　43-44
　　——リスク　15, 17, 19, 140, 220
少子高齢化のリスク　218
消費税　27
将来推計人口　19
職域年金の適用除外　213
職域連帯　70
所得再分配　32, 182, 186, 188, 192, 194
　　——機能　178, 227-228
所得喪失リスク　4
所得段階別定額保険料　189
所得比例年金　10, 70
　　——原則　88
所得比例保険料　26
所得保障制度　3
所得割　185
水準均衡方式　47
垂直的所得再分配　32-33
水平的所得再分配　32-33
スウェーデン　36, 38-39, 130-131, 134-135, 137, 139-140, 214, 216-219, 222
　　——の年金改革　6, 36, 39
スーパーアニュエーション　112, 114, 134
スティグマ　58
ステークホルダー年金　134, 215, 219
スペイン　131-132
スライド調整率　23, 221
生活扶助基準　47-48
　　——と基礎年金額の比較　50
　　——の改定経緯　50
生活保護制度　47, 55
生活保護モラルハザード　49, 53, 55
制度的契約　226
制度としての受益　199
制度の一本化　153
税方式　24-25, 179

241

索　引

——年金　26, 28, 116
セーフティネット検討会　56
世代間の連帯　69, 102
世代としての長生きリスク　17, 218-219
世代内連帯　16, 33
前期高齢者医療制度　174
前期高齢者納付金　201
租税　80-81, 170, 177
　　——代替化　72, 78
　　——と社会保険料の相違　177
　　——法律主義　202-203
措置から契約へ　176

た　行

第1号被保険者　157, 188, 189
対価性　170, 177, 179
　　——の存在根拠　197
　　——の2つの意味　199
第3号被保険者　27, 158, 182
退職年金　5
第2号被保険者　188, 190
脱退一時金　8
段階保険料方式　32, 141
長寿化　43-44
調整装置　135, 141
貯蓄の限界　45
チ　リ　121-129, 131, 134, 213-214, 216-219, 222
　　——の年金改革　121, 128, 134
積立方式　18, 31, 35, 38, 138
　　——から賦課方式への転換　131, 138
　　——と賦課方式の本質的差異　38, 231
定額年金　9
ディニ改革　134
適格退職年金　223
デンマーク　26, 130
ドイツ　4, 10, 11, 26, 35, 131, 133-134, 139-140, 178, 199, 215-219, 222, 229
独自給付の制度化　154
特定健康診断　201
特定疾病　188
特別児童扶養手当　147

特別障害給付金　24, 150
　　——支給法案　149
特別制度　66
トンチン年金　15-16, 37

な　行

内部規範による強制　226
長生きリスク　16, 19, 45, 140, 218-219
ニコラス・バー　229, 231
2004年改革　23, 139, 221
2004年年金改革　221
ニュージーランド　9, 10, 26, 111-119, 130, 132
　　——年金基金　113
年　金　7
　　——改革　171
　　——記録問題　12, 165
　　——クレジット　215
　　——控除方式　59
　　——債務の弾力債務化　136
　　——時効特例法案　165
　　——制度　3, 180
　　——制度に関する国家の役割　232
　　——積立基金　85-87
　　——ポイント制　100
　　——方向付け会議　85, 89, 91
　　——目的税　25, 27

は　行

パート労働　156
　　——者問題　155
パターナリスティックな国家観　206
バラデュール改革　72
ハンガリー　131-133, 139
非市場運用給付建て　38
非市場運用拠出建て　38
非市場性国債　38
非対価性　170, 196
必要原則　6, 179, 193
被扶養配偶者　27
被保険者資格証明書制度　187

索　　引

被用者年金　180-183
　　——一元化法案　151, 162
　　——の一元化　162-163
平等取扱いの原則　88
比例原則　180, 193
付加制度　66
付加価値税　75-76
賦課方式　30, 35, 38, 69, 88, 100
　　——から積立方式への移行措置　125
　　——から積立方式への転換　131
　　——と積立方式の併用方式　132, 138
扶助原理　179, 193
負担と給付の関連性　200
物価・賃金スライド（再評価）の見直し　22
フランス　10, 11, 15, 18, 26, 65-76, 80-81, 84, 88, 91, 93, 96-97, 101, 105-107, 131-133, 178
　　——の年金制度　65, 67, 69
　　——の年金制度の特徴　105
フル・ペンション　9, 10, 34
　　——方式　181
分散投資　137
法律による強制　226
ポーランド　6, 38, 131, 133-137, 139-140, 214-219, 222
保険給付　181, 184, 188, 193
保険原理　179, 193
保険者解体　159, 162, 164
保険者自治　203
保険料水準固定方式　23
保険料滞納　186, 191
保険料納付期間　180
保険料の引上げ　23
保険料負担　182, 185, 189, 193
保護の補足性　55, 58
母子・準母子年金　11, 147
母子・準母子福祉年金　24, 147
補足制度　65-66, 97
補足年金制度連合　97, 99
本人給付　11

ま　行

マクロ経済スライド　23, 140, 221, 230
満額拠出期間　82
　　——の延長　89, 95
満額年金　9
ミーンズ・テスト　111, 117
未支給年金　13
みなし運用利回り　36, 135-136
民主的統制　202
民主党の税方式年金案　30
無拠出制年金　24, 68
目的税　79, 199

や　行

有機体主義的国家観　205
有期年金　8
401(k)　35

ら　行

リースター年金　134, 216, 219
利益説　205
リスク転嫁　217
リスク特性　6, 230
リスク負担　219, 221
リスク変動　21
リバース・モゲージ　57
連帯の原則　69
老　齢　4
　　——遺族・障害年金保険（OASDI）　131
　　——加算の廃止　57
　　——基礎年金　7, 10, 12, 34, 180-181, 193
　　——厚生年金　10, 34, 180-182
　　——年金　4, 11, 26, 130
　　——年金と障害・遺族年金の制度的分化　230
　　——被用者手当　68
　　——福祉年金　24
　　——のリスク　6
　　——連帯基金　68

243

■著者紹介

江口 隆裕（えぐち・たかひろ）

1952年　生まれ
　　　　北海道大学法学部卒業、厚生省、北海道大学法学部助教授などを経て
現　在　筑波大学大学院ビジネス科学研究科教授
　　　　社会保障審議会年金部会委員

［主な著書］
『社会保障の基本原理を考える』（有斐閣、1996年）
『高齢者介護と家族──民法と社会保障法の接点』（共編著、信山社、1997年）
『先進諸国の社会保障⑥　フランス』（共著、東京大学出版会、1999年）

2008年4月15日　初版第1刷発行

変貌する世界と日本の年金
―年金の基本原理から考える―

著　者　江　口　隆　裕

発行者　秋　山　　　泰

発行所　株式会社　法律文化社
〒603-8053　京都市北区上賀茂岩ヶ垣内町71
TEL 075(791)7131　FAX 075(721)8400
URL：http://www.hou-bun.co.jp/

Ⓒ 2008 Takahiro Eguchi Printed in Japan
印刷／製本：共同印刷工業㈱
装幀　前田俊平
ISBN 978-4-589-03081-8

シリーズ・新しい社会政策の課題と挑戦【全3巻】

A5判・平均280頁

新自由主義的な潮流のなかで、いま社会政策の存在意義が問われている。就職困難者やワーキング・プアなど、〈今そこにある問題〉や〈新しく浮上してきた問題〉を提示し、その解決の道筋を描く。次代の社会政策を創造するシリーズ。

- 第1巻 **社会的排除／包摂と社会政策**　福原宏幸編著　3465円
- 第2巻 **ワークフェア**——排除から包摂へ？　埋橋孝文編著　3465円
- 第3巻 **シティズンシップとベーシック・インカムの可能性**　武川正吾編著（近刊）

日本社会保障法学会編

講座 社会保障法〔全6巻〕

A5判・約330頁・3780〜4095円

これからの人権保障にふさわしい社会保障制度のあり方を考える。① 21世紀の社会保障法／② 所得保障法／③ 社会福祉サービス法／④ 医療保障法・介護保障法／⑤ 住居保障法・公的扶助法／⑥ 社会保障法の関連領域

秋本美世著

福祉政策と権利保障
—社会福祉学と法律学との接点—

A5判・220頁・3360円

社会福祉政策においてともすれば無視される福祉の権利について、その構造と特質を英米の理論と日本の福祉政策に基づき論究する。権利か裁量かの二者択一的な従来の議論に対して新しい権利保障の枠組みを提示する。

河野正輝・中島誠・西田和弘編

社会保障論

四六判・360頁・2625円

社会保障の基本を学ぶための入門書。現行制度のしくみを単純に概説するだけではなく、制度の基礎にある考え方や論理を解き明かすことにより、初学者が基本原理をしっかり学習できるよう工夫。国家試験受験者にも役立つ書。

法律文化社

表示価格は定価（税込価格）です